满洲里海关年鉴

2023

《满洲里海关年鉴（2023）》编纂委员会 编

中国海关出版社有限公司
·北京·

图书在版编目（CIP）数据

满洲里海关年鉴.2023 /《满洲里海关年鉴（2023）》编纂委员会编. —北京：中国海关出版社有限公司，2024.5

（中国海关史料丛书）

ISBN 978-7-5175-0797-0

Ⅰ.①满… Ⅱ.①满… Ⅲ.①海关—满洲里—2023—年鉴 Ⅳ.①F752.55-54

中国国家版本馆CIP数据核字（2024）第096606号

满洲里海关年鉴（2023）
MANZHOULI HAIGUAN NIANJIAN（2023）

作　　者：《满洲里海关年鉴（2023）》编纂委员会
责任编辑：孙　旸
责任印制：王怡莎
出版发行：中国海关出版社有限公司
社　　址：北京市朝阳区东四环南路甲1号　　　　　邮政编码：100023
编 辑 部：01065194242-7535（电话）
发 行 部：01065194221/4238/4246/5127（电话）
社办书店：01065195616（电话）
　　　　　https://weidian.com/? userid=319526934（网址）
印　　刷：北京中科印刷有限公司　　　　　　　　　经　　销：新华书店
开　　本：889mm×1194mm　1/16
印　　张：19.25　　　　　　　　　　　　　　　　字　　数：415千字
版　　次：2024年5月第1版
印　　次：2024年5月第1次印刷
书　　号：ISBN 978-7-5175-0797-0
地图审图号：GS京（2022）1441号
定　　价：190.00元

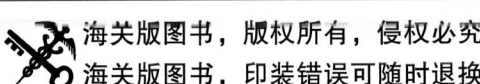

海关版图书，版权所有，侵权必究
海关版图书，印装错误可随时退换

《满洲里海关年鉴（2023）》
编纂委员会

主 任 委 员	黄国华
副 主 任 委 员	王宝仁　郑秋实　李建军　王　威　孙洪岩
编纂委员会委员	张　义　刘　雷　王润铎　陈书贤　张文刚
	朱金国　王　魏　张　洁　李广才　遇海峰
	吴庆岩　李宝奎　陈学生　滕　宇　魏怀颖
	高洪生　梁　义　夏　亮　林　萍　张弘弢
	李　懿　雷建军　宫泽宇　葛凤波　李灿东
	张月辉　宋福振　付淙林　白红星　徐　平
	田国强　蔡岩松　任立新　邓　华　毕海波

《满洲里海关年鉴（2023）》编辑部

总　　　编　　　郑秋实

编 辑 部 成 员　　刘　雷　张志忠　许晓杰　杨　娇

参加编写人员　　刘　雷　原治国　乌兰娜　张宝群　杨　娇　邵大伟
　　　　　　　　　何丽敏　陈书贤　陈　忱　冯　哲　单　良　张朝富
　　　　　　　　　牛廷勇　王　魏　连幼平　郑　敏　恩格乐　谢金勇
　　　　　　　　　李广才　王　欣　韩　健　耿俊东　李卫军　苏　惠
　　　　　　　　　柴　磊　高敖德　吕阳明　芦正刚　张　义　梁丽君
　　　　　　　　　左　鹏　韩红兵　张福生　王　钊　桂　梅　刘　磊
　　　　　　　　　刘　丹　杨　涛　于　鑫　张淇淞　曹　骁　段成岩
　　　　　　　　　王凤丽　王　斌　蒋心雨　梁　义　吴玉超　夏　亮
　　　　　　　　　段海伦　林　萍　张培远　邵继承　朱　烨　田国强
　　　　　　　　　王卫东　李　懿　宫殿君　石　焱　姜　波　解奔文
　　　　　　　　　高明诚　吕路宽　杨　旭　朱雅娟　张广春　吴鬵儒

闫佳彤　任德辉　赵　亮　赵一鸣　朱文琦　屈　尧
白皓宇　刘　雁　胡海军　崔新跃　孙启越　辛　强
李琳娜　韩红军　叶进凯　胡　浩　花　尔　侯宇航
王一枫　宋福振　朱卫东　鲁焕新　王汝汝　冯　强
辛传亮　孙　哲　于　洋　王亚涛　王天雨　刘涌泉
曹俊培　刘　晓　刘思雨　肖建光　刘振伟　辛宏伟
李忠志　毕海波　姜晓龙　牛起海

编辑说明

一、《满洲里海关年鉴》以习近平新时代中国特色社会主义思想为指导，全面、客观、系统载录满洲里海关关区工作基本情况，包括重要举措、重大事件和成绩经验，是逐年编纂连续出版的资料性工具书，每年出版一卷，综合反映满洲里海关发展的概况、专记等内容适当上溯。

二、《满洲里海关年鉴（2023）》系统载录2022年1月1日—12月31日满洲里海关关区的工作情况和成绩经验，采用分类编辑法，设类目、分目、条目3个层级。设10个类目，分别是特载、专记、大事记、党的建设、业务建设、综合保障、隶属海关单位、直属事业单位、人物荣誉、海关统计资料。以条目为基本记述单元，卷首设专题图片。

三、《满洲里海关年鉴（2023）》统计数据和单位名称及标点符号均按国家有关规定执行，计量单位采用国家法定计量单位和国际单位，技术规范、专业名词从规范要求。

四、《满洲里海关年鉴（2023）》基础资料由满洲里海关各单位和部门提供，由于统计口径、方法等不同，部分条目中的数据若与统计数据有差异，以公开发布的统计数据为准。

图 例

符号	名称	符号	名称	符号	名称
⊗	直属海关单位	⊙廷布	外国首都	-------	地级市界
⊙	隶属海关	——	自治州行政中心 地区、盟行政公署驻地	·········	县（区、市）界
·	派出机构	⊙东城区	县（区、市）政府	├─┼─┤	铁路
⊙	海关特殊监管区域	○庞各庄镇	乡（镇）政府、街道办事处	══G30══	高速公路及编号
●	口岸	✈北京首都 国际机场	机场	══════	国道
🚆	铁路口岸	▲清水尖 1528	山峰　高程	══════	省道
⚓	水运口岸	├──┤	国界	──────	其他道路
✈	航空口岸	├──┤	未定国界	〰〰〰	河流　湖泊
🚚	公路口岸	-------	地区界	══════	沟渠
●	境外口岸	·········	军事分界线	⚓ ⊥	桥梁　渡口
⊙北京市	首都	—·—·—	省界	⚓ ⊥	港口　码头
⊙石家庄市	省府	─────	未定省界	⊓⊔⊓⊔	长城
⊙廊坊市	地级市政府	-------	特别行政区界	ᵒᵒ	珊瑚礁

注：本书中的关境图，不包括香港，澳门，台湾、澎湖、金门、马祖单独关税区。

海关专题图片 领导活动

△ 2022年11月3日，满洲里海关党委书记、关长黄国华（前排右四），党委委员、缉私局局长刘胜辉（前排右三），党委委员、副关长郑德武（前排左三），党委委员、政治部主任王洋（前排右二），党委委员、党委纪检组组长王宝仁（前排左二），党委委员、副关长郑秋实（前排右一），以及党委委员、副关长李建军（前排左一）参加海关总署党委理论学习中心组（扩大）学习暨司局级主要负责同志学习贯彻党的二十大精神培训班。（于靖宇 摄）

△ 2022年11月9日，满洲里海关党委书记、关长黄国华（右四），党委委员、缉私局局长刘胜辉（右三），党委委员、副关长郑德武（左三），党委委员、政治部主任王洋（右二），党委委员、党委纪检组组长王宝仁（左二），党委委员、副关长郑秋实（右一），以及党委委员、副关长李建军（左一）参加满洲里海关党委理论学习中心组（扩大）学习暨处级主要负责同志学习贯彻党的二十大精神专题培训班。（施建鑫 摄）

︿ 2022年6月20日,满洲里海关关长、党委书记黄国华(右二)带队开展安全生产检查 (杨涛 摄)

︿ 2022年8月15日,满洲里海关党委书记、关长黄国华(左三)参加"涵养新时代共产党人良好家风,争做边关履职尽责、廉洁从政好榜样"关区双职工干部座谈会 (齐尧 摄)

∧ 2022年9月22日,满洲里海关关长、党委书记黄国华(左二)到二级监控指挥中心检查指导满洲里公路口岸工程机械车辆出口工作(施建鑫 摄)

∧ 2022年10月30日,满洲里海关党委书记、关长黄国华与满洲里市委书记于伟东、市长岳国栋座谈(张宝群 摄)

∧ 2022年6月28日,满洲里海关缉私局局长、党委委员刘胜辉(二排左七)参加"草原儿女心向党 同心共筑中国梦"主题党日活动 (王政 摄)

> 2022年9月30日,满洲里海关缉私局局长、党委委员刘胜辉(中)主持召开"青春心向党、奋进新征程"青年座谈会 (王政 摄)

> 2022年9月9日,满洲里海关副关长、党委委员郑德武(前排左一)组织召开关区安全生产工作视频推进会议 (高晗 摄)

> 2022年9月27日，满洲里海关副关长、党委委员郑德武（右二）到满洲里十八里海关调研（杨旭 摄）

< 2022年5月24日，满洲里海关政治部主任、党委委员王洋（左二）到振兴村调研（于靖宇 摄）

> 2022年6月27日，满洲里海关党委委员、政治部主任王洋（前排右四）参加"讲红色历史、述边关新貌、共迎党的生日"主题党日活动（张海峰 摄）

> 2022年8月2日，满洲里海关党委委员、党委纪检组组长王宝仁（右一）讲授"提高一体推进'三不腐'能力和水平，稳步推动关区纪检监察工作高质量发展"专题党课（吴琳　摄）

> 2022年9月29日，满洲里海关党委纪检组组长、党委委员王宝仁（右二）到阿尔山口岸调研（贾一赫　摄）

> 2022年5月26日，满洲里海关副关长、党委委员郑秋实（中）到满洲里综合保税区开展调研座谈（徐梦瑶　摄）

2022年9月21日,满洲里海关副关长、党委委员郑秋实(左二)调研推动口岸工程机械车辆出口工作情况(杨旭 摄)

2022年7月15日,满洲里海关副关长、党委委员李建军(左三)主持召开关长办公会研究口岸监管科技新装备研究应用工作(杨涛 摄)

2022年9月29日,满洲里海关副关长、党委委员李建军开展关区技术性贸易措施专题培训(张忠敏 摄)

队伍风采

△ 2022年3月1日,满洲里海关开展学雷锋志愿服务活动（王颖慧 摄）

△ 2022年3月16日,满洲里海关业务专家对新版技术方案、作业指导书开展解读（辛宏伟 摄）

2022年3月22日，满洲里海关所属赤峰海关关员对跨境电商线下体验中心货物进行监管（刘涌泉 摄）

2022年3月24日，满洲里海关所属满洲里机场海关关员对进出满洲里综合保税区车辆开展核查（王振宇 摄）

2022年4月7日，满洲里海关所属海拉尔海关关员开展进口旧青储收割机目的地查验（白平平 摄）

∧ 2022年4月13日，满洲里海关所属海拉尔海关开展队列训练 （吴蕭儒 摄）

> 2022年6月8日，满洲里海关所属满洲里机场海关关员对货物进行查验 （王颖慧 摄）

> 2022年6月9日，满洲里海关组织开展"国际档案日"宣传活动 （张丽萍 摄）

2022年6月21日,满洲里海关所属额布都格海关关员对进口原油车辆进行监管 (胡浩 摄)

2022年6月24日,满洲里海关所属满洲里机场海关开展2022年诚信兴商宣传月活动 (石炎 摄)

2022年6月28日,满洲里海关所属阿日哈沙特海关关员深入牧户开展鼠疫防控宣传 (王晓宇 摄)

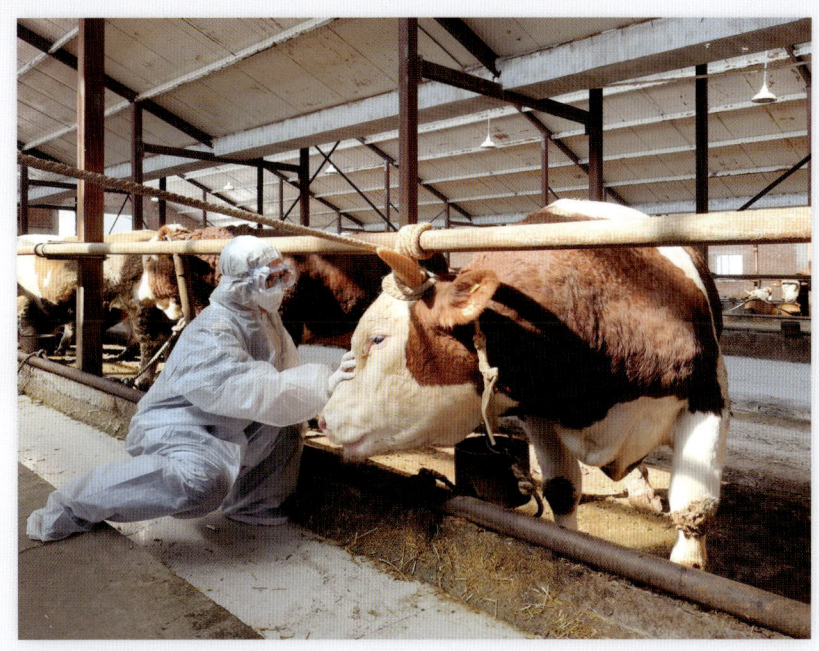

> 2022年7月7日,满洲里海关所属通辽海关关员开展供港活牛检疫(魏兴海 摄)

> 2022年7月12日,满洲里海关所属额尔古纳海关关员在黑山头口岸开展外来入侵物种踏查(赵一鸣 摄)

> 2022年7月20日,满洲里海关所属海拉尔海关关员服务重点项目关键设备引进(白平平 摄)

2022年8月18日,满洲里海关缉私局开展打击整治走私犯罪"百日行动"夏夜巡查(邹秉言 摄)

2022年9月2日,满洲里海关开展新录用公务员初任培训(王博 摄)

2022年9月15日,满洲里海关所属阿尔山海关关员开展进口农用甜菜收割机属地查检(贾一赫 摄)

︿ 2022年9月23日，满洲里海关离退休干部参加海关总署"喜迎二十大、奋进新征程"线上文艺汇演（高鹏 摄）

︿ 2022年9月30日，满洲里海关所属赤峰海关关员参加"喜迎二十大，草原儿女热爱党"主题歌曲录制活动（冯磊 摄）

△ 2022年10月18日，满洲里海关所属满洲里十八里海关关员对"甩挂"运输车辆进行监管 （文国鹏 摄）

△ 2022年10月20日，满洲里海关技术中心开展铁矿检验 （刘浩 摄）

∧ 2022年11月8日,满洲里海关所属满洲里车站海关保障江西省首列中欧班列冷链专列顺利通关 (解奔文 摄)

∧ 2022年11月10日,满洲里海关驻村第一书记开展回访助农工作 (吴蕾儒 摄)

2022年11月18日,满洲里海关开展监管工作用犬技能比武 (王颖慧 摄)

2022年11月22日,满洲里海关所属海拉尔海关关员对进口民用直升机进行查验 (于琪智 摄)

目　录

满洲里海关关区分布图 ·········· 1
海关专题图片 ················ 1

第一篇　特载

满洲里海关概况 ··············· 3
在2022年满洲里海关工作会议上的讲话
　 ·························· 5
在2022年满洲里海关全面从严治党工作
　会议上的讲话 ··············· 15

第二篇　专记

满洲里海关首创"领学共进"模式　强化
　青年干部理论武装 ············ 25
满洲里海关开展捍卫"两个确立"、做到
　"两个维护"、强化政治机关建设专项
　教育活动和"学习研讨、查摆问题、
　改进提高"专项工作 ··········· 28
满洲里海关开展基层党建"双提升"行动 ··· 34
满洲里海关开展"国门绿盾2022"行动
　 ·························· 39

第三篇　大事记

2022年满洲里海关大事记 ········ 45

第四篇　党的建设

党建工作 ···················· 53
　概况 ······················ 53
　政治机关建设 ··············· 53
　深入学习宣传贯彻党的二十大精神 ··· 53
　宣传思想文化 ··············· 54
　基层组织建设 ··············· 55
　党风廉政建设 ··············· 55
　群团组织 ·················· 56
巡视整改与巡察 ··············· 58
　概况 ······················ 58
　巡视整改 ·················· 58
　巡察工作 ·················· 58
纪检监察 ···················· 60
　概况 ······················ 60
　监督检查 ·················· 60
　专项整治 ·················· 60

执纪问责 ································ 61
　　建设纪检监察铁军 ························ 62
干部队伍建设 ································ 63
　　概况 ···································· 63
　　机构编制管理 ··························· 63
　　干部人事管理 ··························· 63
　　干部日常管理 ··························· 64
　　事业单位管理 ··························· 64
　　疫情防控组织保障 ······················· 64
　　激励关爱工作 ··························· 64
　　人才队伍建设 ··························· 64
　　教育培训 ······························· 65

第五篇　业务建设

口岸开放与运行管理 ·························· 69
　　概况 ···································· 69
　　口岸监管 ································ 69
　　防风险保安全 ··························· 69
　　服务"一带一路"建设 ··················· 70
　　特殊监管区域管理 ······················· 70
　　支持贸易新业态发展 ····················· 70
　　监管作业场所（场地）管理 ··············· 71
　　监管设备管理 ··························· 71
　　口岸恢复通关准备工作 ··················· 71
法治建设 ···································· 73
　　概况 ···································· 73
　　制度建设 ······························· 73
　　复议应诉 ······························· 73
　　法治宣传 ······························· 73
　　法治服务保障 ··························· 74
　　法治人才建设 ··························· 75
业务改革与发展 ······························ 76

　　概况 ···································· 76
　　促进外贸保稳提质 ······················· 76
　　助力口岸通关顺畅 ······················· 76
　　压缩整体通关时间 ······················· 77
　　深化业务改革 ··························· 77
　　服务综合保税区建设 ····················· 77
　　知识产权海关保护 ······················· 78
　　禁限管理工作 ··························· 78
　　技术贸易措施应对 ······················· 78
　　业务运行研究 ··························· 79
风险管理 ···································· 80
　　概况 ···································· 80
　　风险信息收集 ··························· 80
　　风险预警 ······························· 80
　　风险分析处置 ··························· 80
　　促进外贸保稳提质 ······················· 81
　　危险化学品风险防控 ····················· 81
　　风险防控机制建设 ······················· 81
　　大数据应用 ····························· 82
税收征管 ···································· 83
　　概况 ···································· 83
　　综合治税 ······························· 83
　　科学征管 ······························· 83
　　税政研究 ······························· 84
　　减免税政策 ····························· 84
　　RCEP自贸协定 ··························· 84
　　"一保多用"业务改革 ··················· 84
　　属地纳税人管理 ························· 85
　　人才培养 ······························· 85
卫生检疫 ···································· 86
　　概况 ···································· 86
　　疫情防控 ······························· 86
　　口岸病媒生物监测 ······················· 87

口岸卫生监督	87
健康宣传	87
交流合作	88

动植物检疫 89
概况	89
进出境动物检疫	89
进出境植物检疫	90
"国门绿盾2022"行动	90
服务特色产业	91
供港澳活牛监管	91
进境粮食监管	91
专业人才培养	91

进出口食品安全监管 93
概况	93
进口检验检疫	93
出口检验检疫	93
促进外贸保稳提质	94
食品安全管理	95
人才建设	95

商品检验 97
概况	97
进口商品检验	97
出口商品检验	98
危险品检验监管	98
质量安全风险监测	98
业务改革	98
人才建设	99

政策研究与统计 100
概况	100
政策研究	100
统计分析	100
统计调查	100
数据安全	101

企业管理和稽查 102
概况	102
企业管理	102
企业培育	102
服务"专精特新"中小微企业	103
企业信用修复	103
企业服务	103
稽查核查	104
核查分类改革	104
"多证合一"改革	104
服务农产品	104
加工贸易	104
主动披露监督检查	105
属地查检	105
安全生产	105
法制审核	105

查缉走私 107
概况	107
打击走私	107
法制建设	107
疫情防控	108
安保维稳	108
智慧警务	109
综合治理	109
国际合作	109
宣传服务	109

国际合作 111

科技发展 112
概况	112
技术保障	112
网络安全	112
信息化建设	113
实验室管理	113

科研管理 …………………………………… 113
"微创新"工作机制 ………………………… 114
口岸科技服务 ……………………………… 114
科技人才培养 ……………………………… 114

第六篇　综合保障

政务管理 …………………………………… 119
概况 ………………………………………… 119
督查督办 …………………………………… 119
应急值守 …………………………………… 120
疫情防控 …………………………………… 120
政务信息 …………………………………… 120
公文处理 …………………………………… 120
作风整治 …………………………………… 121
保密管理 …………………………………… 121
档案管理 …………………………………… 121
政务公开 …………………………………… 121
新闻宣传 …………………………………… 122
关史学会工作 ……………………………… 122

财务管理 …………………………………… 124
概况 ………………………………………… 124
税费财务管理 ……………………………… 124
预算经费管理 ……………………………… 124
预算绩效管理 ……………………………… 124
国库集中支付管理 ………………………… 125
部门决算管理 ……………………………… 125
涉案财物管理 ……………………………… 125
机关财务管理 ……………………………… 125
企事业财务管理 …………………………… 126
基建管理 …………………………………… 126
装备管理 …………………………………… 126
资产管理 …………………………………… 126

专项整治 …………………………………… 126

督察内审 …………………………………… 127
概况 ………………………………………… 127
督察监督 …………………………………… 127
联动监督 …………………………………… 127
审计整改 …………………………………… 128
审计工作 …………………………………… 128
审计调研 …………………………………… 128
内控机制建设 ……………………………… 129
执法评估 …………………………………… 129
内控评价 …………………………………… 129
"内控示范科室"创设 ……………………… 129

离退休干部工作 …………………………… 130
概况 ………………………………………… 130
离退休干部党建 …………………………… 130
发挥离退休干部优势 ……………………… 130
离退休干部服务 …………………………… 131
离退休干部管理 …………………………… 131
离退休干部文化活动 ……………………… 132

第七篇　隶属海关单位

满洲里机场海关 …………………………… 135
概况 ………………………………………… 135
党的建设 …………………………………… 135
法治建设 …………………………………… 137
疫情防控 …………………………………… 137
监管业务 …………………………………… 138
检验检疫 …………………………………… 138
特殊监管区域管理 ………………………… 139
市场采购贸易 ……………………………… 139
国际邮件监管 ……………………………… 140
监管工作犬管理 …………………………… 140

企业管理和稽查 …………………… 141
　　优化营商环境 ……………………… 142
　　安全生产 …………………………… 143
　　政务管理 …………………………… 143
　　队伍建设 …………………………… 143
满洲里车站海关 ………………………… 145
　　概况 ………………………………… 145
　　党的建设 …………………………… 145
　　疫情防控 …………………………… 147
　　监管业务 …………………………… 147
　　税收征管 …………………………… 147
　　动植物检疫 ………………………… 148
　　进出口食品安全监管 ……………… 148
　　商品检验 …………………………… 148
　　危险化学品监管 …………………… 148
　　查缉走私 …………………………… 149
　　知识产权保护 ……………………… 149
　　优化营商环境 ……………………… 149
　　服务"一带一路"建设 …………… 150
　　服务口岸保通保畅 ………………… 151
　　安全生产 …………………………… 152
　　队伍建设 …………………………… 152
满洲里十八里海关 ……………………… 154
　　概况 ………………………………… 154
　　党的建设 …………………………… 154
　　巡视整改与巡察整改 ……………… 156
　　法治建设 …………………………… 156
　　疫情防控 …………………………… 157
　　国门生物安全 ……………………… 157
　　智慧海关建设 ……………………… 158
　　服务口岸保通保畅 ………………… 158
　　优化营商环境 ……………………… 159
　　查缉走私 …………………………… 159

　　风险防控 …………………………… 159
　　安全生产 …………………………… 160
　　政务公开 …………………………… 160
　　财务与后勤保障 …………………… 160
　　队伍建设 …………………………… 161
　　内控工作 …………………………… 161
　　群团工作 …………………………… 161
海拉尔海关 ……………………………… 163
　　概况 ………………………………… 163
　　党的建设 …………………………… 163
　　巡视整改 …………………………… 165
　　专项整治工作 ……………………… 165
　　法治建设 …………………………… 165
　　疫情防控 …………………………… 166
　　监管业务 …………………………… 166
　　筑牢国门安全防线 ………………… 166
　　优化营商环境 ……………………… 167
　　服务关区范围内特色产业 ………… 168
　　企业管理和稽查 …………………… 168
　　查缉走私 …………………………… 169
　　安全生产 …………………………… 169
　　政务管理 …………………………… 169
　　内控机制建设 ……………………… 170
　　财务与后勤保障 …………………… 170
　　队伍建设 …………………………… 171
　　精神文明建设 ……………………… 172
额尔古纳海关 …………………………… 173
　　概况 ………………………………… 173
　　党的建设 …………………………… 173
　　巡视整改 …………………………… 174
　　法治建设 …………………………… 174
　　疫情防控 …………………………… 175
　　监管业务 …………………………… 176

国门生物安全 …………… 176
　　口岸卫生监督 …………… 177
　　口岸恢复通关准备工作 …… 177
　　优化营商环境 …………… 178
　　安全生产 ………………… 178
　　政务管理 ………………… 179
　　财务管理 ………………… 179
　　内控机制建设 …………… 179
　　队伍建设 ………………… 179
　　精神文明建设 …………… 180
额布都格海关 ……………… 181
　　概况 ……………………… 181
　　党的建设 ………………… 181
　　疫情防控 ………………… 183
　　监管业务 ………………… 184
　　口岸恢复通关准备工作 …… 185
　　国门生物安全 …………… 185
　　优化营商环境 …………… 186
　　查缉走私 ………………… 186
　　口岸卫生监督 …………… 187
　　安全生产 ………………… 187
　　知识产权保护 …………… 187
　　危险化学品监管 ………… 188
　　海关统计 ………………… 189
　　队伍建设 ………………… 189
　　精神文明建设 …………… 189
阿日哈沙特海关 …………… 191
　　概况 ……………………… 191
　　党的建设 ………………… 191
　　巡察工作 ………………… 193
　　专项整治工作 …………… 193
　　法治建设 ………………… 194
　　疫情防控 ………………… 194

　　监管业务 ………………… 195
　　口岸恢复通关准备工作 …… 195
　　检验检疫 ………………… 195
　　优化营商环境 …………… 196
　　查缉走私 ………………… 197
　　口岸能力建设 …………… 197
　　安全生产 ………………… 198
　　政务管理 ………………… 198
　　财务与后勤保障 ………… 199
　　队伍建设 ………………… 199
阿尔山海关 ………………… 200
　　概况 ……………………… 200
　　党的建设 ………………… 200
　　巡察整改 ………………… 202
　　法治建设 ………………… 202
　　疫情防控 ………………… 202
　　监管业务 ………………… 205
　　国门生物安全 …………… 205
　　优化营商环境 …………… 205
　　稽核查工作 ……………… 206
　　查缉走私 ………………… 207
　　安全生产 ………………… 207
　　队伍建设 ………………… 208
　　精神文明建设 …………… 208
通辽海关 …………………… 210
　　概况 ……………………… 210
　　党的建设 ………………… 210
　　专项整治工作 …………… 211
　　法治建设 ………………… 212
　　税收征管 ………………… 212
　　疫情防控 ………………… 212
　　检验检疫 ………………… 213
　　特殊监管区域管理 ……… 213

| 加工贸易管理 ⋯⋯⋯⋯⋯⋯ 213
| 危险化学品监管 ⋯⋯⋯⋯⋯ 214
| 服务关区范围内特色产业 ⋯⋯⋯ 214
| 知识产权保护 ⋯⋯⋯⋯⋯⋯ 215
| 企业管理和稽查 ⋯⋯⋯⋯⋯ 215
| 优化营商环境 ⋯⋯⋯⋯⋯⋯ 216
| 行政审批窗口建设 ⋯⋯⋯⋯ 216
| 查缉走私 ⋯⋯⋯⋯⋯⋯⋯ 216
| 助力乡村振兴 ⋯⋯⋯⋯⋯⋯ 217
| 安全生产 ⋯⋯⋯⋯⋯⋯⋯ 217
| 政务管理 ⋯⋯⋯⋯⋯⋯⋯ 218
| 财务管理 ⋯⋯⋯⋯⋯⋯⋯ 218
| 内控机制建设 ⋯⋯⋯⋯⋯⋯ 218
| 队伍建设 ⋯⋯⋯⋯⋯⋯⋯ 218

赤峰海关 ⋯⋯⋯⋯⋯⋯⋯⋯ 220

概况 ⋯⋯⋯⋯⋯⋯⋯⋯⋯ 220
党的建设 ⋯⋯⋯⋯⋯⋯⋯ 220
专项整治工作 ⋯⋯⋯⋯⋯⋯ 221
法治建设 ⋯⋯⋯⋯⋯⋯⋯ 221
税收征管 ⋯⋯⋯⋯⋯⋯⋯ 222
疫情防控 ⋯⋯⋯⋯⋯⋯⋯ 222
检验检疫 ⋯⋯⋯⋯⋯⋯⋯ 222
服务"一带一路"建设 ⋯⋯⋯ 223
特殊监管区域管理 ⋯⋯⋯⋯ 224
服务关区范围内特色产业 ⋯⋯⋯ 224
危险化学品监管 ⋯⋯⋯⋯⋯ 225
优化营商环境 ⋯⋯⋯⋯⋯⋯ 226
企业管理和稽查 ⋯⋯⋯⋯⋯ 226
查缉走私 ⋯⋯⋯⋯⋯⋯⋯ 227
安全生产 ⋯⋯⋯⋯⋯⋯⋯ 227
队伍建设 ⋯⋯⋯⋯⋯⋯⋯ 228

第八篇　直属事业单位

满洲里海关后勤管理中心 ⋯⋯⋯ 231

概况 ⋯⋯⋯⋯⋯⋯⋯⋯⋯ 231
党的建设 ⋯⋯⋯⋯⋯⋯⋯ 231
疫情防控 ⋯⋯⋯⋯⋯⋯⋯ 232
安全生产 ⋯⋯⋯⋯⋯⋯⋯ 232
财务管理 ⋯⋯⋯⋯⋯⋯⋯ 232
物业管理 ⋯⋯⋯⋯⋯⋯⋯ 233
车辆管理 ⋯⋯⋯⋯⋯⋯⋯ 233
采购管理 ⋯⋯⋯⋯⋯⋯⋯ 233
基建管理 ⋯⋯⋯⋯⋯⋯⋯ 234
仓储管理 ⋯⋯⋯⋯⋯⋯⋯ 234
节能管理 ⋯⋯⋯⋯⋯⋯⋯ 234

满洲里海关技术中心 ⋯⋯⋯⋯ 235

概况 ⋯⋯⋯⋯⋯⋯⋯⋯⋯ 235
党的建设 ⋯⋯⋯⋯⋯⋯⋯ 235
安全生产 ⋯⋯⋯⋯⋯⋯⋯ 236
助力口岸快速通关 ⋯⋯⋯⋯ 236
实验室管理 ⋯⋯⋯⋯⋯⋯ 237
科研管理 ⋯⋯⋯⋯⋯⋯⋯ 237
队伍建设 ⋯⋯⋯⋯⋯⋯⋯ 238

满洲里国际旅行卫生保健中心
（满洲里海关口岸门诊部） ⋯⋯ 239

概况 ⋯⋯⋯⋯⋯⋯⋯⋯⋯ 239
党的建设 ⋯⋯⋯⋯⋯⋯⋯ 239
巡视巡察整改 ⋯⋯⋯⋯⋯⋯ 240
疫情防控 ⋯⋯⋯⋯⋯⋯⋯ 240
国门生物安全 ⋯⋯⋯⋯⋯⋯ 241
能力建设 ⋯⋯⋯⋯⋯⋯⋯ 241
实验室建设 ⋯⋯⋯⋯⋯⋯ 241
队伍建设 ⋯⋯⋯⋯⋯⋯⋯ 242

中国电子口岸数据中心满洲里分中心 …… 243
  概况 ………………………………… 243
  党的建设 …………………………… 243
  技术服务与运维 …………………… 244
  网络安全 …………………………… 244
  优化营商环境 ……………………… 245
  "单一窗口"服务 …………………… 245
  助力新业态发展 …………………… 245
  数据交换二级节点建设 …………… 246
  安全生产 …………………………… 246
  队伍建设 …………………………… 246

第九篇　人物荣誉

2022年满洲里海关获评内蒙古自治区荣誉
 表彰名单 ……………………………… 251
2022年满洲里海关获评全国海关荣誉
 表彰名单 ……………………………… 252
2022年满洲里海关"两优一先"名录 ……
 …………………………………………… 253
2022年满洲里海关荣获"光荣在党50年"
 纪念章名单（1人）…………………… 257
2022年国务院"授衔令"（二级关务监督
 及以上）（3人）……………………… 258

2022年获得扎根艰苦地区边关工作
 金质奖章人员名录（27人）………… 259

第十篇　海关统计资料

2022年满洲里关区进出口商品月度统计表
 …………………………………………… 263
2022年满洲里关区各业务现场进出口统计表
 …………………………………………… 264
2022年满洲里关区进出口商品贸易方式统计表
 …………………………………………… 265
2022年满洲里关区进出口企业性质统计表
 …………………………………………… 266
2022年满洲里关区进出口商品运输方式统计表
 …………………………………………… 267
2022年满洲里关区进出口商品收发货人
 所在地统计表 ………………………… 268
2022年满洲里关区进出口商品国别（地区）
 前20位统计表 ………………………… 270

"中国海关史料丛书"编委会

"中国海关史料丛书"编委会 …………… 273

第一篇

特载

满洲里海关概况

满洲里海关位于内蒙古自治区东北部中国和俄罗斯的边境口岸城市满洲里市。满洲里建关历史始于 1908 年 2 月 5 日设立的中国税关，称满洲里分关，归哈尔滨总关领导。1949 年 1 月 3 日，人民政权辖属的满洲里关税局正式成立，1950 年改称满洲里海关，不久又改称满洲里关，受政务院海关总署领导。1980 年 1 月 1 日，国家海关管理体制改革后改称满洲里海关（正处级），由海关总署直接领导和管理。1995 年 6 月，升格为副厅级直属海关。2004 年 2 月，升格为正厅级直属海关，管辖范围为内蒙古自治区呼伦贝尔市、兴安盟、通辽市、赤峰市的各项海关管理工作。2018 年 4 月，根据海关总署对机构改革的统一部署，原内蒙古出入境检验检疫局分支局满洲里出入境检验检疫局、呼伦贝尔出入境检验检疫局、额尔古纳出入境检验检疫局、阿尔山出入境检验检疫局、赤峰出入境检验检疫局、通辽出入境检验检疫局职责和队伍划入满洲里海关。满洲里海关下设 10 个正处级隶属海关：满洲里机场海关、满洲里车站海关、满洲里十八里海关、海拉尔海关、额尔古纳海关、额布都格海关、阿日哈沙特海关、阿尔山海关、赤峰海关、通辽海关。

关区范围与俄罗斯、蒙古国接壤，边境线长 1819 千米，其中，中俄边境线 1012 千米、中蒙边境线 807 千米。关区范围内共有对外开放口岸 9 个（其中对俄罗斯口岸 4 个：满洲里铁路口岸、满洲里公路口岸、黑山头口岸、室韦口岸；对蒙古国口岸 3 个：阿日哈沙特口岸、额布都格口岸、阿尔山口岸；航空口岸 2 个：满洲里航空口岸、海拉尔航空口岸），海关特殊监管区域 1 个（满洲里综合保税区），海关特殊监管场所 1 个（赤峰保税物流中心 B 型），保税仓库 2 个（中国外运满洲里保税储运有限公司公用型保税仓库、满洲里伊利托物流有限公司公用型保税仓库）。

2022 年，满洲里海关坚持以习近平新时代中国特色社会主义思想为指导，深入学习宣传贯彻党的二十大精神，深刻领悟"两个确立"的决定性意义，增强"四个意识"、坚定"四个自信"、做到"两个维护"，全面落实"疫情要防住、经济要稳住、发展要安全"，铸忠诚、担使命、守国门、促发展、齐奋斗，全面落实海关总署党委部署要求，坚决守护国门安全，健全防范化解重大、系统性风险工作机制，筑牢口岸疫情防线，保持打击走私高压态势，促进外贸保稳提质，保障"一带一路"节点畅通，推动实现满洲里海关党委提出的"老关新貌、边关自强"工作目标。

2022 年，满洲里海关监管进出境货物

1666.1万吨，同比减少3.7%；进出境贸易值1321.1亿元，同比增长10.5%。关区范围外贸进出口总值406.3亿元，同比增长20%；关区申报进出口630.2亿元，同比增长49.1%。全年征税入库45.6亿元，同比增长43.8%，其中，关税入库5.1亿元，同比增长66.1%；进口环节税入库40.5亿元，同比增长41.4%。监管进出境运输工具75万辆（节、架），同比减少2.9%。其中，汽车6.7万辆，同比增加3.5%；火车68.3万节，同比减少3.5%；飞机49架，同比增加122.7%。监管进出境人员2.6万人次，同比减少42%。市场采购贸易2.38亿元，同比增长9.5%。监管进出境中欧班列4818列，同比增长37.6%。检出病媒生物携带病原体3种65例，截获进境有害生物112种、4391种次。立案办理刑事案件10起、案值1.04亿元；行政案件38起、案值1933.8万元。

2022年，满洲里海关1名个人获"内蒙古自治区民族团结进步模范个人"称号。1个集体、2名个人分别获内蒙古自治区直属机关"青年五四奖章""优秀共青团干部""优秀共青团员"荣誉。1个集体获内蒙古自治区总工会2022年度五一巾帼标兵岗荣誉。满洲里海关本级及5个隶属海关获国家机关事务管理局、财政部等四部委授予的"节约型机关"荣誉称号。满洲里海关缉私局获内蒙古自治区人民政府授予的"全区优秀公安基层单位"荣誉称号。

在 2022 年满洲里海关工作会议上的讲话

满洲里海关副关长、党委委员　冯斌

（2022 年 1 月 28 日）

这次会议的主要任务是：以习近平新时代中国特色社会主义思想为指导，深入贯彻党的十九大和十九届历次全会精神，增强"四个意识"、坚定"四个自信"、做到"两个维护"，全面落实全国海关工作会议、全国海关全面从严治党工作会议部署，总结工作、分析形势，研究部署 2022 年工作。

一、2021 年工作回顾

2021 年是党和国家历史上具有里程碑意义的一年，也是满洲里海关发展历程中极不平凡的一年。一年来，在海关总署党委的坚强领导下，全关坚决贯彻落实习近平总书记重要指示批示精神，深入落实党中央、国务院决策部署，全面落实海关总署党委工作要求，持续深化"五关"建设，统筹推进口岸疫情防控和促进外贸稳增长，强化监管优化服务，深化改革创新，切实维护国门安全，服务高水平开放高质量发展，各项事业取得新成绩，实现了"十四五"良好开局，交出了一份合格的答卷。

（一）政治建设更加坚定坚决

始终把政治建设摆在首位，深化政治建关，坚决走好"两个维护"第一方阵。

贯彻落实习近平总书记重要指示批示精神迅速有力。严格落实"第一议题"制度，坚持把学习领会、贯彻落实习近平总书记重要指示批示精神作为党委会议、每月形势分析及工作督查例会"第一议题"，以最坚决的态度、最迅速的行动、最有力的举措，一贯到底、落实到位。建立重大决策部署落实工作台账，对 7 方面重大决策部署落实情况开展实地督查。深入贯彻落实习近平总书记关于筑牢口岸检疫防线、严厉打击象牙等濒危物种及其制品走私、食品安全"四个最严"等一系列重要指示批示精神，持续巩固脱贫攻坚成果，助力乡村振兴。

理论武装持续强化。坚持用习近平新时代中国特色社会主义思想武装头脑、指导实践、推动工作。深化"1＋3"全覆盖理论学习模式和"全面自学、会上领学、交流研讨、书记小结"学习方式，党委理论学习中心组学习 25 次，学习习近平总书记重要讲话 66 篇次、党内法规 19 个。建立两级党委理论学习中心组学习成果共享机制。深入学习贯彻党的十九届六中全会精神，党委理论学习中心组带头学习研讨，引领和带动各基层党组织深入学习，实现全员学、全覆盖。

党史学习教育高标准高质量推进。坚持把学习习近平新时代中国特色社会主义思想贯穿始终，紧扣学史明理、学史增信、学史崇德、学史力行，贯通推进学党史、悟思想、办实事、开新局各项工作。建立党委每周听取专题汇报机制，召开阶段性工作推进会，强化调研督导指导，确保各项任务落到实处、见到实效。精心组织庆祝中国共产党成立100周年系列活动，开展"坚决响应习近平总书记和党中央的号召 争做新时代合格党员"活动，掀起学习贯彻习近平总书记"七一"重要讲话精神热潮。扎实开展"我为群众办实事"实践活动，党委书记及委员带头深入基层一线调查研究、跟班作业、实地检查126次，推动76项实事项目顺利完成，助推市场采购贸易发展获评海关总署"百佳项目"。

政治机关建设扎实推进。牢固把握海关首先是政治机关定位，常态化开展政治机关意识教育。严守政治纪律和政治规矩，修订党委"三重一大"事项集体决策制度，严格执行民主集中制。持续深化模范机关建设，参加自治区直属机关"创建北疆模范机关先进单位"评审会并取得优异成绩。严格落实意识形态工作责任制，突出铸牢中华民族共同体意识教育，不断夯实马克思主义在意识形态领域的指导地位。落实巡视整改，推进海关总署党委专项巡视整改措施成果转化。全力支持配合海关总署党委第四巡视组开展工作。

（二）疫情防控更加精准科学

毫不动摇坚持"外防输入、内防反弹"总策略，科学精准实施口岸疫情防控，抓实抓细安全防护，坚决筑牢口岸检疫防线。

组织领导坚强有力。坚持每周党委集体研究疫情防控工作制度，实时研判关区疫情防控形势，深化落实关区"四个防控""五个到位"工作策略。严格按照"一口岸一方案"要求，持续完善防控工作方案和应急预案，织密织牢口岸疫情防控网。满洲里市发生疫情后，关党委高度重视、迅速行动，启动相关应急方案和预案，突出精准安全防护、人员分类管控，参与群防群控，有效应对处置，构筑起"内防感染"的严密防线，努力将感染风险降到最低。

防控措施精准有效。密切关注周边国家疫情形势和防控政策变化，实时调整防控措施。严格落实"客停货通"政策，推动实施"甩挂"等非接触式货物交接模式。严格实施"三查三排一转运"等措施，高效完成军演人员入境通关保障任务。坚持"人、物、环境"同防，规范做好口岸环节被布控的进口冷链食品和高风险非冷链集装箱货物监测检测和预防性消毒监督工作，严防疫情输入。持续加强鼠疫等重大传染病防控，人病兽防、多病共防，坚决防止疫情叠加。

人员安全防护从严顶格。不断细化落实安全防护措施，健全安全防护制度体系，严格落实安全防护自查督查、封闭管理、核酸检测等工作要求，严防职业暴露感染风险。严格执行健康监测"日报告、零报告"制度。强化办公区管理，从严出差出行审批，落实核酸检测阴性返岗等管理措施。有序推进新冠病毒疫苗接种工作。

联防联控主动。主动发挥联防联控成员单位作用，严格落实疫情防控属地化管理原则，加强信息共享、情况通报，针对管理措施等方面存在的薄弱环节，及时提出工作建议。落实疫情多点触发监测预警工作机制，科学开展国际货运司机、火车司机等重点人群疫情防控工作，完善工作链条，与地方联防联控机制无缝衔接，落实落细闭环管理要求。

综合保障持续有力。严格规范实验室检测和生物安全防护，全面提升实验室技术支撑能力。建立健全关心爱护疫情防控一线人员长效机制，全面落实表彰奖励、调休补休、带薪休假等关心关爱措施，注重心理疏导和人文关怀，确保一线人员始终保持强大的战斗力。

监督检查及时到位。综合运用自我监督、职能监督、专责监督、相互监督、领导监督，及时发现问题并推动整改，定期开展回头看，确保"不贰过"。建立"党委纪检组抓全面、监察室抓重点、派驻纪检组抓具体"的疫情防控监督模式。

（三）国门安全屏障更加坚实牢固

始终牢记监管主责，深入贯彻落实总体国家安全观，深化依法把关，有效应对和化解各种风险挑战。

实际监管切实加强。深入推进风险整体防控、精准防控，人工分析布控质量稳步提高。加强关区监管作业场所（场地）规范性建设。强化业务运行监控指挥中心功能，加大寄递、跨境电商渠道违禁品查缉力度，开展打击治理"水客"专项行动、打击跨境电商进口走私"断链刨根"专项整治行动。扎实推进安全生产专项整治三年行动，压紧压实危险化学品检验监管责任。强化后续监管，扎实开展"龙腾"等专项行动。

检验检疫防线持续加固。稳步推进口岸核心能力建设。组织开展病媒生物监测，持续加强国门生物安全监测，建立外来入侵物种联防联控机制，扎实开展"国门绿盾2021"行动，严防重大动植物疫情疫病和外来物种传入。"国门守护"行动成效显著。持续完善进口商品风险预警监测体系，强化进口煤炭、进口危险化学品、防疫物资等重点商品检验监管。

综合治税不断深化。健全完善分层次多角度税收风险协同防控体系，加强涉税要素监控和税收形势分析，加强前瞻性税政研究。

打击走私力度不减。推动开展"国门利剑2021"等专项行动。深化反走私综合治理，全链条打击冻品走私；完善涉案物品归口处置机制。深化与蒙古国、俄罗斯国际执法合作，信息互换、线索互查等工作有序推进。

（四）服务开放发展更加主动

强化使命担当，全力以赴促进外贸稳增长，推动高水平开放，支持高质量发展，助力构建新发展格局。

全力服务"一带一路"建设。不断深化国际海关合作，成功举行2021年度中俄海关、铁路区域性双边"四方会谈"，"铁路进出境快速通关业务模式"正式实施。通过协调开通班列优先查验通道、利用舱单归并功能对班列货物整合通关等方式，确保班列随到、随审、随放。深化"三智"合作理念，牵头完成中俄海关"绿色通道"、监管结果互认调研工作，组织编写中俄海关信息交换项目任务书。深入推进中蒙联合监管项目，交换载货清单电子数据，加大AEO认证企业培育力度。

全力支持对外开放平台建设。鼓励和引导企业依托满洲里综合保税区扩大进口、发展落地加工。推动赤峰综合保税区申建。支持进境粮食、肉类等指定监管场地建设。助力赤峰、满洲里跨境电商综试区建设发展，关区首单9710业务申报成功，完成首家电商企业海外仓业务模式备案。推动自治区首个市场采购贸易正式启动，支持拓展商品种类。

全力促进关区范围内特色产业发展。复制推广自贸试验区进境粮食检疫监管经验，促进粮食快速通关。优化供港澳活牛服务，发挥税政调研等政策优势，助力打造玉米深加工产业链，实施出口食用农产品"促进行动"，关区范围内混合荞麦粉、野生牛肝菌实现首次出口。助力打造出口果菜"绿色通道"，与18个产地直属海关签订合作备忘录，支持优良品种引进。

（五）深化改革创新更加务实高效

持续强化顶层设计，聚焦科技创新引领，深化改革强关、科技兴关，不断提升制度创新和治理能力建设水平。

业务改革落地见效。关区公路口岸"两步申报"达97.04%，牵头编写"两段准入"任务书，"两轮驱动"持续深化。税收征管方式改革深入推进，属地纳税人管理改革有效实施。关税保证保险改革红利持续释放。稽查改革、核查分类改革、企业信用管理改革有序推进。邮递物品监管改革取得实效，出境邮件转关线路拓展到5条。进口矿产品"先放后检"、依企业申请实施品质检测等改革措施有效落实，进口矿产品通关效率显著提升。

口岸营商环境持续优化。推动促外贸稳增长"59+41"项措施落实，切实提高政策执行效果。扎实推进"减证便民"、"证照分离"、企业"注销便利化"等改革措施落地落实，严格落实"双随机、一公开"，推进关区行政审批工作规范化、便利化。巩固压缩整体通关时间成效，12月关区进、出口整体通关时间分别为36.37小时、0.37小时，比2017年分别压缩53.12%、83.1%。

科技创新应用水平稳步提升。加快通关信息化建设，木材材积系统研究取得新进展，板材、原木材积检测准确率达到97%以上；20个署级项目上线推广；铁路物流信息化监管水平全面提升。强化数据和网络安全保障，严格落实数据安全技术管控措施，顺利完成网络攻防演习，全年网络安全实现"零事故"。实验室检测能力扩充168项，进口原油、液化石油气实现属地自检。持续提高科技攻关和科研能力，2个项目被海关总署科研立项，关区首个国家标准样品项目获批。

（六）综合服务保障更加规范有力

坚持围绕中心、服务大局，深化"三基"建设，全面推行精细化管理，为各项工作提供强有力支撑。

法治保障持续增强。突出制度质量供给，制定制度42件，修订61件，废止70件。完善业务制度规范合法性审查机制，对12项重点制度执行情况开展专项检查。行政执法"三项制度"全面落实，发布第一批涉企行政行为法律风险清单，行政复议案件"项目工作制"初见成效，应诉能力不断提升。大力推进法治人才梯队建设，创新普法形式，营造法治共建氛围。

政务服务高效运行。督查督办职能作用充分发挥，年内督办立项全部按时办结。机关公文高效运作，公文办理质效同步提高。新闻宣传亮点突出，信息采用数量和质量取得新突破。档案管理科学规范，数字化管理水平提档升级，获评自治区一级档案室荣誉称号。

督察审计规范精准。推进督察项目清单化管理，完成审计署2020年第四季度国家重大政策措施审计发现问题跟踪整改。统筹开展审计自查与专项审计。扩大审计结果运用，建立长效机制。巩固内控机制建设成效，海关内部控制与监督子系统应用持续深化。

财务后勤保障有力。全面落实"过紧日子"要求，强化预算执行和管理，开展财务稽核工作，有序推进事业单位所属企业脱钩工作，涉企收费、涉案财物、公务用车、固定资产、基建及节能管理持续加强。持续推进智慧后勤建设，服务能力不断提升。

（七）全面从严治党更加坚定执着

认真贯彻全面从严治党战略方针，坚持严的主基调不动摇，压紧压实管党治党政治责任，深化从严治关，纵深推进清廉海关建设。

基层党建全面加强。全面深化"强基提质工程"。完善党委委员基层支部联系点制度，突出对执法一线科室党支部的联系指导。抓好"四强"党支部建设，评选"四强"党支部11个。深化党建品牌建设，5个基层党建品牌获评全国海关党建示范、培育品牌。创新开展支部"结对子"活动，获评11个全国海关机关党委书记项目试点之一。持续推进创先争优，6名个人、2个党组织、1个团组织获评自治区级荣誉称号。

纪律作风建设走深走实。严格落实中央八项规定及其实施细则精神，力戒形式主义、官僚主义，扎实开展"内务规范强化月"活动，创新开展家庭助廉活动。深入推广政务服务"好差评"系统，好评率保持100%。持续推进精神文明建设，4个隶属海关纳入全国文明单位、1个隶属海关纳入自治区文明单位标兵管理。

干部队伍建设持续加强。坚持新时代好干部标准，干部队伍结构不断优化。加强执法一线科长队伍建设，选派3名执法一线科长赴天津海关挂职锻炼。加强专业人才队伍建设，强化干部日常管理，干部考核体系不断完善。加强干部队伍能力建设，举办各类培训班154期，培训1.6万人次。工青妇、离退休干部管理工作有序开展。

清廉海关建设不断深入。深化落实关区全面从严治党"二三五"总体工作思路，推动"两个责任"同向发力。常态化开展廉政教育，规范领导干部配偶、子女及其配偶从业行为。突出抓好对"一把手"和领导班子的监督。深入开展"现场监管与外勤执法权力寻租"专项整治。组织对13个单位、部门开展常规巡察、专项巡察和巡察整改"回头看"。

同志们，成绩来之不易，这些成绩的取得是海关总署党委正确领导的结果，是自治区及关区范围各级党委政府大力支持的结果，更是全关干部职工团结拼搏、努力奋斗的结果，凝聚着全关同志的心血，浸润着全关同志的汗水，饱含着全关同志的担当。特别是新冠疫情发生以来，广大干部职工坚守国门、连续奋战700多天，经受住了多轮疫情严峻考验，取得了口岸疫情防控阶段性成果。在满洲里市防控本土疫情的关键时刻，各级党组织和党员干部坚守岗位、冲锋在前，全力保障政务和业务平稳运行，主动承担小区值守、运送物资、核酸检测等志愿服务，用逆行的背影践行了初心和使命，刻画了最美的风景，为夺取疫情防控最终胜利作出了重要贡献。在此，我代表关党委，向全体干部职工和离退休老同志，向关心支持满洲里海关事业发展的各级党委政府、各单位部门，表示衷心的感谢！向所有奋战在工作一线的同志们表示亲切慰问和崇高敬意！

二、全面做好2022年各项工作

2022年是党的二十大召开之年，也是我国踏上全面建设社会主义现代化国家、向第二个百年奋斗目标奋进的重要一年。在刚刚召开的2022年全国海关工作会议上，倪岳峰署长围绕立足新发展阶段、贯彻新发展理念、构建新发展格局、推动高质量发展，聚焦"四个必须坚定不移"，全面分析了当前海关工作面临的形势，明确了2022年工作的总体要求，对全年重点工作作了具体部署，为抓好海关工作理清了思路、指明了方向。全关上下要切实把思想和行动统一到党中央决策部署上来，按照海关总署党委确定的2022年海关重点工作任务，谋划关区工作，确保各项工作开好局、起好步。

面对新形势新任务新要求，关党委研究认为，2022年关区工作的总体思路是：以习近平新时代中国特色社会主义思想为指导，深入贯彻党的十九大和十九届历次全会精神，全面加强党的领导，捍卫"两个确立"、增强"四个意识"、坚定"四个自信"、做到"两个维护"，弘扬伟大建党精神，不断提高政治判断力、政治领悟力、政治执行力，紧紧围绕全国海关工作会议、全国海关全面从严治党工作会议部署，坚持系统观念，落实"六稳""六保"部署，更好统筹发展和安全，强化监管优化服务，巩固拓展口岸疫情防控和促进外贸稳增长成效，深入推进"五关"建设，弘扬边关精神，凝心聚力、担当作为，坚定走好"第一方阵"，奋力开启全面建设新时代边关新征程，为经济社会发展作出新的更大贡献，以优异成绩迎接党的二十大胜利召开。重点做好以下6个方面工作：

（一）坚持政治建设为统领，着力在推动党的建设高质量发展上开创新局面

旗帜鲜明讲政治。深刻把握"两个确立"的决定性意义，始终将"两个维护"作为最高政治原则和根本政治规矩，始终忠诚核心、拥护核心、跟随核心、捍卫核心。深入开展捍卫"两个确立"、做到"两个维护"、强化政治机关建设专项教育活动，坚持全员覆盖、全域查摆、全面整改。坚持"第一议题"制度，构建上下贯通、执行有力的抓落实工作机制。牢记"国之大者"，切实提高政治意识，增强政治敏锐性，准确把握中央各项重大决策部署战略意图，善于从政治和大局高度审视海关工作，经常对标对表，从政治层面强化业务工作，实现政治效果和业务效果相统一。压紧压实政治责任，扎实推进巡视整改。

坚持不懈抓好理论武装。学习贯彻习近平新时代中国特色社会主义思想，作为各级党委理论学习中心组、支部"三会一课"的核心内容和干部教育培训的"第一课程"，发挥"1+3"全覆盖理论学习体系作用，建立常态化政治理论学习监督机制，持续在学懂弄通做实上下功夫。深入抓好党的十九届六中全会精神分级分类培训，建立健全党史学习教育常态化、长效化工作机制，深入推进海关史、边关史研究，广泛挖掘运用边关红色资源和宝贵精神财富，为学习宣传贯彻党的二十大精神打牢坚实基础。

严守政治纪律和政治规矩。严格落实重大事项请示报告制度和民主集中制原则，认真执行"三重一大"集体决策制度，不断加强党委班子自身建设，充分发挥把方向、管大局、保落实的作用。严格落实意识形态工作责任制，坚决铸牢中华民族共同体意识。严肃党内政治生活，落实双重组织生活制度，用好批评和自我批评的武器，自觉打扫政治灰尘。

（二）践行总体国家安全观，着力在全面筑牢国门安全屏障上开创新局面

慎终如始抓好口岸疫情防控。加强周边国

家疫情形势监测、研判，动态调整防控策略。严格规范做好入境人员卫生检疫工作，强化进口冷链食品和高风险非冷链集装箱货物监测检测、预防性消毒监督工作。参与联防联控，严格落实口岸闭环管理措施，按照"一口岸一方案"的原则，不断完善口岸疫情防控工作方案和应急处置预案，对接地方疫情防控政策和应急机制。严格执行"客停货通"政策，落实"甩挂"运输等非接触式货物交接模式。严格落实内部防控措施，做好一线工作人员个人防护、疫苗接种、封闭管理、应检尽检等工作。坚持"多病共防"，同步做好其他重大传染病口岸防控。

持续加强实际监管。坚持整体防控与精准防控有机结合，强化重点领域风险防控，推进非贸风险一体化防控，稳步提高人工分析布控有效性和查获率。强化监管设备管理，推进核辐射监测联网应用。提高申报前监管、口岸事中检查和目的地检验执法规范性，提升查发能力。完善两级监控指挥中心运作机制，优化组织方式，丰富监控手段。全面取消常规稽查作业方式，强化对重点领域的后续监管，增强稽查精准打击能力。强化知识产权海关保护，组织开展"龙腾"专项行动，打击侵权违法行为。

持续提升税收工作效能。坚持税收征管"量、质、效"并举，做到依法征管、科学征管。优化税政调研工作机制，加强前瞻性税政研究。加强税收形势分析和进度监控，完善关区税收征管制度体系，强化税收风险协同防控。规范涉税业务运行，健全业务指标定期分析机制，加强归类、价格、原产地等涉税要素监控。做好 RCEP 实施工作。

严把国门生物安全关。全面实施口岸动植检能力提升专项工程，健全动植物疫情疫病风险监测预警机制，参与智慧动植检建设，强化系统治理和全链条防控，严防动植物疫情疫病传入。开展"国门绿盾 2022"行动，全面做好有害生物检疫截获、国门生物安全监测和进口食用农产品安全风险监控，优化进口木材检疫流程，开展口岸外来入侵物种普查工作，加大外来入侵物种防控力度。加强动植检初筛实验室建设，持续提升检测技术支撑能力。严格落实检疫处理单位质量安全主体责任，建立动态管理机制。

严把进出口食品安全关。持续推进进出口食品安全管理办法等实施，加强进口食品源头管控，配合推进境外食品企业注册工作。持续开展进口食品"国门守护"行动，做好监督抽检和风险监测工作，严格不合格食品处置，推动落实进出口食品企业主体责任。深化进口预包装食品标签检验、进口乳品检测报告证明事项告知承诺制等业务改革，支持关区进出口食品优进优出。

严把进出口商品检验关。充分发挥进出口商品质量安全风险监测点作用，完善工作机制，提升风险监测精准度和有效性。聚焦"安全卫生健康环保"，加强进出口商品质量安全检验监管，重点加强进口大宗资源性商品、危险化学品及其包装、重点敏感消费品等检验监管，严格开展进口矿产品固体废物排查。深化进口商品检验模式改革，落实第三方检验结果采信，探索扩大进口矿产品"先放后检""依企业申请"实施范围。

严厉打击走私违法犯罪活动。开展"国门利剑 2022"专项行动，保持打击"洋垃圾"、象牙等濒危物种及其制品、涉枪涉毒、农产品、重点涉税商品、防疫物资、疫苗等走私高压态势，持续打击涉检违法犯罪行为。完善全员打私工作机制，加强关区走私动态联合分析研判，深化业务支持、联合办案、捆绑作业、成果共享等工作模式的实战应用。强化反走私综合治理，深入开展专项打击和联合整治。加强国际执法合作，拓展情报分析、信息交换等领域合作广度和深度，提升案件协查质效。

（三）深入贯彻新发展理念，着力在推动高水平开放高质量发展上开创新局面

服务共建"一带一路"高质量发展。深入践行"三智"合作理念，推动中俄海关、铁路"四方合作"机制常态化运行，着力提升中欧班列通关便利化水平。推广应用"铁路进出境快速通关业务模式"，按照风险分类管控原则，在入境口岸完成辐射探测、预防性检疫处理、先期机检等前置拦截作业，推动检疫低风险商品实现口岸"进口直通"。畅通舱单数据传输通道，推广"甩挂"运输作业模式，简化物流监管手续，提升口岸互联互通水平。

服务对外开放平台建设。加大区域海关合作力度，参与西部陆海新通道建设，服务黄河流域生态保护和高质量发展。高标准做好事中事后监管，开展绩效评估，促进综合保税区、保税物流中心（B型）升级发展，支持通辽保税物流中心（B型）申建。完善边民互贸监管，推动上线统一版边民互贸管理系统。落实边境贸易创新发展措施，支持互贸进口商品落地加工，加强对阿日哈沙特、阿尔山等边民互市贸易区申建和运行指导。

服务外贸创新发展。深化落实促外贸稳增长"59+41"项措施，创新出台外贸促稳提质行动举措。深入推进跨境贸易便利化改革，切实提升企业获得感。落实支持外贸新业态发展措施，巩固市场采购贸易发展成效，推动满洲里跨境电商出口海外仓（9810）业务运营，支持符合海关监管要求的企业开通跨境电商9610直购进口、一般出口业务。加强国外技贸措施研究，提升精准服务能力。

（四）全面深化改革创新，着力在推进制度创新和治理能力建设上开创新局面

深化业务改革。聚焦提质增效，强化业务结合部协调配合，持续推动"两步申报""两段准入""两轮驱动"向更深层次扩展，牵头推动全国海关一般公路、铁路模式"两段准入"信息化监管系统推广应用。优化常态化疫情防控形势下口岸通关流程，探索建立跨关区、跨部门统筹协调机制，推动现有通关模式完善升级。持续推进一保多用、保证保险、汇总征税等多元化税款担保方式改革。强化系统集成，协同推进稽查、属地纳税人管理等领域改革关联耦合。

深化制度集成创新。优化关区制度规范体系，编制关区权责清单，完善涉企行政行为法律风险提示清单库，建立完善关区法律顾问团队，管好用好公职律师、普法讲师、普法志愿者三支队伍，不断提升行政复议、行政应诉能力。加强法治文化阵地建设，打造边关普法品牌。

深化"放管服"改革。巩固"多证合一""双随机、一公开""注销便利化"等改革成果。规范企业信用管理，加大"经认证的经营者"（AEO）认证培育力度，完善以信用为基础的海关监管机制。深化"单一窗口"应用。加强跨部门协作，坚持风险联合防控与促进通关便利并重，巩固压缩整体通关时间成效。加强进出

口环节涉企收费监督管理。

深化科技创新应用。强化科技攻关,着力突破重点应用领域监管装备研发瓶颈。整合优化各类信息系统,加快信息化基础设施建设及新技术应用进程,提高智能通关水平。加强科研人才培养、设备资源配置,提升实验室检测能力。完善网络安全防护体系,全力保障海关大数据、关键信息基础设施及业务运行安全。

（五）持续优化服务保障,着力在提升综合保障能力上开创新局面

强化政务运行服务。巩固精文简会成果,进一步提高文件、会议质效。强化精准督办,增强推动工作落实的实际效果。加强政务信息工作,全方位多角度开展新闻宣传,讲好海关服务经济社会发展故事。加强新闻舆论队伍建设,增强舆情监测、研判、处置能力。强化值班应急管理,做好外事管理、机要保密、档案管理、12360热线、政务公开等工作,依法依规处理信访诉求。

发挥审计监督作用。聚焦权力运行和责任落实,加强对抓落实情况的监督,提升督察工作的针对性和有效性,推进执法评估工作。加大内部审计工作力度,持续推动审计发现问题整改。深化内控机制建设,推广内控节点岗位清单制管理,以评促建开展内控评价,健全事业单位内控管理机制。

加强统计研究工作。强化前瞻性、战略性、基础性政策研究,形成上下联动、内外协调、整体运行的政策研究合力。加快建立宏观经济形势研究机制,强化贸易分析及宏观分析。统筹推进数据治理和数据安全体系建设。扎实开展统计监督,提高统计数据质量管控效能。

提升财务管理水平。坚持"过紧日子",深化预算管理制度改革,优先保民生、重点保运转、精准保发展。持续开展财务监督检查,规范资金账户、基本建设、政府采购、涉案财物、固定资产等管理。科学编制2022—2024年中期财政规划,提高项目资金的科学编制水平。

强化事业单位保障。加大科技设备配备及更新力度,提升实验室建设水平。加大专业人才招聘力度,制订技术骨干培养计划,强化事业单位专业技术人才队伍建设。加大科研工作推进力度,申报研究课题,加强科研项目基础研究和应用研究,提高科研技术水平。优化生活服务项目,提升后勤服务品质,创建绿色机关。

（六）深化全面从严治党,着力在推进准军事化纪律部队建设上开创新局面

强化基层党的建设。深化"强基提质工程",大力创建模范机关,深入开展支部"结对子"活动,建立健全合格支部、"四强"党支部、党建品牌动态管理机制,加强党务干部能力培养,完善推进基层党建高质量发展的长效机制。持续巩固"坚决响应习近平总书记和党中央的号召 争做新时代合格党员"活动成果。深化运用"智慧党建"系统,健全党建工作督查、党建述职评议考核等工作机制。加大对封闭管理工作人员关心关爱力度。加强精神文明建设,挖掘培树宣传新时代边关榜样。加强干部队伍政治历练、实践锻炼和专业训练,组织开展经常性、实战性岗位练兵和技能比武。

加强干部队伍建设。全面落实"十四五"海关领导班子建设、人才发展、教育培训规划的具体措施,持续推进干部工作"五大体系"建设。优化处科级领导班子配备,大力培养选拔优秀年轻干部,加强执法一线科长队伍建设。

开展人才工作专项调研，编制急需紧缺人才目录，建立关区各类人才队伍基础信息库，完善人才跟踪培养和使用交流机制。统筹用好职级职数，充分调动干部工作积极性。科学制订关区年度教育培训计划，改进方式方法，完善考核机制，不断提高干部教育培训的针对性和有效性。

推进清廉海关建设。坚持以系统思维一体推进不敢腐、不能腐、不想腐，强化"四责协同"，健全完善落实主体责任检查考核机制，加强对"一把手"和领导班子的监督。持之以恒纠"四风"树新风，坚持不懈反对形式主义、官僚主义，严格落实为基层减负各项措施。常态化开展警示教育，用好"案件剖析+纪法警醒"，引导党员干部知敬畏、存戒惧。开展"海关重点项目和财物管理以权谋私"专项整治。实现巡察全覆盖，深化运用"四种形态"，坚持打私反腐"一案双查"，依规依纪严肃查处各类违纪违法行为，做好以案促改、以案促治，推进精准规范问责，营造风清气正政治生态。

同志们！做好2022年工作责任重大、任务艰巨。让我们紧密团结在以习近平同志为核心的党中央周围，深入学习贯彻习近平新时代中国特色社会主义思想，不断增强"四个意识"、坚定"四个自信"、做到"两个维护"，马上就办、真抓实干，锲而不舍、一以贯之，高质量完成好全年各项工作任务，奋力推进社会主义现代化海关建设，以优异成绩迎接党的二十大胜利召开！

在2022年满洲里海关全面从严治党工作会议上的讲话

满洲里海关党委委员、副关长 冯斌

（2022年1月28日）

这次会议的主要任务是，深入学习贯彻习近平总书记重要讲话精神，全面落实党的十九届中央纪委六次全会精神和全国海关全面从严治党工作会议部署，总结2021年关区全面从严治党工作，分析研究当前全面从严治党形势，部署推进2022年工作。受齐亚洲书记委托，下面，我代表关党委，讲4点意见。

一、2021年工作回顾

2021年，是关区全面从严治党向纵深推进的一年，也是取得更多治理成效和制度性成果的一年。一年来，在海关总署党委的坚强领导下，关党委带领全关各级党组织坚持以习近平新时代中国特色社会主义思想为指导，围绕中国共产党成立100周年这一重要时间节点，认真贯彻全面从严治党战略方针，落实党中央决策部署和海关总署党委工作要求，扎实履行全面从严治党主体责任，一以贯之推进党风廉政建设和反腐败工作，关区政治生态持续向上向好。

（一）践行"两个维护"坚决有力

严格落实"第一议题"制度，推动习近平总书记重要指示批示精神落到实处。坚持用习近平新时代中国特色社会主义思想武装头脑、指导实践、推进工作，深化"1+3"全覆盖理论学习模式，推动关区理论学习走深走实。深入学习宣传贯彻党的十九届六中全会精神，迅速开展捍卫"两个确立"、做到"两个维护"、强化政治机关建设专项教育活动。扎实推进党史学习教育，做实规定动作，创新自选动作，精心组织庆祝中国共产党成立100周年系列活动，深入学习习近平总书记"七一"重要讲话精神，开展"坚决响应习近平总书记和党中央的号召 争做新时代合格党员"活动，"我为群众办实事"实践活动取得良好成效。扎实开展政治机关意识教育，推进模范机关建设。严格落实意识形态工作责任制，抓好铸牢中华民族共同体意识教育。

（二）政治监督持续做深做细

建立重大决策部署落实工作台账，对疫情防控等7方面重大决策部署落实情况开展实地督查，做好配合海关总署党委第四巡视组常规巡视工作，推动建立长效机制。召开关区党组织书记述责述廉述党建会议。推进各类监督贯通协调，监督合力有效加强。推进巡察全覆盖，突出政治巡察定位，对13个单位、部门开展巡察并推动整改落实。

（三）纠"四风"树新风扎实推进

严格落实中央八项规定及其实施细则精神，组织开展专项检查、自查4次，力戒形式主义、官僚主义，全年召开计划内会议同比下降25%，制发正式下行文件同比压减26.6%。扎实推进准军事化纪律部队建设，开展内务规范强化月活动，建立内务交叉检查工作机制。持续弘扬"扎根边疆、建设边关、把关服务、无私奉献"的边关精神。在应对满洲里市本土疫情工作中，全关干部队伍展现了顽强的意志和战斗力，党组织战斗堡垒作用和党员先锋模范作用充分发挥，党旗始终在防控一线高高飘扬。

（四）权力运行监督制约持续强化

突出对"一把手"和领导班子的监督，关党委以上率下接受监督，制定对关区各单位、各部门"一把手"和领导班子监督具体措施21项。进一步规范领导干部配偶、子女及其配偶从业行为，完成关区干部职工配偶、子女及其配偶从业情况自查，开展利益冲突专项核查。深化"制度＋科技"运用，建立关区制度42件，修订61件，推动风险管理、查验管理等署级项目上线平稳运行。加强内控机制建设，深化新海廉系统运用，稳步推进政务服务"好差评"系统推广使用，满意度100%。

（五）刀刃向内反腐倡廉更加有效

推动廉政教育常态化，制定关区廉政教育常态化实施意见，建立每季度正反面典型案例教育机制，深入开展警示教育月活动，创新开展家庭助廉活动。开展"现场监管与外勤执法权力寻租"专项整治，坚持靶向治疗，推动整改成果持续转化为治理成效。建立受党纪处分人员教育管理制度。

二、准确把握新时代新阶段特征，不断增强推进全面从严治党的政治定力

习近平总书记在党的十九届中央纪委六次全会上的重要讲话，深刻总结了新时代党的自我革命的成功实践，对坚持不懈把全面从严治党向纵深推进、迎接党的二十大胜利召开作出战略部署，是纵深推进全面从严治党工作的行动指南。全国海关全面从严治党工作会议学习传达了党的十九届中央纪委六次全会精神，全面回顾了2021年工作，总结形成了"四个始终坚持"的经验启示，对2022年海关系统全面从严治党工作作出全面部署，是我们推进工作的重要遵循。全关各级党组织要从政治和全局的高度深入学习领会，认真贯彻落实。

（一）充分认识全面从严治党的战略地位

勇于自我革命是我们党区别于其他政党的显著标志，也是党长盛不衰的关键所在。全面从严治党是新时代党的自我革命的伟大实践，开辟了百年大党自我革命的新境界，探索出依靠党的自我革命跳出历史周期率的成功路径。党的十九届六中全会通过的《中共中央关于党的百年奋斗重大成就和历史经验的决议》，将"明确全面从严治党的战略方针"作为习近平新时代中国特色社会主义思想"十个明确"的重要内容，进一步凸显了全面从严治党的战略地位。我们要牢牢把握以史为鉴的经验启示，牢牢把握全面从严治党的战略布局，牢牢把握我们党勇于自我革命的鲜明品格，坚持正风肃纪反腐没有休止符、全面从严治党永远在路上，确保全面从严治党工作始终沿着总书记指引的

方向前进。

（二）充分认识当前全面从严治党的形势要求

2022年是党的十八大以来第十个年头，全面从严治党取得了历史性、开创性成就，产生了全方位、深层次影响。同时，习近平总书记着重指出，全面从严治党还远未到大功告成的时候，在党长期执政条件下，各种弱化党的先进性、损害党的纯洁性的因素无时不有，各种违背初心和使命、动摇党的根基的危险无处不在，党内存在的思想不纯、政治不纯、组织不纯、作风不纯等突出问题尚未得到根本解决；腐败和反腐败较量还在激烈进行，并呈现出一些新的阶段性特征，防范形形色色的利益集团成伙作势、"围猎"腐蚀还任重道远，有效应对腐败手段隐形变异、翻新升级还任重道远，彻底铲除腐败滋生土壤、实现海晏河清还任重道远，清理系统性腐败、化解风险隐患还任重道远。我们要深刻把握依靠党的自我革命跳出历史周期率的"六个必须"成功路径，自觉运用对建设长期执政的马克思主义政党的"九个必须"规律性认识，坚决纠正已经严到位、严到底的情绪，始终保持思想上的冷静清醒、增强行动上的勇毅执着，坚持严的主基调、全面从严、一严到底，推进全面从严治党持续走向纵深。

（三）充分认识海关全面从严治党的阶段特征

党的十八大特别是十九大以来，在海关总署党委的坚强领导下，海关系统贯彻落实党中央全面从严治党战略方针，坚定不移正风肃纪反腐，干部队伍纪律作风形象持续改善，人民群众满意度不断提高。满洲里海关地处中俄蒙三国交界地区，维护国门安全和服务国家对外开放战略的职责更为艰巨，面临的"围猎"和腐蚀呈现出更为复杂的特点，需要我们持之以恒正风肃纪反腐，以更高的标准和更严的要求推进全面从严治党。

三、深入贯彻全面从严治党战略方针，纵深推进关区全面从严治党工作

2022年，关区各级党组织要坚持以习近平新时代中国特色社会主义思想为指导，全面贯彻党的十九大和十九届历次全会精神，落实十九届中央纪委六次全会部署，按照海关总署党委对海关全面从严治党工作的总体要求，坚持主体责任与监督责任贯通协同，不敢腐、不能腐、不想腐一体推进，惩治震慑、制度约束、提高觉悟一体发力，学习、教育、制度、监督、惩处多措并举，持续营造风清气正、健康向上的关区良好政治生态，以优异成绩迎接党的二十大胜利召开。

结合关区实际，着重做好以下6方面工作。

（一）旗帜鲜明讲政治，坚定捍卫"两个确立"、坚决做到"两个维护"

全面推行"第一议题"制度，把学习贯彻习近平总书记重要讲话和重要指示批示精神作为首要内容，作为党委会、每月形势分析及工作督查例会"第一议题"和基层党组织"三会一课"、主题党日"第一议题"；坚决贯彻落实习近平总书记重要指示批示精神，第一时间学习、第一时间研究、第一时间落实，不折不扣落实习近平总书记关于筑牢口岸检疫防线、禁止"洋垃圾"入境、严厉打击象牙等濒危物种及其制品走私、食品安全"四个最严"、优化营

商环境等一系列重要指示批示精神，做到执行不偏向、不变通、不走样，确保落实到"最后一千米"。扎实开展捍卫"两个确立"、做到"两个维护"、强化政治机关建设专项教育活动，海关总署党委已经印发了活动方案及推进措施，关党委也进行了具体部署，各单位、各部门要扎实贯彻落实。全体党员、干部要深刻认识开展专项教育活动的极端重要性，坚持领导带头、条块结合、全员覆盖，立足岗位梳理每项业务蕴含的政治要求，推动建立从政治层面强化业务工作的常态化机制，拿出实招、下真功夫，绝不能走过场，确保取得实效，要想清楚、弄明白"没有脱离政治的业务，也没有脱离业务的政治"的深刻道理，更加深刻地认识海关首先是政治机关，任何工作都要首先从政治上看，切实把讲政治要求落实到关区每项工作中、每个岗位上。常态化推进政治机关意识教育，扎实推进模范机关建设，拓展深化"争做新时代合格党员"活动，加强对党忠诚教育和形势政策教育，深化重要文件解读制度，健全党组织书记讲专题党课机制，引导教育党员、干部胸怀"国之大者"，以实际行动践行"两个维护"。进一步严明政治纪律和政治规矩，严格执行重要事项请示报告制度，严格落实"三重一大"事项集体决策制度和民主集中制原则，严格落实意识形态工作责任制，常态化推进铸牢中华民族共同体意识教育。

（二）强化科学理论武装，持续淬炼锐利思想武器

把学习贯彻习近平新时代中国特色社会主义思想作为铸魂之本，完善党委理论学习中心组、政治例会等学习方式和理论学习效果评估机制，健全上下贯通、相互促进的"1+3"全覆盖理论学习模式，发挥党员的主动性和创造性，创新学习方法，提升学习质量，注重学习实效，使科学理论真正成为党员干部把握运用规律、认识改造世界、指导工作实践、解决问题难题的思想武器。把学习宣传贯彻党的十九届六中全会精神作为当前和今后一个时期的重大政治任务，做好宣传宣讲，分期分批高质量抓好全员专题培训，大力宣传关区在学习贯彻过程中的好经验、好做法和工作成效，持续掀起学习热潮。巩固深化党史学习教育成果，持续加强理想信念教育，建立常态化长效化机制，把学党史作为必修课、常修课，运用好边关红色资源，深入推进边关史研究，推动党员干部学在平时、养成习惯。加强边关文化建设，大力弘扬中华优秀传统文化，深入推进社会主义核心价值观教育，厚植党员干部信仰马克思主义的文化基础和心理基础。

（三）推进作风建设常态化长效化，坚持风腐一体纠治

持之以恒落实中央八项规定及其实施细则精神，严格落实海关总署党委17条工作措施，对党员领导干部违反"五个一律不准"、执法一线人员违反"四个一律不准"等问题深挖严治，对违规收受礼品礼金、接受请吃、公车私用、私车公养等问题露头就打，对顶风违纪、风腐交织、隐形变异等问题从严从重处理，推动党员、干部清醒认识"四风"反弹的政治风险，时刻防止麻痹、懈怠、松劲等思想偏差。坚决整治形式主义、官僚主义，抓好关区为基层减负20条措施落实，巩固深化业务问题收集反馈、机关服务基层工作机制，完善精文简会硬指标，统筹实地检查考核，统筹基层报送材料报表，坚决遏制"指尖上的形式主义"。继续推

进海关政务服务"好差评"应用，一对一听取特约监督员意见，健全12360问题收集反馈机制，坚决纠治不担当不作为、简单化乱作为、推诿扯皮等问题。深化准军事化纪律部队建设，开展内务规范强化月活动，加大日常内务规范检查和视频监控检查力度，发现问题点名道姓通报曝光，持续强化日常作风养成。坚持"过紧日子"，打造节约型机关，提高预算执行效率，加强资金使用绩效考核，严控"三公"经费和一般性支出，坚决制止餐饮浪费行为。加强干部职工日常管理监督，完善事业单位、临聘人员、协勤人员管理机制，推进教育管理监督全覆盖。加大关心关爱力度，落实海关总署支持艰苦地区边关22条措施，大力弘扬"扎根边疆、建设边关、把关服务、无私奉献"的边关精神，加大疫情防控封闭管理人员定向关心关爱力度，通过心理疏导、组建志愿服务队等多种方式，及时纾解情绪、帮助解决实际困难。

（四）坚持零容忍惩治腐败，始终保持强大力量常在

强高压惩治腐败，坚持有腐必反、有贪必肃、有案必查，紧盯一线执法领域、重点岗位和"关键少数"，严肃惩治利用影响力或职权谋私贪腐等问题。巩固"现场监管与外勤执法权力寻租"专项整治成果，深刻汲取严重违纪违法案件教训，深入开展"海关重点项目和财物管理以权谋私"专项整治，密切关注工程建设、信息化建设、实验室建设、装备购建、疫情防控保障项目等领域可能存在的问题和风险隐患，严肃查处暗箱操作、权钱交易等问题。关口前移抓预防，坚持信任不能代替监督，落实加强对"一把手"和领导班子监督的具体措施，用好用足监督执纪"四种形态"特别是第一种形态，规范领导干部配偶、子女及其配偶从业行为，建立领导干部近亲属存在利益冲突从业行为备案机制。做好案件查办"后半篇文章"，坚持"一案一警示、一案一剖析"，深入分析和解决违纪违法案件暴露出的制度漏洞、监督缺失、责任空转等问题，推动以案促改、以案促教、以案促治。加强廉洁文化建设，深入贯彻关于加强新时代廉洁文化建设的意见，打造清廉海关廉洁文化品牌，落实廉政教育常态化制度，注重突出重点与全面覆盖相结合，注重用身边事教育身边人，开展集中警示教育月活动。强化"八小时"以外监督，落实关于进一步加强家庭家教家风建设的实施意见，结合关区双职工多、亲属多和"熟人社会"特点，开展崇廉尚洁家风宣传活动，引导教育党员、干部以身作则管好家属子女，多措并举防范酒驾醉驾。

（五）强化对权力运行的监督制约，推动形成闭环链条

树牢"制度＋科技"理念，推进海关权力行为"进系统、标准化、留痕迹、可追溯"，持续优化提升查验、稽核查、缉私案管系统应用效能，通过信息化科技化手段持续规范和压缩自由裁量权，推进权力行使标准统一、权力处置智能判定、权力运行流程可溯。扎实推进制度"立改废"工作，从制度源头规范权力运行，制定关区权责清单，防止出现权力真空和监管缺失，方便群众办事，接受社会监督，促进更好履职。建立健全各类监督协作协同工作机制，坚持以党内监督为主导，促进各类监督贯通协同，增强监督治理效能，形成全面覆盖、常态长效的监督合力。进一步加强内控机制建设，提升"海关内部控制与监督子系统"应用效能，有效防范执法风险，建立审计整改

长效机制，对审计查出问题整改落实情况一盯到底。

（六）推动巡视巡察上下联动，充分发挥利剑作用

抓紧抓实海关总署党委常规巡视反馈问题整改工作，作为推进关区全面工作的有效抓手，健全巡视整改工作机制，确保巡视整改取得预期效果，并举一反三形成长效机制。推进巡视巡察上下联动，全面梳理近年来巡视巡察整改事项，坚持以巡视带动巡察，一体推进巡视巡察整改落实，压实整改主体责任，做实做细"后半篇"文章，确保形成震慑、切实解决问题。深入推进政治巡察，有效发挥巡察综合监督平台作用，高质量完成一届任期内巡察全覆盖目标，健全完善巡察整改监督工作机制，探索巡察整改量化评估，增强巡察监督的实效性，强化巡察成果综合运用，实现有形覆盖和有效覆盖相统一。

四、抓紧抓牢"责任制"牛鼻子，推动全面从严治党主体责任落实落地落到位

全面从严治党，关键在主体责任落实，必须始终保持落实主体责任的政治自觉，不断强化党要管党、全面从严治党的政治担当，做到知责于心、担责于身、履责于行。

（一）在树牢责任意识上下功夫

海关是政治机关，必须在落实全面从严治党责任中走在前、做表率，发挥好引领带动作用。各级党组织和党员领导干部要切实提高政治站位，严格落实《党委（党组）落实全面从严治党主体责任规定》，从政治上认识全面从严治党责任、认识领导职责中包含着监督职责，深刻认识落实全面从严治党责任对扎实做好各项工作的政治引领和政治保障作用、对于从政治层面强化业务工作的重要作用，坚持党建工作与业务工作同谋划、同部署、同推进、同考核，做到业务工作开展到哪里，党建工作就引领保障到哪里，全面从严治党就严到哪里。

（二）在构建责任体系上下功夫

推行各级党组织书记、委员履行全面从严治党责任清单化，实行精细化管理，构建"一级比一级精准、一层比一层严密"的责任体系。深入学习贯彻《中国共产党纪律检查委员会工作条例》，进一步强化纪检机构监督责任和协助职责。加强履责监督，将党组织履行全面从严治党主体责任情况纳入每季度党建工作例会重要内容，开展述责述廉述党建工作，通过队伍建设综合管理平台对履责情况"精准画像"，综合运用信访举报、案件查办、政治巡察等，定期开展政治生态分析研判，对不抓不管、失职失责的党组织和党员领导干部严肃问责。

（三）在抓住关键少数上下功夫

突出加强对各单位、各部门"一把手"和领导班子的监督。"一把手"担负着本单位、本部门全面从严治党"第一责任人"的责任，是关键中的关键，要做到"四个亲自"，管好班子、带好队伍，严格自律、严负其责、严管所辖，既要抓部署，也要抓落实，定期听取领导班子其他成员履行管党治党责任情况汇报，把管党治党各领域各方面各环节的工作抓具体、抓深入、抓到位。纪检监察机构和党的工作部门要突出对"一把手"的监督，将"一把手"作为开展日常监督、专项督察的重点，让"一把手"时刻感受到用权受监督。领导班子成员要切实履行好"一岗双责"，既抓好分管领域业

务工作,更要抓好全面从严治党工作,不折不扣地把政治标准和政治要求贯穿到业务工作之中。

（四）在夯实基层基础上下功夫

持续加强"基层基础基本功""三基"建设,深化"强基提质工程",打牢基层党组织这一党的全部工作和战斗力的基础。基层党组织书记要履行好"第一责任人"责任。担任基层党组织委员的党员干部要深刻认识党内职务是第一职务,履行好自身承担的全面从严治党责任,做到业务和党务"两手抓、两不误"。基层党组织纪检委员要履行好"哨兵"作用,发现全面从严治党方面的突出问题,经提醒后纠正不力的,应直接向机关党委、机关纪委报告。推进党务工作经历纳入干部履历,进一步健全考察考核党务干部履职尽责情况工作机制。

同志们！我们要始终坚持以习近平新时代中国特色社会主义思想为指导,贯彻落实海关总署党委部署要求,继续推进新时代党的建设新的伟大工程,从党的百年奋斗历史经验中汲取智慧和力量,坚持自我革命,坚持全面从严治党永远在路上,为关区改革发展提供坚强保证,为全面建设社会主义现代化海关作出边关贡献,以优异成绩迎接党的二十大胜利召开！

第二篇 专记

满洲里海关首创"领学共进"模式强化青年干部理论武装

满洲里海关党委突出"青年工作海关必远谋",针对关区青年占比43.1%、强化青年理论武装更为重要的实际,自2022年6月起,探索实施党委理论学习中心组(简称"中心组")和青年理论学习小组(简称"青年小组")"领学共进"模式,取得良好成效。

一、做法经验

坚持党建带团建、青建从理论抓起、从学习谋起,以发挥中心组"头雁"作用、推动中心组和青年小组"双提升"、带动各级党组织理论学习"全促进"为主要模式,制定《党委委员参加指导青年理论学习小组学习活动机制》,逐步构建"三领三学三共进"全新体系。

(一)突出三个主体引领

两级党委提级引领。把强化青年理论武装作为抓好青年工作的首要任务,由党支部引领提级为直属关、隶属关两级党委引领,纳入党委重要议事日程,纳入全面从严治党主体责任考核,纳入中心组学习巡听旁听重要事项,纳入政治巡察、干部监督重要内容,定期对青年小组理论学习进行指引。推行以来,两级中心组与青年小组开展"领学共进"84次。

党委书记示范引领。作为党委书记"一把手工程"和"书记项目",突出"讲、导、督、促"带动作用,示范引领青年思想、作风、纪律,锤炼对党忠诚的政治品格,树牢求实、扎实、朴实的工作作风。压紧压实下级党委书记第一责任,建立定期报告制度,推进情况必听、实地调研必问、工作成效必看。

党委委员分责引领。作为"一岗双责"重要内容,两级党委委员分责联系指导青年小组,做好青年的知心人、热心人、领路人,党委委员常态化参加指导青年小组学习活动,累计参加指导26次。推动全关40岁以下336名青年全部加入青年小组。

(二)创建三种学习模式

青年常态化列席参与学。两级中心组每月选取青年代表2~3人参加学习,形成共同学习思考、参与交流研讨、提出意见建议、随机互动问答"四参与"方式,明确中心组涉密学习等"不参与"原则。

中心组成员双向指导学。在中心组学习中多对一指导,突出"中心组点题、青年攻关",引导青年大胆"首创";青年邀请中心组成员参加青年小组学习并进行一对多指导,深入浅出开展宣讲宣传贯彻,精准指导青年读书班等活动。

两级党委、党支部和青年小组多向联动学。 党委委员在指导分管联系单位党组织学习、参加所在党支部、支部联系点组织生活时，同步指导青年工作；完善党委委员支部联系点设置，向青年占比大的基层科室倾斜。

（三）探索三条共进路径

理论武装共进，做到同心共向。 突出学习贯彻习近平新时代中国特色社会主义思想，推进中心组学习政治性、规范性和青年小组学习丰富性、活跃性优势互补，实现青年理论学习"有形覆盖"和"有效覆盖"。

政治能力共进，做到同频共振。 突出"政治能力是第一位"鲜明导向，中心组成员和青年共同做到"两个维护"有感悟、有表达、有情感、有行动、有成效，"零距离"引导青年不断提高政治判断力、政治领悟力、政治执行力。

攻坚克难共进，做到同力共举。 疫情期间，中心组成员牵头，成立127人"防疫情、促通关"青年突击队，高效解决口岸货物拥堵、工程机械滞压等难题；海关总署政治部对满洲里海关参加疫情防控一线集中封闭管理人员予以通报表扬，青年占比90.5%。

二、取得成效

通过近10个月的实践，"领学共进"模式获得海关总署政治部、内蒙古自治区党委直属机关工委充分认可，时任海关总署政治部主任、党委委员许大纯两次批示并赴满洲里关区实地指导，给予充分肯定；获得关区各级党组织、基层干部及青年广泛好评；有关经验在中央和国家机关工委"旗帜网"刊载交流。

（一）全覆盖理论学习构建新体系

改变了原有理论学习以中心组、党支部为主体的理论学习格局，首次明确青年小组这一学习主体并纳入理论学习体系。构建形成中心组"最先一千米"和青年小组"最后一千米"理论学习首尾衔接机制，中心组"头雁"作用直接传导到"神经末梢"，贯通各层级党组织并覆盖青年的全链条理论学习体系。

（二）党委理论学习中心组学习开启新模式

为中心组注入了蓬勃的青春活力，成为党委了解基层的"慧眼"和接地气、通下情、察民意的"望远镜""显微镜"。青年累计提出意见建议30余条，其中，进一步加大党的二十大精神基层宣讲力度、与地方常态化开展青年联学共建、多途径优化边关青年工作生活环境等建议被党委采纳并实施。

（三）青年理论学习提升工程形成新抓手

建立了党委直接把青年理论武装抓在手上的工作路径，有效辐射和带动了青年理论学习提质增效，青年小组建设全面加强，由14个增加到22个，青年理论学习活动频次同比提升3倍，青年累计撰写理论文章63篇，1名青年小组成员在全国海关"e课堂"作理论学习体会交流。

（四）青年干部成长展示搭建新舞台

搭建了党委"零距离"发现、培养、考察青年干部的平台。2022年6月以来，68名青年小组成员提拔为处科级领导干部，占选拔总人数的63%，1名青年小组成员被评为内蒙古自治区民族团结进步模范个人，提拔为派驻纪检组副组长；1个青年小组成员占比75%的基层科室、1名青年关员分别获评全国海关先进集体、先进工作者荣誉称号。

（五）理论指导实践实现新突破

"研究型海关"建设量质并举，企业"走出去""运回来"、中俄粮食贸易、俄罗斯外贸政策调整、跨境电商"海外仓"等领域研究成果丰硕，青年小组成员6篇报告和信息获国务院领导和俞建华署长批示，2022年度关区调研报告批示率和转化率排在全国海关首位。

满洲里海关开展捍卫"两个确立"、做到"两个维护"、强化政治机关建设专项教育活动和"学习研讨、查摆问题、改进提高"专项工作

按照海关总署党委捍卫"两个确立"、做到"两个维护"、强化政治机关建设专项教育活动和"学习研讨、查摆问题、改进提高"专项工作（简称"两个专项"工作）部署要求，满洲里海关党委高度重视、迅速部署、扎实推进，充分发挥党的政治建设统领作用，教育引导关区干部职工讲政治、见行动、抓落实，进一步推动习近平总书记重要指示批示精神和党中央经济工作决策部署在关区落地落实，"两个专项"工作取得良好成效。

一、主要做法

（一）坚决扛牢主体责任

关党委始终把"两个专项"工作放在心上抓在手上落实在行动上，第一时间成立组织机构，强化组织推动，注重在机制、内容、力量上统筹推进"两个专项"工作，迅速研究印发《满洲里海关开展捍卫"两个确立"、做到"两个维护"、强化政治机关建设专项教育活动实施方案》《满洲里海关以机关党建推动落实习近平总书记重要指示和党中央经济工作决策部署专项工作推进表》，细化54项重点工作任务，推进工作落实。新一届党委成立后，高度重视"两个专项"工作，首次召开党委会即把"两个专项"工作作为重要任务研究部署，实现工作无缝对接、有序推进。关长、党委书记切实履行"第一责任人"职责，坚持靠前指挥与深入基层调研相结合，先后14次对开展"两个专项"工作作出批示要求，对重要事项、重点问题直接部署、直接指导。党委委员认真履行"一岗双责"，通过听取分管部门、联系单位工作汇报，召开关长办公会、深入基层联系点指导等方式，研究部署"两个专项"推进工作，累计深入分管部门、联系单位和基层联系点开展调研指导、听取汇报70余次。

（二）持续强化理论武装

学习贯彻习近平新时代中国特色社会主义思想，及时跟进学习习近平总书记重要讲话和重要指示批示精神，深入学习领会习近平总书记关于加强党的政治建设的重要论述，关于把握新发展阶段、贯彻新发展理念、构建新发展格局的重要论述，十九大以来历次中央经济工作会议精神要点等内容，确保"人人学、全覆盖"。党委理论学习中心组发挥领学促学作用，带头开展交流研讨，推动政治理论学习上下贯通。关长、党委书记创新提出党委理论学习中

心组和青年理论学习小组"领学共进"新模式，推进党委理论学习中心组和青年理论学习小组政治理论学习"双提升"，撰写政研文章，做法得到海关总署肯定。专项工作期间，关区两级党委理论学习中心组累计集中学习研讨133次，各基层党组织通过"三会一课"、主题党日、"结对子"党支部联学联建等形式开展学习研讨920余次，21个青年理论学习小组开展学习交流200余次。综合业务处打造"今日一习话""党史学习教育""心得体会交流"三个精品课堂，不断夯实"强基提质工程"成效；统计分析处举办工作培训班，学习宣传贯彻习近平总书记关于统计工作的重要指示批示精神，提升防范化解海关统计领域重大、系统性风险意识；监察室实行"班前、班后一刻钟"常态化学习制度，集中学习政治理论和业务知识，提高执纪办案思维和能力；离退休干部办公室创新运用"上门送学""结对促学""科技助学"的"三学"模式，确保离退休老干部学习教育不缺课、不掉队。

（三）系统排查检视问题

聚焦"四个是否"和"六对照六看六查"，自觉主动与习近平总书记重要指示批示精神和党中央经济工作决策部署对标对表，系统检视问题差距和排查风险隐患。根据关区各部门单位职责分工，结合所承担的落实"十四五"发展规划、年度中心工作任务，明确"学查改"专项工作中12个与经济工作关联度高的部门单位，将排查出的问题统筹纳入关区问题及整改任务清单。关税处依托精细化管理，把政治要求摆进具体岗位，跟踪督促、对标对表做好梳理排查和整改工作，确保不缺位不漏项；督察内审处做好自选动作，制订"一案、一单、一表、一计划、一台账"，将政治机关专项教育活动与经济责任审计整改工作统筹安排、一体推进；阿日哈沙特海关利用口岸暂时闭关的"窗口期"全面梳理自查，重点推进口岸核心能力建设、队伍能力储备、业务流程再造，做到强弱项、补短板。

（四）全力推动问题整改

坚持标本兼治，强化统筹推动，将"两个专项"工作与巡视整改、"海关重点项目和财物管理以权谋私"专项整治、推进党史学习教育常态化长效化等工作一体推进，各级党组织坚决担负起整改主体责任，明确整改时间表、路线图、责任人和阶段性目标，坚持边学边查、边查边改，并在学习《习近平经济思想学习纲要》后对整改措施进一步补充完善，持续深化整改。人事教育处结合查摆工作落实情况，对较易忽视的问题汇总成工作提示单，对已落实情况的效果进行评估总结；赤峰海关常态化对政治机关建设专项教育活动落实情况进行检查，通报检查结果并反馈整改意见，推动整改工作取得实效。

（五）统筹推进督促指导

发挥领导小组办公室和4个督导组专责作用，统筹协调、分工负责，合力推进责任落实落细，形成"抓落实、强监督、促整改"的完整链条。领导小组办公室坚持周汇报机制，上报周报29期，阶段性总结4次，发布工作指引6期、工作提示12次，进一步明确工作要求和工作标准，推动相关单位部门做好规定动作、动态梳理自查岗位政治标准和政治要求、按照时间节点将前期查摆各项风险隐患和问题整改到位。各督导组坚持严督实导，落实2次督导工作推进会要求，通过材料审核、电话沟通、巡听旁听、调查研究、个别访谈、实地检查等方式，结合党建工作集中清查、政治巡察、日常监督检查等，组织开展2轮全覆盖、印证式督导检查，及时发现问题、纠正偏差、推进落实。丰富拓展宣传形式和宣传渠道，在海关总署"两个专项"工作专栏、海关总署政工办网站、"基层掠影"版块等载体刊发简报、工作动态及图片信息40余篇次，展示满洲里海关"两个专项"工作进展成效、经验做法介绍、先进典型宣传。

二、工作经验和成效

（一）政治机关建设得到持续强化

关党委将开展好"两个专项"工作作为树牢政治机关意识、走好"两个维护"第一方阵的有力抓手和具体行动，持续掀起学习贯彻习近平新时代中国特色社会主义思想热潮，把旗帜鲜明讲政治作为边关人最真挚的情怀、最纯粹的底色和最朴素的价值追求，教育引导干部职工立足岗位职责，进一步把讲政治要求落实到实际工作中，以求实的态度不断强化政治意识，以扎实的作风不断强化政治担当，以朴实的品格不断强化政治素养。教育引导干部职工立足满洲里海关地处"一带一路"交汇枢纽的区位优势，发挥好中蒙俄经济走廊和新亚欧大陆桥重要节点作用，将"两个专项"工作成果转化为把牢方向、推动工作的政治站位，转化为改革创新、攻坚克难的过硬本领，推动党中央经济工作决策部署落实落地，推动海关总署党委工作要求见真章、见实效，以实际行动走好"两个维护"的"第一方阵"。教育引导干部职工坚定政治信仰、站稳政治立场、统一思想认识，起到了明确发展方向、增强前进动力、凝聚职工精神的作用，干部职工进一步坚定了政治立场、明确了政治方向、锤炼了政治品格，为迎接党的二十大胜利召开奠定了良好基础。干部职工对"两个专项"工作成效评价较高。

（二）党建业务互促共建更加紧密

以"两个专项"工作为契机，牢固树立"没有离开政治的业务，也没有离开业务的政治"理念，把"两个专项"工作与深入推进海关全面从严治党，巩固深化"强基提质工程"成果，促进基层党建"双提升"工作结合起来，强化党建在推进海关中心工作、落实"急难险重"任务中的政治统领、督促落实、监督保障作用，充分发挥基层党组织战斗堡垒和党员先锋模范作用，持续强化各级党组织政治功能和组织力，推动党建和业务工作深度融合、系统谋划、整体推进，形成党建业务"一盘棋"的良好局面。封闭管理区组建临时党支部，让党组织在攻坚克难的任务中建起来，让党员在攻坚克难的行动中把身份亮出来，党旗始终在各单位各岗位高高飘扬，先后3批次"青年突击队"奔赴一线支援，"党员先锋队"参加疫情防控社区值守，关区1名党员干部获评内蒙古自治区民族团结模范个人，1名党员干部和1个基层集体进入全国海关"双先"公示环节，1名党务干部获评全国海关"党务之星"，在持续做好口岸疫情防控和促进外贸保稳提质各项工作中充分发挥引领示范作用。机关党委（政工办）突出党建专责部门职责，持续擦亮"红色风向标"党建品牌，注重强化工作方式方法，以三种模式、三个维度、三项机制、三类成效推动"两个专项"工作走深走实；科技处采取措施做好口岸科技新装备应用调研工作，组织骨干进入封管区开展现场跟班作业，收集疫情防控信息化及设备保障需求，现场及时解决相关问题；

财务处推动全员提高政治站位，力争实现政治效果与财务工作业务效果相统一，为财务工作高质量发展提供坚强政治保障。

(三) 成果转化促进工作落地见效

在新一届党委的坚强领导下，关区干部职工团结奋斗、求实创新、踏实肯干，学习贯彻习近平总书记关于"疫情要防住、经济要稳住、发展要安全"的重要指示精神，坚持"人民至上""海关为民"，聚焦中心工作攻坚克难，开展集中会战推动铁路口岸拥堵货物有效疏解、创新方式解决满洲里口岸出口工程机械滞压问题等多项重点工作取得明显成效，俞建华署长等署领导先后7次对满洲里海关工作作出批示，对满洲里海关工作给予肯定，"两个专项"工作成果持续走深走实、落地见效。一是为抓好口岸疫情防控强定力，坚持"外防输入、内防反弹"总策略和"动态清零"总方针，慎终如始抓紧抓实抓细口岸疫情防控和内部防控各项工作措施落实，2位关领导走进口岸封管区，切实解决问题并提出意见建议；加大个人安全防护措施监督检查力度，妥善应对2022年满洲里市数轮本土疫情，内部防控工作规范有效；创新"甩挂""接力驾驶"等非接触式货物交接模式，在全国海关年中工作会议上得到了俞建华署长的表扬，保安全、保运转、保通关，取得疫情防控阶段性成果。卫生检疫处把推动问题解决作为群众工作的出发点和落脚点，开展培训提升一线人员科学防疫水平，深入基层调研了解卫生监督存在的问题并及时予以解决；后勤管理中心坚持在常态化内部疫情防控不松懈的前提下，保障各项服务工作高质量运转，持续将出入扫码、体温检测、全面消杀清洁等要求落细落实；保健中心在持续开展人员核酸检测工作的同时，做好高风险非冷链商品的核酸检测及作业环境的核酸检测工作。二是为促进外贸保稳提质添动力，落实海关总署促进外贸保稳提质10条措施，细化出台关区20条措施，进一步完善关长联系企业机制，确定8家重点供应链产业链企业为关长联系企业，同步建立隶属海关关长联系企业机制和深化"企业问题清零"机制，深入48家企业调研，回应企业群众关切，梳理企业困难诉求33条，解决企业反映的难点、痛点、堵点问题以及个性化发展诉求，落实好各项助企纾困措施，持续优化营商环境，全力促进外贸平稳发展。进出口食品安全处推进服务"三农"工作，开展"不见面审批"，压缩进境杂粮检疫审批受理时限，提升关区农产品落地加工能力；口岸监管处试行货运预警监测机制，及时关注口岸货运动态及拥堵风险，优化监管流程，有效纾解口岸拥堵风险；企业管理和稽查处全力落实新出台的主动披露制度，鼓励企业自查自纠，整合力量开展实地稽查工作，提升稽查查发成效；满洲里机场海关发挥AEO企业协调员作用，开展产业链供应链"白名单"企业及AEO企业需求调研，制定个性化服务措施，全力优化企业信用培育工作；满洲里车站海关全面落实首问负责制、一次性告知、关长联系企业、企业问题清零等利企措施，设立"钾肥专岗""危险化学品专岗"，实行"7×24小时"预约通关，提升企业获得感；海拉尔海关细化落实促进外贸保稳提质各项措施，持续开展"我为群众办实事"实践活动，开展政策宣介和业务指导30余次，累计为企业解决实际问题40余项；阿尔山海关围绕兴安盟绿色资源优势，加强关企、关地联系配合，指导关区范围优质农产品生产企业进行海关特定资质备案登记，促进企业出口增效；通辽海关利用政策宣讲会、微信群信息推送等方式，为企业提供减免税政策咨询、疑难解答，帮助企业全面了解"十四五"时期国家减免税政策；技术中心持续推动检测项目拓展，努力填补技术中心检测能力与关区业务需求的缺口，解决关区粮食、油料作物部分检验项目外送问题。三是为做好安全生产工作聚合力，把抓安全生产作为工作的重中之重，关党委每周疫情防控指挥部会议听取汇报，召开党委会专题研究7次，组织梳理重大系统性风险26项，制定防范化解措施，明确牵头部门、责任部门；组织开展"口岸危险品综合治理"百日专项行动，取得成效；持续开展监管作业场所（场地）滞留危险货物清理排查和安全生产大检查，防范"小隐患"演变为"大事故"。办公室就应急值班相关工作进行培训，提升值班人员责任意识和规范处置能力，关键节点期间实现对隶属海关值班检查全覆盖，对发现的问题及时督促整改；动植物检疫处拓宽动植物疫情信息搜集渠道，强化潜在风险分析，提高口岸检疫工作的精准性有效性，严防动植物疫情疫病和外来物种传入传出；商品检验处重点加强进口危险化学品、矿产品检验监管，在维护国家生态安全、能源安全、产业安全中充分发挥商检工作力量；额布都格海关梳理完善执法安全作业手册，加强监管场所日常巡查和进口原油危险品检验监管，开展实操演练，提升现场海关突发事件应急处置能力；风险防控分局加强调查研究，充分征求意见建议，对各基层海关单位及重点领域牵头部门排查出的安全生产风险隐患问题进行风险评估；数据分中心开展网络设备安全检测、主机安全策略加固，降低系统漏洞和被攻击风险，确保电子口岸各系统及应用安全稳定运行。

（四）队伍精神风貌得到有效提升

新一届党委成立以来，提出"老关新貌、边关自强"的奋斗目标，扎实推进关区"三实"文化建设，关党委委员通过实地调研、走访慰问、谈心谈话、主题宣讲等多种方式，不断加强干部职工思想引导，制定保护关心关爱具体措施，持续强化正向激励，推动解决实际问题，激发了干部职工奉献担当的工作热情，进一步增强了干部队伍的凝聚力和战斗力。营造团结拼搏、干事创业的良好氛围。2022年前三季度职工思想动态调查结果表明，满洲里海关队伍整体思想状况良好，广大干部职工政治坚定、精神饱满，对海关职业的认同感较高，对海关事业发展前景充满信心，对"老关新貌、边关自强"的奋斗目标高度认可并践行，对"两个专项"工作成效评价较高，对所在单位部门基层党组织认可度较高，工作热情较高，工作态度、工作状态良好，整体上呈现出同心协力、向上的良好精神风貌。法规处注重统筹搭建普法平台，协调职能部门、隶属海关共同参与构建大普法格局，联合社区定期举办法治宣传活动，提高社会公众参与度；满洲里十八里海关通过"老带新""师带徒"方式开展现场教学、实操演练、岗位练兵，提高培训质效，组建20个跨科室专项工作组，提升一线人员业务能力，营造比学赶帮浓厚氛围；额尔古纳海关每月开展道德讲堂活动，主动认领"北疆新时代"App中群众需求任务，以"讲党性、重品行、做表率"为重点加强干部职工思想道德建设。

三、下一步工作思路

下一步，满洲里海关将把学习宣传贯彻党的二十大精神作为当前和今后一个时期的首要政治任务，坚定不移贯彻落实习近平总书记重要讲话和重要指示批示精神，特别是关于海关工作的重要指示精神，深刻认识"两个确立"的决定性意义，坚决做到"两个维护"，牢牢把握"没有脱离政治的业务，也没有脱离业务的政治"，持续巩固深化"两个专项"工作成果，推动党建与业务深度融合、同频共振，把政治要求常态化贯穿到各项工作中；持续深化长效机制建设，坚持"管当下"和"管长久"并举，注重标本兼治，推动整改落实形成长效；持续厚植求实的态度、培养扎实的作风、涵养朴实的品格，全力以赴，真抓实干，推动政治效果和业务效果的有机统一，将工作成效转化为推动关区各项事业发展的强大动力，为实现"老关新貌、边关自强"提供坚强政治保证。

满洲里海关开展基层党建"双提升"行动

按照基层党建"双提升"行动工作安排，满洲里海关开展基层党建"双提升"行动。

一、整体情况

开展"双提升"行动以来，满洲里海关党委高度重视，作为推进党建工作高质量发展的重要举措，专题召开党建工作会议、上半年全面从严治党推进会议，党委书记、关长黄国华带头推进"书记项目"，署名文章《推进党委理论学习中心组和青年理论学习小组政治理论学习"双提升"路径探讨》被海关相关载体刊载，海关总署党委委员、政治部主任许大纯作出批示，在满洲里海关调研期间参加隶属海拉尔海关党委理论学习中心组和青年理论学习小组"领学共进"活动并给予充分肯定。满洲里海关政治部第一时间研究制定《推动落实海关基层党建"双提升"行动推进表》，印发《满洲里海关基层党组织支部书记大讲堂、党务干部大轮训、党务知识大练兵活动实施方案》，坚持问题导向、目标导向和结果导向相结合，以支部书记大讲堂、党务干部大轮训、党务知识大练兵为抓手，巩固拓展"三基"建设成果，推动基层党建强基提质增效，着力强化党组织政治功能，打造高素质专业化党务干部队伍。活动开展以来，累计有302名党务干部、594条党务工作经历纳入干部履历，94名党务干部参加海关总署党务干部岗位练兵，组织党务干部大轮训5期，通过"以干代训"，轮训基层党务干部7名，2名干部参加海关总署工作，1名党务干部获评全国海关"党务之星"，创新建立了理论学习工作指引、每月重点工作指引、党言党语规范表述指引、基层党组织党务工作指引及破解疑点难点问题工作指引5项指引制度，形成党务干部纳入干部履历工作良性机制，党建工作与业务工作持续深度融合，在疫情防控工作和促进外贸稳发展工作中展现担当作为，充分展现了党组织战斗堡垒作用和党员先锋模范作用，为迎接党的二十大胜利召开打下坚实组织基础。

二、主要工作

（一）扎实推进"学查改"专项工作和政治机关建设专项教育活动

突出上下贯通、整体联动，一体推进"学查改"专项工作和政治机关建设专项教育活动走深走实、见行见效。一是上下贯通全员学，创新开展党委理论学习中心组和青年理论学习小组"领学共进"模式，深化"党委理论学习中心组带头示范学、党委委员督导处科级领导干部全面深入学、基层党支部每月政治例会全员集中学、青年理论学习小组及时跟进学"、"1+3"全覆盖理论学习机制，推动形成"头雁"带"雏雁"、"雏雁"助"头雁"、"群雁"共奋进的"雁阵效应"，制发中心组每月学习指引、基层党组织每月重点工作指引，两级党委带头开展中心组学习112次，各基层党组织通过"三会一课"、主题党日、政治例会、联学联建、专题座谈、主题演讲等多种形式开展学习研讨920余次；带动21个青年理论学习小组集体学习162次。灵活采取线上线下测试、现场问答、知识竞赛等方式开展应知应会知识测试160余次，推动学习入脑入心。二是整体联动全面改。坚持"六对照六看六查"，对照"四个是否"，着力强化整体分析和重点把控，横向比对、纵向分析，全面梳理各项工作痛点、堵点、难点、风险点，确定与经济工作高关联度部门12个。建立"周汇报、月总结、季分析"工作机制，构建"抓落实、强监督、促整改"完整链条，成立4个督导组开展2轮全覆盖、印证式检查，坚持两级"三单"贯通、分级分类指导。三是知行合一见实效。将"两个专项"工作成果转化为落实"疫情要防住、经济要稳住、发展要安全"的具体行动。持续强化疫情监测预警，编发相关快报256期，细化出台促进外贸保稳提质20条措施，为全面保障安全发展增助力。深入开展专项教育活动大家谈系列活动，与关区13名党员干部群众代表开展主题座谈交流，广泛征集各级党组织书记、基层一线执法科长、群众职工心得体会170余篇，召开关区督导推进会2次，形成周报告机制，按照督导工作要求推进各项措施落实。

（二）创新开展党务干部岗位练兵暨党务知识大练兵活动

按照基层党建"双提升"行动工作安排和海关总署政工办工作要求，结合关区实际，编发关区党务干部岗位练兵学习资料2期，编发党务知识大练兵学习资料题库27套，各基层党组织对照学习资料，制订具体学习计划，坚持学做结合，做到边学边测、边学边干、边学边练，通过每日一学、每周一测、结对共建等多种方式，提升自身理论素养和专业技能学习质量，深化学习成果，巩固学习成效。组织党务干部逐篇进行学习交流，借鉴先进经验，总结提炼经验做法，推进基层党建工作标准化、规范化建设，进一步提高党务干部抓党建工作能力和水平。开展党务知识测试2次，累计900余人次参与，通过线上方式随机抽取题库内容进行测试，平均成绩92.85分，探索建立长效学习机制，坚持"学中干""干中练"，将其作为现阶段强化基层党组织政治功能、提升组织力凝聚力的重要举措，将党务知识大练兵作为强化党务干部政治意识、提升党建工作能力的重要抓手，基本实现全覆盖、无遗漏，以考促学，提升党务工作理论水平。

（三）广泛开展关区党建典型经验选送工作

对"强基提质工程"成效成果进行梳理、巩固、提升，围绕政治要求我来讲、党建工作我来讲、支部建设我来讲"三个我来讲"开展学习研讨，开设基层党建"双提升"专栏，更新维护专题学习研讨17期，围绕"五个百"项目精心组织、投稿，全面展示满洲里海关机关党建工作水平，推出成果交流展示，海关总署政工办网站刊载海关系统"两优一先"先进事迹材料1篇，采编"书记项目"成果1篇，刊载工作简报1篇，报送创新案例2篇，采编1篇，海关总署政治工作简报基层党建"双提升"行动工作交流专刊采编2篇，获评全国海关系统"党务之星"1名。

（四）开展"支部书记大讲堂"活动

结合海关总署政治部关于组织实施思想理论"学用讲坛"部署和关区基层党组织支部书记大讲堂活动安排，以庆祝中国共产党成立101周年为契机，组织开展关区"支部书记大讲堂"暨思想理论"学用讲坛"活动，获评关区"四强"党支部和党建示范培育品牌的5名党支部书记交流分享及现场互动问答，集体观看党内政治生活庸俗化交易化问题集中治理警示教育片，就基层党建工作优秀经验和先进做法进行交流探讨，进一步提升专兼职党务干部能力水平，探讨解决推进基层党建工作高质量发展方式方法，教育党员干部树牢底线思维，严守党的纪律。

（五）深化党建品牌培树和"四强"党支部建设

按照"强化政治属性、体现工作特点、反映支部特色、展现党员特长"的整体思路，总结凝练品牌内涵，推动关区党建品牌提档升级，强化引领作用，发挥基层首创精神，全面实施总结推广支部工作法，实现"一支部一品牌、一支部一特色、一支部一工作法"和"一品牌一项目"，助推品牌实体化运作，提升品牌效能，4个基层党支部获评全国海关基层党建示范品牌。持续开展关区"四强"党支部评选，发挥关区"四强"党支部示范点引领作用，推动后进赶先进、中间争先进、先进更前进。共评选2批次24个关区"四强"党支部，关区第三批"四强"党支部创建工作已按照相关工作安排统筹推进，探索"四强"党支部建设长效机制，突出特色亮点，紧扣党员思想行为特征开展工作，持续提高支部班子抓党建能力水平，探索信息化条件下开展工作的新载体新路数，有效提升党建工作质量，发挥示范引领作用。

三、特色亮点

（一）深入推进关区"书记项目"试点工作

拓展深化党委理论学习中心组和青年理论学习小组政治理论学习"同学共进"模式。党委书记带头探索"同学共进"课题，《推进党委理论学习中心组和青年理论学习小组政治理论学习"双提升"路径探讨》署名文章被海关相关载体刊载。关党委先后组织开展2次中心组学习暨专题读书班，4名青年小组组长列席学习会，青年小组成员参加两级中心组学习研讨19次，累计112人次。关党委书记先后4次给青年干部点题，参加青年小组学习2次，两级党委委员参加青年读书班活动18次。将青年关员理论武装纳入党建工作责任制，下级党委把"同学共进"作为"一把手"工程，听取青年小组工作汇报4次，探索创新工作形式和内容。结合青年特点，先后组织青年座谈会、"讲红色历史、述边关新貌、共迎党的生日"座谈会暨老中青党员共过政治生日等活动，党委委员先后3批次带领青年突击队进驻口岸封闭管理区工作，青年在列席中心组会议中向中心组报告制约一线工作开展的难点和瓶颈问题。

拓展深化支部共建"结对子"活动。巩固2021年获评海关总署11个"书记项目"试点之一的支部共建"结对子"活动成果，全面总结评估活动成效，建立支部共建"结对子"活动常态化工作机制，以共同推进党支部建设、共同学习教育提高、共同谋划融合发展、共同解决突出问题、共同培育党建品牌为目标，统筹调配确定共建名单、明确共建方向、聚焦破解难题，做到"四突出四联动"，突出先进带后进，突出机关带基层，突出睦邻抓党建，突出为民办实事，使其成为政治机关建设整体联动、把讲政治要求贯穿到方方面面的重要措施，成为各支部彼此联动、破解自身组织活动形式单一、共同提升基层党建工作质量的重要载体，成为机关基层上下联动推进党建业务深度融合、用心用情为民办实事的重要途径，成为海关支部与外部相关单位部门相互联动、共同提高党建和业务能力水平的重要渠道。关区共结对共建党组织38对，其中各职能处室党组织与各隶属海关党组织结对共建18对、各职能处室党组织与事业单位党组织结对共建4对、各隶属海关党组织结对共建12对、与关区外部党组织结对共建4对。已形成并报送"书记项目"成果2篇。

（二）坚持问题导向、结果导向，找准党建工作切入点

一是结合党委委员工作分工及联系单位调整情况，及时调整关党委委员基层党支部联系点，按照基层党支部联系点制度要求，党委委员定期深入联系点支部开展调研，通过与支委班子进行谈心谈话、实地调研查看、召开座谈会、征求意见建议、参加"三会一课"和支部组织生活等方式，全面掌握联系点支部党建工作开展情况，持续提升党建工作能力和工作效果，坚持围绕中心抓党建、抓好党建促业务，探索推进党建工作与业务工作深度融合。

二是开展"四强"党支部回头看。按照"四强"党支部实施动态管理的要求，结合巡视整改工作安排，组织参加党务干部大轮训的专兼职党务工作者开展互学互查，就关区第一批、第二批"四强"党支部党建工作台账，对照"四强"标准进行全面检查，并根据问题数量，实施"蓝黄红"三级预警机制。

三是组织党务工作集中培训。通过"以干代训"的形式，组织关区专兼职党务干部开展大轮训活动，以基层推荐和机关党委指定相结合的方式选派专兼职党务干部参与轮训，对包括党内法规基本制度执行、日常党务工作、"四强"党支部建设、党建品牌创建等内容进行轮训。

四、下一步工作打算

（一）全面做好迎接党的二十大的宣传工作

围绕迎接学习宣传贯彻党的二十大这条主线，坚持用习近平新时代中国特色社会主义思想武装头脑、指导实践、推进工作，深刻感悟"两个确立"的决定性意义，开展"喜迎二十大、强关再出发"系列活动，广泛深入营造浓厚氛围，探索推进党委理论学习中心组和青年理论学习小组政治理论学习"同学共进"模式落地见效，巩固深化"1+3"全覆盖理论学习体系，教育引导全关党员干部把"两个维护"落实到具体工作中、体现在实际行动上。

（二）深入推进政治机关建设

统筹"学查改"专项工作和政治机关建设专项教育活动，贯通深化基层党建"双提升"行动，教育引导党员干部进一步坚定对党绝对忠诚的政治信念，增强不忘初心、干事创业的使命担当，严格规范党内政治生活，健全和完善民主生活会、组织生活会、谈心谈话等制度，按照要求做好规定动作，创新自选动作。

结合驻在少数民族地区实际，紧紧抓住铸牢中华民族共同体意识这条主线，持续巩固共同思想基础。

（三）建立健全基层党建"双提升"长效机制

将基层党建"双提升"行动作为党建工作重点，充分发挥基层首创精神，以提升组织力为重点，持之以恒打基础，聚焦问题补短板，总结提炼党建工作的特色亮点，组织报送基层党建"双提升"行动中的优秀经验和先进做法，不断巩固深化"强基提质工程"，推动获评全国海关党建示范品牌和培育品牌、全区和区直机关"两优一先"、关区"四强"党支部走在前、做表率，进一步推动关区党建水平实现新提升，推动基层党建工作高质量发展，以实际行动迎接党的二十大胜利召开。

满洲里海关开展"国门绿盾2022"行动

为坚决贯彻落实习近平总书记关于加强国家生物安全建设的重要讲话和重要指示批示精神，持续巩固和提升口岸把关能力，维护国家生物安全和生态安全，根据《海关总署关于开展严防动植物疫情疫病传入和外来物种入侵"国门绿盾2022"行动的通知》要求，满洲里海关开展"国门绿盾2022"行动。

一、提高政治站位

以习近平新时代中国特色社会主义思想为指导，深刻领会习近平生态文明思想和习近平总书记关于防范外来物种入侵等重要指示批示精神，坚持总体国家安全观，强化底线思维和系统观念。充分认识做好动植物疫情疫病和外来入侵物种口岸防控对维护国家生物安全、推进生态文明建设的重要意义，忠诚捍卫"两个确立"，增强"四个意识"、坚定"四个自信"、做到"两个维护"。按照海关总署与农业农村部、自然资源部、生态环境部、国家林业和草原局联合印发的《进一步加强外来物种入侵防控工作方案》要求，坚持严格执法、打防结合进一步加强口岸检疫防控工作，严厉打击非法携带、寄递、夹带外来物种进境行为，严防动植物疫情疫病和外来物种以及其他禁止进境物通过口岸传入，保障农业生产安全、生物安全、生态安全以及人民生命健康。

二、组织推动落实

将严防动植物疫情疫病传播和外来物种入侵"国门绿盾2022"行动列入《2022年满洲里海关动植物检疫工作要点》，紧密结合关区实际，印发《满洲里海关开展严防动植物疫情疫病传入和外来物种入侵"国门绿盾2022"行动实施方案》，成立以办公室、法规处、综合业务处、动植物检疫处、进出口食品安全处、口岸监管处、企业管理和稽查处、缉私局、财务处、人事教育处、科技处、各隶属海关、风险防控分局和满洲里海关技术中心为成员的行动领导小组，由分管动植物检疫的关领导担任行动领导小组组长，成员单位充分发挥各自职能作用，紧密配合，共同推进"国门绿盾2022"行动。

三、加强评估处置

（一）强化潜在风险分析

密切关注境外潜在外来入侵物种和国内外动植物疫情动态。本年度首次通过出入境生态安全系统向海关总署报送境外动植物疫情信息，全年满洲里海关采集、发布境外动植物疫情信息167篇，海关总署采编90篇。强化动植物疫情疫病和潜在外来入侵物种风险分析，结合口岸截获、普查及专项监测的相关信息，整理、发掘有价值的信息和线索，如俄罗斯发生西欧齿小蠹、马铃薯甲虫等疫情，提醒加大对进境货物和运输工具该类有害生物的布控。

（二）严格检疫审批

进一步规范检疫审批工作，认真落实《海关总署办公厅关于授权直属海关开展部分进境动植物及其产品检疫审批事宜的通知》要求，制定满洲里海关进境动植物检疫审批工作规范，严格按照工作规程依法依规开展进境动植物及其产品授权审批工作。2022年以来，准予许可108批进境申请。进口粮食、非食用动物产品均严格按审批申请落实定点生产加工制度，在许可证办理过程中核对指定加工企业等材料。

四、强化实际监管

（一）严厉打击非法引进外来物种

按照《海关总署关于进一步加强外来入侵物种口岸防控工作的通知》和《海关总署办公厅关于认真落实进一步加强外来物种入侵防控工作方案的通知》要求，依法严格动植物种质资源引进和科研用途植物检疫特许审批，强化外来物种入侵风险分析和研究，加大寄递、旅客携带等各渠道检查力度，充分发挥反走私综合治理作用，严厉打击不法个人、单位非法引进、携带、寄递、走私外来物种，有效堵截外来物种非法入境渠道。2022年全年，关区内未发生动植物种质资源引进和科研用途动植物检疫特许审批业务。未在寄递、旅客携带、跨境电商等各渠道截获外来物种。

（二）强化贸易渠道检疫监管

各隶属海关严格按照布控指令要求加强对进境动植物及其产品检疫，重点关注进境粮食、木材等传带动植物疫情和外来入侵物种风险较高的货物，截至12月31日，截获进境有害生物4391种次，涉及检疫性有害生物货物均已填报违规通报表并报送海关总署。对截获林木有害生物的，按照要求监督进行熏蒸处理或加工。对粮食中截获检疫性杂草种子的，联系目的地海关监督加工处理，下脚料销毁。根据布控指令，加强对来源于红火蚁、松材线虫等外来入侵物种发生国家和地区的货物、运输工具、集装箱检疫查验。

（三）强化非贸渠道检疫监管

结合满洲里海关"跨境电商寄递'异宠'综合治理"专项行动，充分利用机检、智能审图等技术手段，加强对进境旅客、运输工具服务人员携带行李物品的查验，严防其携带外来入侵物种和禁止进境动植物及其产品入境。与东三省四海关联合建立"三互"沟通机制，共同筑牢北方口岸检疫防线。坚决落实对进出境旅客行李物品三个100%的检查要求。严格落实对进境旅客与运输工具服务人员行李物品100%机检要求，对机检发现异常的实行100%开箱人工检查。目前关区无非贸易渠道监管业务开展，未在非贸渠道截获外来物种。

（四）开展外来入侵物种普查及监测

根据《主要入境口岸外来入侵物种普查技术指南》，结合口岸截获、国门生物安全监测和各种文献，确定满洲里关区外来入侵物种普查对象和外来物种普查重点名单，组织在满洲里关区主要入境口岸组织开展普查工作。普查路线包括关区各铁路口岸、公路口岸、机场口岸附近、货检作业场地及周边区域。部分口岸选择利用虫情测报灯、性引诱剂引诱等方式开展普查。本年度普查工作已完成，普查到物种2520株（头），普查到外来物种光梗蒺藜草、刺萼龙葵、小蓬草等。

按照动植司关于做好2022年进出境动植物疫情和外来入侵物种监测工作的通知要求，在关区内开展入境口岸监测调查、检疫性实蝇、外来杂草、林木害虫、马铃薯甲虫、油菜茎基溃疡病菌、红火蚁、小火蚁监测工作，监测结果均在生态安全系统应用中予以维护。本年度监测到有害生物3254头（株）。对进境粮食加工的企业开展杂草监测过程中，发现外来杂草3种，林木检疫性有害生物2种。

（五）完善联防联控机制

不断探索、完善与自治区农牧厅、林业和草原局等相关部门的合作，强化执法互助和信息共享，就外来物种监测和联防联控建立协调机制，进一步提升口岸国门生物安全保障水平。与内蒙古自治区农牧厅、自然资源厅、生态环境厅、林业和草原局和呼和浩特海关密切合作，共同印发《内蒙古自治区进一步加强外来物种入侵防控工作实施方案》。

（六）加强违法行为打击

持续保持高压严打态势，结合《中华人民共和国生物安全法》《最高人民检察院、公安部关于公安机关管辖的刑事案件立案追诉标准的规定（一）的补充规定》等相关规定，加大执法力度，依法依规处罚不法个人、单位非法引进、携带、寄递、走私外来物种和逃避动植物检疫等行为。涉嫌走私、妨害动植物检疫、非法引进外来入侵物种犯罪的，及时移交缉私部门处理。开展打击整治走私犯罪"百日行动"，加大巡查宣防力度，落实海关总署缉私局百日行动第二次推进会精神，联合地方相关执法部门到中蒙边境开展巡查宣防，严防绕关走私和疫情输入风险。

五、提升技术保障能力

结合《2020—2025海关动植物检疫发展规划》和本年度进出境动植检能力提升工程，提升满洲里海关关区进出境动植物及其产品口岸查验及实验室初筛能力。围绕货检、行邮快检、交通运输工具等口岸现场，结合满洲里海关高寒地区特点，配合海关总署努力完善新一代非侵入式探测技术如进口原木蛀干害虫智能识别技术。

通过线上线下多种方式，大力开展专业技能教育培训和人才队伍建设，学用结合、教练结合、平战结合，提升现场实操技能。本年度组织高级签证官考试和岗位资质考试各一次。满洲里海关高级签证官考试通过11人，考试通过率为100%。本年度动植检岗位资质考试通过人数74人，其中37人通过动检专家岗考试、35人通过植检专家岗考试，人数较2021年新增人数分别增长68.2%、25.0%。

六、开展宣传教育

2022年4月15日，结合全民国家安全教育日、动植物检疫法、生物安全法宣传贯彻等主题宣传活动，强化相关法规和政策解读，结合典型案件，深入开展防范外来物种入侵和动植物疫情疫病传入警示教育和科普教育，引导公众树立自觉保护国门生物安全的意识。利用"8·8"普法宣传教育月活动，针对性改进宣传工作方案，将工作重心转移至对重点区域的强化宣传，使方案更符合关区实际。持续加强各部门分工、密切配合的工作模式；持续加强理论学习，深入对进出境动植物检疫、生物安全法及国家安全法进行解读。持续推进防范外来物种入侵和动植物疫情疫病传入警示教育和科普教育。

第三篇

大事记

2022年满洲里海关大事记

1月

6日 满洲里海关副关长骆江洪、副关长郑德武与到访的内蒙古自治区政府副秘书长栾天猛座谈。

12日 满洲里海关副关长冯斌、副关长骆江洪、副关长郑德武与到访的国家专项工作组座谈。

14日 召开满洲里海关党史学习教育总结会议。

21日 满洲里海关缉私局局长刘胜辉到通辽海关驻村帮扶点套格斯嘎查开展回访调研。

22日 满洲里海关副关长冯斌与内蒙古自治区政府副秘书长栾天猛、满洲里市委书记于伟东座谈。

24日 满洲里海关在满党委委员在满洲里海关分会场参加全国海关工作会议、全国海关全面从严治党工作会议。

27日 海关总署党委书记、署长倪岳峰视频连线满洲里海关所属满洲里车站海关,代表海关总署党委向边关致以春节慰问。

28日 召开满洲里海关2022年工作会议和2022年全面从严治党工作会议。

2月

2日 满洲里海关副关长冯斌陪同内蒙古自治区党委书记石泰峰到满洲里公路口岸调研。

7日 满洲里海关副关长冯斌、副关长郑秋实与到访的满洲里市委副书记、代市长岳国栋座谈。

24日 召开满洲里海关2022年缉私工作会议。

3月

14日 满洲里海关党委书记、关长齐亚洲与到访的满洲里铁路车站站长赵鹏座谈。

17日 满洲里海关党委书记、关长齐亚洲与到访的满洲里市委副书记、市长岳国栋座谈。

27日 满洲里海关副关长骆江洪在满洲里市与内蒙古自治区疫情防控指挥部口岸城市专班督导检查工作组组长、内蒙古自治区口岸办主任斯庆进行工作交流。

4月

3日 满洲里海关党委书记、关长齐亚洲与到访的满洲里市委书记于伟东、市长岳国栋座谈。

6日 海关总署政治部主任、党委委员许大纯在海关总署通过视频方式出席满洲里海关关长任职仪式。海关总署党委决定：黄国华任满洲里海关关长、党委书记。

15日 满洲里海关关长、党委书记黄国华与满洲里市委书记于伟东、市长岳国栋座谈。

19日 满洲里海关副关长骆江洪、政治部主任王洋参加"百名科长百日督查"视频见面会。

20日 满洲里海关关长、党委书记黄国华与到访的满洲里铁路车站站长赵鹏座谈。

5月

7日 满洲里海关副关长郑秋实与满洲里市市长岳国栋座谈。

12日 满洲里海关关长、党委书记黄国华与满洲里市口岸办、满洲里铁路车站负责人及企业代表座谈。

13日 满洲里海关关长、党委书记黄国华出席青年座谈会暨防疫情、促通关"青年突击队"动员会。

16日 满洲里海关副关长骆江洪带领青年突击队进驻满洲里市口岸闭环管理区。

19日 满洲里海关缉私局局长刘胜辉与到访的满洲里市烟草专卖局局长高志勇一行座谈。

24—25日 满洲里海关政治部主任王洋到满洲里海关包联帮扶村呼伦贝尔鄂伦春自治旗大杨树镇振兴村调研。

25日 满洲里海关关长、党委书记黄国华与呼伦贝尔市委书记高润喜、市长及永乾座谈。

满洲里海关副关长郑德武、副关长郑秋实与到访的哈尔滨铁路局常务副局长王昊一行座谈。

26日 满洲里海关副关长郑德武与到访的内蒙古自治区商务厅副厅长胡英峰一行座谈。

满洲里海关副关长郑秋实主持召开关区促进外贸保稳提质暨优化营商环境工作推进会。

满洲里海关副关长郑秋实到满洲里综合保税区调研，并与满洲里市副市长程国斌就促进综合保税区高质量发展进行座谈。

6月

9日 满洲里海关关长、党委书记黄国华与到访的满洲里中检公司总经理王斌一行座谈。

13日 满洲里海关政治部主任王洋与呼伦贝尔市副市长马跃东座谈。

17日 满洲里海关关长、党委书记黄国华陪同内蒙古自治区党委书记孙绍骋到满洲里公路口岸、铁路口岸调研。

24日 满洲里海关关长、党委书记黄国华与到访的满洲里铁路车站站长赵鹏座谈。

30日 满洲里海关关长、党委书记黄国华到满洲里阿尔泰国际粮油实业有限公司调研。

满洲里海关副关长郑秋实在满洲里海关分会场通过视频方式参加中共中央办公厅督查调研组关于兴边富民、守边固边工作开展情况调研。

7月

1—2日 满洲里海关关长、党委书记黄国华在本关分会场视频参加2022年全国海关年中工作会议。

5日 满洲里海关召开2022年关区年中工作会议。

11日 满洲里海关关长、党委书记黄国华与通辽市委副书记、市长郭玉峰座谈。

13日 满洲里海关关长、党委书记黄国华与赤峰市副市长孟晓冰座谈。

20日 满洲里海关关长、党委书记黄国华主持召开满洲里海关"口岸危险品综合治理"百日专项行动部署动员会。

21日 满洲里海关缉私局局长刘胜辉在呼和浩特市与呼和浩特海关缉私局副局长胡晨云座谈。

满洲里海关缉私局局长刘胜辉在呼和浩特市与内蒙古自治区国家安全厅副厅长张辉座谈。

22日 满洲里海关关长、党委书记黄国华参加海拉尔海关党委理论学习中心组（扩大）学习会暨青年理论学习小组"建功新时代"互动研讨交流会。

满洲里海关关长、党委书记黄国华参加全国海关疫情防控工作专题视频会议，召开关区疫情防控工作专题会议。

满洲里海关副关长郑秋实会见到访的中国原子能工业有限公司总经理助理卢亚文一行。

26日 满洲里海关关长、党委书记黄国华以"走好第一方阵 我为二十大作贡献"为主题，为满洲里海关机关及事业单位党员干部讲授专题党课。

27日 满洲里海关副关长郑德武与满洲里市副市长宋吉祥座谈。

28日 满洲里海关政治部主任王洋到部队开展"八一"建军节走访慰问。

29日 满洲里海关党委书记、关长黄国华主持召开2022年上半年全面从严治党推进会。

8月

4日 满洲里海关关长、党委书记黄国华陪同中国第一汽车集团有限公司董事、总经理、党委副书记邱现东一行到满洲里综合保税区调研。

6日 满洲里海关关长、党委书记黄国华在呼和浩特市分别向内蒙古自治区主席王莉霞、内蒙古自治区常务副主席黄志强作工作汇报。

9日 海关总署政治部主任、党委委员许大纯到满洲里海关调研，海关总署政治部副主任、政工办主任杨振庆陪同。

10日 海关总署政治部主任、党委委员许大纯到额尔古纳海关、海拉尔海关调研，海关总署政治部副主任、政工办主任杨振庆，满洲里海关关长、党委书记黄国华参加。

15日 满洲里海关党委书记、关长黄国华参加"涵养新时代共产党人良好家风，争做边关履职尽责、廉洁从政好榜样"关区双职工干部座谈会。

16日 满洲里海关关长、党委书记黄国华与到访的一汽进出口公司党委副书记、总经理于长信一行座谈。

30日 满洲里海关关长、党委书记黄国华参加满洲里海关、长沙海关保障中欧班列服务保稳提质视频会。

9月

8日 满洲里海关关长、党委书记黄国华与满洲里市党委书记于伟东进行座谈交流。

9日 满洲里海关关长、党委书记黄国华到满洲里公路口岸调研纾解积压待出口工程机械工作进展。

满洲里海关副关长郑秋实陪同满洲里市委书记于伟东一行到满洲里公路口岸调研。

16日 满洲里海关关长、党委书记黄国华到满洲里市委办公楼与满洲里市委书记于伟东进行工作交流。

21—22日 满洲里海关缉私局局长刘胜辉到阿荣旗调研，与阿荣旗政府副旗长韩宪辉座谈。

23日 满洲里海关缉私局局长刘胜辉到扎兰屯市调研，与扎兰屯市市长王波座谈。

27日 满洲里海关副关长郑秋实会见到访的中国原子能工业有限公司总经理助理卢亚文一行。

28日 满洲里海关党委纪检组组长王宝仁到内蒙古科沁万佳食品有限公司调研。

满洲里海关副关长郑秋实与到访的满洲里市副市长程国斌进行座谈。

29日 满洲里海关副关长郑德武在呼和浩特市与财政部驻内蒙古监管局局长柳萌座谈。

满洲里海关副关长郑德武在呼和浩特市参加驻区中直单位党建联盟成立暨"献礼党的二十大 担当助企促发展"主题活动启动仪式。

10月

2日 满洲里海关关长、党委书记黄国华在满洲里市政府办公区与满洲里市委书记于伟东、市长岳国栋进行工作交流。

8日 满洲里海关副关长郑秋实到满洲里综合保税区调研，与满洲里市副市长程国斌座谈。

13日 满洲里海关关长、党委书记黄国华主持召开关区"三实"文化建设研讨会。

16日 满洲里海关关党委集体收看党的二十大开幕会盛况直播。

24日 满洲里海关关长、党委书记黄国华，缉私局局长刘胜辉，副关长郑德武，党委纪检组组长王宝仁，副关长郑秋实，副关长李建军集体观看中共中央新闻发布会介绍解读党的二十大报告实况直播。

27日 满洲里海关副关长李建军出席满洲里铁路口岸关企座谈会。

30日 满洲里海关关长、党委书记黄国华与满洲里市委书记于伟东、市长岳国栋座谈。

11月

3日 满洲里海关关长、党委书记黄国华主持召开关区"口岸危险品综合治理"常态化工作部署及安全生产工作电视电话会议。

满洲里海关副关长郑秋实与到访的满洲里市副市长李志东一行座谈。

7日 满洲里海关副关长郑秋实视频参加亚欧会议"智慧海关、智能边境、智享联通"国际研讨会开幕式。

9日 满洲里海关举办党委理论学习中心组（扩大）学习暨处级主要负责同志学习贯彻党的二十大精神专题培训班。

16日 满洲里海关党委纪检组组长王宝仁与呼伦贝尔市副市长梁劲松座谈。

满洲里海关党委纪检组组长王宝仁与呼伦贝尔市纪委书记、监委主任海燕座谈。

17日 满洲里海关关长、党委书记黄国华到满洲里海关道南培训中心检查解除封闭管理人员集中住宿点准备工作开展情况。

满洲里海关副关长郑秋实陪同满洲里市市长岳国栋一行到满洲里公路口岸调研。

18日 满洲里海关开展关区首次监管工作用犬技能比武，4个隶属海关5条监管工作犬参加比赛。

29日 满洲里海关政治部主任王洋出席蒙古国驻满洲里领事馆开馆仪式。

12 月

1 日 满洲里海关副关长郑德武与到访的满洲里铁路车站站长赵鹏进行工作会谈。

5 日 满洲里海关副关长李建军参加东北四省区五关"国门生物安全大讲堂"并进行授课。

6 日 满洲里海关组织收听收看江泽民同志追悼大会现场直播。

第四篇

党的建设

党建工作

【概况】2022年，满洲里海关深入学习宣传贯彻党的二十大精神，弘扬伟大建党精神，强化政治建关，抓好专项教育活动，推进基层党建"双提升"行动，聚焦深化全面从严治党，为建设社会主义现代化海关提供坚强政治保证。

【政治机关建设】2022年，满洲里海关推进政治机关建设，走好"第一方阵"，落实"第一议题"制度，把学习贯彻习近平总书记重要讲话和重要指示批示精神作为党委会和党支部"三会一课"、主题党日等会议的"第一议题"，落实每月政治例会制度，对标对表党中央要求、自觉校准偏差。开展捍卫"两个确立"、做到"两个维护"、强化政治机关建设专项教育活动和"学习研讨、查摆问题、改进提高"专项工作，印发实施方案，细化54条落实工作措施，动态梳理关区1037条政治标准，推动461个自查问题、915项整改措施落实落地；制订模范机关建设实施方案，明确18项具体目标任务，征集典型经验做法，推进北疆模范机关建设工作。严肃党内政治生活，2022年1月12日，满洲里海关党委班子召开党史学习教育专题民主生活会，班子成员依次开展批评与自我批评，党委班子针对23个主要问题，制定5方面29项整改措施，明确责任人、完成时限，纳入关区2022年重点工作，统筹推进整改落实；党委同志主动认领班子问题，分别制定个人整改清单，推动个人问题整改到位，33个处级单位、部门先后召开党史学习教育专题民主生活会，其间成立4个督导组，开展实地检查指导，审核报送材料。聚焦基层党建重点难点问题，组织3个清查整治突出问题规范党务工作专项抽查组，对关区基层党组织开展实地抽查。落实民主集中制，每年7月集中讲党课。2022年7月26日，关党委书记、关长黄国华以"走好第一方阵　我为二十大作贡献"为主题给机关及事业单位党员干部讲授专题党课，党委委员累计讲授专题党课6次，基层党组织开展讲党课活动60余次。

【深入学习宣传贯彻党的二十大精神】2022年，满洲里海关做好迎接党的二十大准备工作。开展"迎接二十大、奋进新时代"主题宣传系列活动，围绕"走好第一方阵　我为二十大作贡献"，聚焦"老关新貌、边关自强"，关长走进口岸封控区、走进基层联系点，开展线上线下主题党日活动；组织开展"支部书记大讲堂"暨思想理论"学用讲坛"活动，召开"讲红色历史、述边关新貌、共迎党的生日"座谈会；2022年9月24日，召开

"防风险、保稳定、迎二十大"专题视频会议,抓实抓细防风险、保安全、保稳定工作,为党的二十大胜利召开营造安全稳定环境。2022年10月14日,召开"迎接二十大、奋进新征程"主题宣讲会,满洲里海关5位先进典型代表作宣讲报告,党委书记、关长黄国华从深入学习宣传贯彻好党的二十大精神、全面推进新时代海关"三实"(求实、扎实、朴实)文化建设、持续营造比学赶帮超浓厚氛围三个方面提出工作要求。

党委带头示范学习党的二十大精神。2022年10月16日,满洲里海关党委集中收看党的二十大开幕会盛况直播,党委理论学习中心组以上率下,带头开展集体学习交流研讨5次;发挥"1+3"(党委理论学习中心组带头示范学、党委委员督导处级领导干部全面深入学、基层党支部政治例会全员集中学、青年理论学习班及时跟进学)全覆盖理论学习体系作用,督导处级领导干部及分管部门、联系单位广泛开展宣讲领学33次;发挥党委理论学习中心组与青年理论学习小组"领学共进"模式作用,推动各级党组织、团组织以及青年理论学习小组同步开展学习研讨;组织召开党委理论学习中心组(扩大)学习暨处级主要负责同志学习贯彻党的二十大精神培训班,建立全员学、全覆盖的全链条理论学习体系,完成规定动作和自选动作。党委书记、关长黄国华在全国海关专题培训班围绕"青年工作海关必远谋"进行交流发言。

2022年11月8日,满洲里海关制发《满洲里海关学习宣传贯彻党的二十大精神工作实施方案》,细化14方面具体工作任务。2022年11月11日,举办关区党委理论学习中心组(扩大)学习暨处级主要负责同志专题培训班,开展宣讲领学、专家导学、分组研学、交流讲学系列活动,带动党组织、团组织以及青年理论学习小组全员学、全覆盖;组建党的二十大精神宣讲团,开展主题系列活动,制发学习指引、知识题库,更新应知应会手册,配发辅导书籍1500余册。营造浓厚学习氛围,开展"喜迎二十大、强关再出发"等系列主题活动15项,开展思想理论"学用讲坛"、演讲比赛等宣讲活动,开设党的二十大精神学习专栏,组织开展"党的二十大精神"大家谈、"寄语二十大 礼赞新时代"感言征集以及知识测试等主题系列宣教活动,编制《党的二十大精神学习指引》,更新配发《党言党语名词手册》,拍摄微视频40余部,撰写心得体会、感言500余条,编发信息资料500余篇,编发"青春满关"微信公众号21期,2篇课题研究成果在海关相关载体上发布。

【宣传思想文化】2022年,满洲里海关深化理论武装,坚持用习近平新时代中国特色社会主义思想凝心铸魂,及时跟进学习习近平总书记重要讲话和重要指示批示精神,突出党委理论学习中心组"头雁"作用,全年中心组集体学习14次。创新党委理论学习中心组和青年理论学习小组"领学共进"模式,两级党委共开展"领学共进"72次,1篇理论学习成果获署领导批示,有关经验在中央和国家机关工委"旗帜网"刊载交流。完善"1+3"全覆盖政治理论学习体系,建立巡听旁听工作制度,全年开展巡听旁听11次。

常态化开展理想信念教育,聚焦"老关新貌、边关自强",制定落实党史学习教育常态化长效化33条措施；严格落实意识形态工作责任制，常态化开展铸牢中华民族共同体意识教育，组织开展"巩固中华民族共同体思想基础 共同建设祖国北疆亮丽风景线"主题党日活动，定期开展思想动态问卷调研4次、意识形态分析研判2次，1名同志获评"内蒙古自治区民族团结进步模范个人"荣誉称号。推进边关文化建设，建设"书香满关"，建设关史陈列室、"移动书吧"，推进全民读书，开展读书交流研讨、打造草原边疆特色文化；2022年10月13日，满洲里海关召开"三实"文化建设研讨会，制定推进边关"三实"文化建设15条措施。深化中心组与青年理论学习小组"双提升"，建立中心组成员青年理论学习小组联系点机制，完善18个青年理论学习小组，两级党委中心组成员担任青年理论学习小组指导老师，全程引领带动学；建立常态化列席中心组学习机制，组织实施列席会议同学共促、带动青年代表谈体会、提建议，助力中心组接地气、察民意；建立"中心组点题、青年攻关"工作机制，中心组成员带动青年对海关总署党委部署的6项课题揭榜领题，参与关区38项课题研究。

【基层组织建设】2022年，满洲里海关巩固扩展党建成果，推进基层党建"双提升"行动，制发支部书记大讲堂、党务干部大轮训、党务知识大练兵活动实施方案，细化制定15项具体工作措施，开展"支部书记大讲堂"5期，轮训党务干部11名，组织94名专兼职党务干部参加海关总署岗位练兵；推动关区党建品牌提档升级，对关区24个"最强党支部"开展回头看，总结推广支部工作法，广泛征集学习成果和优秀经验，被海关总署有关载体采编4篇，306名专兼职党务干部工作经历纳入干部履历。健全党建工作机制，健全党委理论学习中心组学习指引、基层党组织重点工作指引、党务工作指引、党言党语规范表述指引、党建工作问题常态化答疑5项工作机制，修订基层党组织党建述职评议考核办法；推动各隶属海关建立"书记项目"，建立支部共建"结对子"常态化工作机制，创新"双老双青"（离退休干部办公室党支部、离退休干部党支部和共青团、青年理论学习小组）支部共建"结对子"模式，形成关区内、跨关区、跨行业"38+2+4"共建格局，"创建标准化党建工作长效机制"经验做法入选全国海关18个基层党建创新案例之一。2022年，新成立党支部3个，关区63个党组织按期完成换届选举、支部委员补选工作，选优配强支部班子，开展支部委员党务能力提升培训班4期；组建关区7支党员先锋队、6个防疫青年突击队、2个志愿服务队，400余名党员干部参与5个包联小区的核酸检测、物资配送、卡口值守等各环节工作，下拨专项党费支持疫情防控保障；申报区直机关特困党员7名，评定关区困难党员1名；新增全国海关党建示范品牌1个，1名党务工作者获评全国海关系统"党务之星"，统计颁发"光荣在党50年"纪念章1枚，表彰关区43名优秀共产党员、25名优秀党务工作者和22个先进基层党组织。

【党风廉政建设】2022年，满洲里海关推进清廉海关建设，坚持"两个责任"同向发力，不敢腐、不能腐、不想腐一体推进，落实全面从严治党重点任务47项，强化对"一把手"和领导班子的监督，制定各单

▲2022年1月27日，满洲里海关开展廉政主题活动　（丁菲　摄）

位、部门"一把手"和领导班子其他成员重点事项监督自查报告办法；加强准军事化纪律部队建设，开展"永葆政治本色、强化纪律作风"准军事化纪律部队建设专项治理，稳步推进政务服务"好差评"系统推广使用，满意度保持100%；制定边关廉洁文化建设24条措施，开展警示教育月活动2次，召开"双职工"干部座谈会；推动廉洁文化创意作品征集评选，2部作品在中组部等七部委"弘扬清廉家风"主题宣传教育活动中展播，7部作品获海关总署"清风国门"廉洁文化创意作品征集活动一、二等奖。

【群团组织】2022年，满洲里海关夯实青年关员思想根基，加强青年理论学习小组建设，开展廉政主题教育，组织银青座谈会，开展关心关爱，组织线上线下文体活动，组织开展"喜迎二十大、强关再出发"系列文化活动，举办书画摄影展，征集展示优秀摄影、书画作品77幅，丰富干部职工精神文化生活。为672名职工办理医疗互助保险，协助职工申领报销互助金，疫情期间开展慰问18次，组织志愿服务队开展学雷锋志愿服务活动，巩固脱贫攻坚成果与乡村振兴衔接，争取保障资金用于包联帮扶村建设党建文化长廊、改善取暖设施等。1个集体获内蒙古自治区总工会2022年度五一巾帼标兵岗荣誉，1个集体、2名个人分别获内蒙古自治区直属机关"青年五四奖章""优秀共青团干部""优秀共青团员"荣誉。

▲2022年10月6日，满洲里海关团委组织关员开展志愿服务活动　（齐尧　摄）

加强对疫情防控一线人员关心关爱，关党委委员带队，与疫情防控一线封闭管理干部视频连线、深入封闭管理干部家中和单身关员宿舍等进行走访慰问，对春节期间坚守岗位的全体封闭管理人员进行慰问。丰富封闭管理期间业余生活，组织收看边关慰问文艺汇演，组织开展青春歌友会、知识竞答挑战赛、线上竞技、线上新春联欢会等系列特色活动，关区600余人次参加。组建"防控疫情，志愿同行"青年志愿服务队，49名青年关员与封闭管理班组开展结对帮扶，了解需求，帮助解决家庭困难；加大宣传力度，发挥网络作用，利用"金钥匙杂志""青春满关"等公众号推送微信作品，宣传抗疫一线人员风采，弘扬正能量。

撰稿人

梁　义　吴玉超

巡视整改与巡察

【概况】2022年，满洲里海关学习贯彻习近平总书记关于巡视工作的重要论述，发挥监督保障执行、促进完善发展作用，严格把握政治巡察内涵要求，制定年度巡察工作6方面12项要点，将"推动巡视巡察上下联动、充分发挥利剑作用"列入关区年度重点工作，推动巡察工作"精细化管理"，健全完善关区巡察制度体系，加强专兼职巡察干部队伍建设，完成5年巡察"全覆盖"，发挥巡察利剑作用，推动关区全面从严治党向基层延伸、向纵深发展。

【巡视整改】2022年，满洲里海关党委将2021年常规巡视整改作为重大政治任务抓紧抓实，制订整改方案，细化整改措施109项；建立"定期汇报、提示提醒、挂账销号"工作机制，推动集中整改期95项措施全部完成；开展"力戒形式主义官僚主义、切实强化政治执行力"和"永葆政治本色、强化纪律作风"2项专项治理，解决顽固性、易反复性问题。推进巡视巡察联动，健全贯通融合机制，持续强化监督合力，将巡视整改与巡察整改、共性问题整改等结合，联动制订巡视巡察整改集中清查工作方案，各单位部门形成报告及台账85份，实现应整改事项"清零"。推动解决满洲里铁路口岸拥堵、公路口岸出口工程机械滞压等难点堵点问题。

【巡察工作】2022年，满洲里海关党委巡察工作领导小组召开研究工作、听取汇报会议3次，对巡察工作作出批示11次。开展巡中督导和整改督查，统筹协调、完善基础、做好保障，推进巡察落实落地；运用"一托二""一托三"创新方式，开展"政治机关建设""职能作用发挥"等创新

▲2022年6月14日，满洲里海关党委第一巡察组召开巡察动员会　（齐尧　摄）

专项巡察项目，丰富巡察形式，提升巡察质效，年内完成对14个单位部门的巡察任务，实现包括缉私局在内的满洲里海关全部34个单位部门的5年巡察"全覆盖"。全面起底关区巡察整改落实情况，做好共性问题整改，开展关区首次"验证式"巡察整改督导检查，重点选取20个单位部门进行实地督导，深化巡察整改成果运用。

开展巡察"精细化管理"，修订《巡察工作操作指南》，作为巡察工作规范性指引，建立全程贯通机制，巡察前开展信息收集、全面掌握基本情况，巡察中深入各组督导、协调解决问题，巡察后梳理共性问题、及时发布通报；建立日常学习机制，通过微信群常态化推送巡视巡察专业知识，提升巡察干部政治素质和履职能力，第一时间组织专兼职巡察干部围绕学习贯彻党的二十大精神开展专题学习研讨，年内向海关总署报送相关稿件3篇。加大对巡察干部的培训力度，注重将程序规范与实操技巧结合，组织培训班，召开座谈会，提升巡察干部能力水平，发挥巡察综合监督平台作用，加强巡察与监督部门的协作配合，加强信息共享和贯通融合，形成监督合力，实现巡察效果"最大化"。结合"海关重点项目和财物管理以权谋私"专项整治，查找关区非执法领域管理及廉政风险，汇总梳理2012年以来巡视巡察发现的问题并研判分析，形成专题报告及问题清单，推动开展巡察与纪检部门专题会商3次。

撰稿人

张　洁　齐　尧

纪检监察

【概况】2022年，满洲里海关党委纪检组发挥监督保障执行、促进完善发展作用，推动监督检查具体化、精准化、常态化，把政治监督放在首位，严格依规依纪依法做好执纪审查工作，提升纪检监察队伍建设，一体推进"三不腐"，推动纪检工作取得新成效。

【监督检查】2022年，满洲里海关党委纪检组建立政治监督台账，发挥清单管理优势，推动监督融入日常、严在经常。围绕学习、部署、落实、成效4个环节，聚焦全面禁止"洋垃圾"进境、打击象牙等濒危物种及其制品走私、推动外贸保稳提质措施落实、安全生产等重点工作，开展监督检查17次，发现和纠正落实中的落差偏差，确保各项工作要求落细落实。开展疫情防控监督，将疫情防控监督作为重点，健全每日视频巡查、每周报告、每月确定监督重点的常态化监督机制和突发疫情应急响应机制，依托二级、三级指挥中心，开展全天候视频监督；按照关党委关于口岸疫情防控、内部安全防护的工作要求，发现防控措施执行中的薄弱环节，制发工作联系函5份，督促举一反三、及时整改、补齐短板漏洞，防范疫情输入风险。加强日常监督，紧盯巡视巡察整改，通过实地走访、查阅资料、谈话了解等，对16个部门、单位整改情况进行专项检查，督促相关职能部门从制度机制上找症结、提对策；紧盯元旦、春节、清明、五一、中秋、国庆等重要时间节点，围绕违规使用公车、违规收送电子红包、违规接受管理和服务对象宴请、公务活动餐饮浪费等问题，开展监督检查57次，下发专门通知，督促做好正风肃纪工作。做实对"一把手"监督，强化对"一把手"和领导班子监督，将对"一把手"和领导班子履责情况纳入每月监督重点；对各隶属海关单位职责业务、权力运行关键环节常态化进行监督督促，从源头上加强对隶属海关单位"三重一大"事项的监督力度；关注干部交流动态，提示新提任和新交流任职12个部门、单位"一把手"扛起责任、防好风险、带好队伍，严禁干部调整交流期间"迎来送往"。

【专项整治】2022年，满洲里海关开展"重点项目和财物管理以权谋私"专项整治工作，满洲里海关党委纪检组发挥协调推进作用，牵头成立各领域专家组成的综合组、工作专班，协助关党委制订实施方案，建立"领导小组牵头抓总、综合组抓日常、工作专班抓研判、各单位（部门）抓执行"工作机制，确定关区重点项目金额标准，完善整治重点问题24个，开辟工作专栏，组建微信群,制发工作提示、工作提醒42个,解答工作疑问。开展329人违规事项申报、逐一谈话工作,组织对86名领导干部亲属从业情况进行重点排查,深入27家企业走访调研,多渠道收集问题反映。全面梳理关区2012年以来重点项目1409个,综合运用"模型分析指引"和"人工分析指引",聚焦6类重点领域开展5轮拉网式排查,排查问题及廉政风险86个,确定高风险项目8个,重点关注人员3名。抓好整改落实,坚持"初始即严"、强化挂图作战,对照督导检查组反馈的9方面33个问题,细化整改清单、任务分解表,建立每日督促、双周汇总、随机抽查的工作机制,对已经完成的整改事项,主动开展"回头看",对需要长期推进的整改事项,制发《督导整改提醒单》15份,督促责任部门严把整改质量关、建立健全规章制度66个,制定操作指引、完善作业流程11个,规范工程项目立项、审批、造价、施工、审计、验收、归档等环节管理。

【执纪问责】2022年,满洲里海关党委纪检组发挥纪律建设治本作用,结合推进"海关重点项目和财物管理以权谋私"专项整治,全面起底2012年以来问题线索,将"自查从宽、被查从严"的信号贯穿专项整治、执纪审查全过程,促使干部职工主动说明问题,高度重视巡视组移交的信访件和问题线索,集中力量深入核查,提高工作效率、保证案件质量。释放"室组地"协作效能,落实办案"以上为主"要求,围绕正处级干部问题线索、重点信息查询,向驻署纪检监察组请示报告,主动接受上级指导和监督;加强与地方纪委监委协作配合,围绕查办重要案件,先后5次走访满洲里市纪委监委,借助地方纪委监委职能优势,协助查询关键信息、调取关键证据,为突破案件打下坚实基础。深化纪律审查效果,坚持实事求是、宽严相济原则,精准运用监督执纪"四种形态",把握"惩、治、防"辩证统一关系,针对在查办案件过程中发现的制度不健全、落实不到位、履职不尽责等问题,制发纪律检查建议书5份,提出建议8条。组织对5名受处分人员回访教育,了解工作表现,帮助卸下思想包袱,重拾干事创业的信心,推动"有错干部"变为"有为干部";坚持用"身边事"教育"身边人",通报党的十九大以来关区查处的违纪违法典型案例,组织学习海关系统违纪违法典型案件警

▲2022年11月18日,满洲里海关监察室对某违纪案件进行剖析 (王新 摄)

示录。

【建设纪检监察铁军】2022年，满洲里海关党委纪检组建强队伍，锻造纪检监察铁军，深化"七彩"党建品牌建设，通过"三会一课"、主题党日、视频会议等"线上线下"相结合的方式强化理论武装；组织开展"能力提升一刻钟""集中学习讨论、理论知识测试、纪检干部上讲台"等学习活动。2022年，满洲里海关监察室"七彩"党支部荣获全国海关基层党建示范品牌。夯实工作基础，规范问题线索处置、核查工作相关程序及文书格式，细化谈话函询、初步核实、暂存待查、予以了结四类处置问题线索方式的具体要求。落实办案安全要求，对照影响办案安全五方面突出问题、"五个责任"、"八个严禁"，开展办案安全自查自纠，增强办案安全意识，提高执纪审查工作质量，提升办案人员能力和执纪水平。

▲2022年10月14日，满洲里海关监察室集体学习《中国共产党纪律检查机关监督执纪工作规则》（王新 摄）

撰稿人

夏 亮　段海伦

干部队伍建设

【概况】2022年，满洲里海关坚持党管干部原则，树立"重政治、重品行、重基层、重担当、重实绩"的选人用人导向，优化队伍结构，选优配强处科级领导班子，提升干部队伍能力素质，促进政治历练、专业训练、实践锻炼有机融合，推动关心关爱系列举措落地见效，严格干部日常管理监督，推进关区干部队伍建设。

【机构编制管理】2022年，满洲里海关优化机构配置，结合关区稽核查、口岸监管等业务发展需要，调整职责划分，合理布局相关业务条线工作；调整机构配置，健全科室设置，聚焦主责主业，强化履职效果；调整编制和职数，优化人力资源配置，提高资源使用效益。累计增设8个科室，撤销2个科室，关区科级领导干部职数合计新增5名，其中正科职数新增6名、副科职数减少1名。

【干部人事管理】2022年，满洲里海关做好干部政治素质考察，严格按程序选拔处科级领导干部，加大优秀年轻干部选拔力度，新提任的处级领导干部中"80后"正处2人、副处12人，副处级领导干部平均年龄下降2.4岁。统筹开展干部交流工作，调整各层级领导干部47人，其中单位（部门）"一把手"21人，选拔2名具有相关专业背景的干部到事业单位任职，调任1名事业单位管理六级岗人员担任机关部门副职。加强执法一线科长队伍建设，对1名获评海关总署"百名优秀执法一线科长"的干部及时提拔使用。2022年，选拔10名具有执法一线科长任职经历的干部担任副处级领导干部，选拔2名隶属海关执法一线科长担任党委委

▲2022年11月28日，满洲里海关举行新提任领导干部任前廉政考试 （贾博 摄）

员，配备1名30岁以下执法一线科长。

【干部日常管理】2022年，满洲里海关完善"三位一体"考核体系，优化指标设置，改进年度考核工作，根据各单位（部门）领导班子的考核结果，差异化分配公务员优秀名额。从严管理监督干部，严肃开展个人有关事项报告重点核查及随机抽查工作，开展违规投资企业及在企业兼（任）职自查。加强选人用人工作监督，对额布都格海关和阿日哈沙特海关开展选人用人检查，对整改落实情况持续跟踪问效。

【事业单位管理】2022年，满洲里海关激发事业单位改革创新活力，组织开展调研和座谈，撰写推动事业单位改革发展专题报告，起草《中共满洲里海关委员会关于推动事业单位改革发展的实施意见》。召开工程、卫生、农业系列中级职称评审委员会会议，3名同志获申报2021年度海关总署高级职称评审资格，4名同志获申报副高级职称评审资格，经海关总署高级职称评审委员会评审，1名同志获评正高级职称，3名同志获评副高级职称。支持事业单位人才发展，组织开展事业单位领导职数核定和领导人员配备情况自查规范工作，加大公开招聘力度，完成2021年事业单位公开招聘4人，在2022年招聘计划中重点补充专业技术人员，计划招聘专业背景人才9人。

【疫情防控组织保障】2022年，满洲里海关制订《满洲里海关口岸疫情防控人力资源保障应急工作预案》，根据关区各口岸业务情况，组织开展划区域隶属海关人力支援保障工作。组建防疫情、促通关"青年突击队"，集中优势力量支持铁路口岸疏运工作，先后选派3批次、18名队员支援车站海关，解决口岸一线人力资源紧张问题。加强内部防控，从严落实工作要求，扎实做好外出人员管理工作，完善人员信息登记台账要素，加强动态更新，同步应用人员出行信息网上备案管理平台强化风险排查，制发风险提示、监督建议70余份，开通核酸检测情况网上备案入口，督促参加地方组织的核酸检测，做到内部疫情防控工作全覆盖。

【激励关爱工作】2022年，满洲里海关加大干部队伍关心力度，推动海关总署党委关心爱护疫情防控一线人员系列措施落地见效，印发《满洲里海关关心爱护疫情防控一线人员工作方案》，开展3批次及时奖励，对表现突出的49名疫情防控一线人员给予嘉奖。开展"关长走进口岸封管区"，组织隶属海关领导和职能部门处领导累计8人分批进入封管区工作，及时梳理汇总发现的问题和所提建议，跟进措施落实情况。实施疫情防控一线人员单独考核评优，提高优秀等次比例至35%，为关区304名疫情防控一线人员购买人身意外险，对符合条件的108名一线干部职工增加健康体检次数。实施凝心聚力工程，强化边关助学点管理，完善硬件设施，健全子女入学助学政策保障机制，选举产生新一届学生家长委员会，共同做好服务保障工作。落实激励措施，开展关衔集中调整，合理使用职级职数，年内晋升职级88人，调动干部干事创业积极性，开展定期奖励和及时奖励6批次，对16个集体和149名个人予以奖励，其中，个人三等功1个、记功2个、集体嘉奖16个、个人嘉奖146个。

【人才队伍建设】2022年，满洲里海关开展关区人才队伍建设专题调研，对当前现状、突出问题进行深入分析，研提12项工作建议并稳步推动落实。加强科级干部队伍建设，通过关领导出考题评试卷、政治部成立考务组全程督考、全员同步闭卷考试的方式，对科级领导干部进行综合素质考核。依托岗位资质管理加强一线人才梯队建设，联合资质主管部门对隶属海关岗位资质管理情况进行审核评估，年内新增获得各类资质人员116人次，累计达到1099人次。将取得岗位资质情况作为表彰奖励的重要参考，对获得高级（专家）或6项以上一线岗位资质的11名同志给予嘉奖。加强干部队伍源头储备，充实专业人才队伍，开展2022年公务员招录及事业单位公开招聘工作，与兄弟海关协调配合，通过组织线上面试等方式，顺利完成29名公务员、4名事业编制人员招录招聘工作，科学编制2023年公务员招录计划，完成报名资格审查工作。

【教育培训】2022年，满洲里海关突出政治能力培训，把习近平新时代中国特色社会主义思想作为干部教育培训的首课主课必修课，组织各层级干部参加2期学习贯彻党的十九届六中全会精神专题培训，举办2期处级领导干部集中轮训班；将学习宣传贯彻党的二十大精神引向深入，精选20门优质课程进行宣传解读，实现全员覆盖；抓好分级分类施训，通过集中调训、网络培训、岗位实训等多元化培训方式，举办各类培训班135期，参训1.3万人次；开展处级领导干部专业化能力培训、科级领导干部综合能力培训和执法一线科长（基层党支部书记）培训，组织晋衔培训4期，处科级领导干部任职培训4期；开展疫情防控常态化培训，围

▲2022年11月17日，满洲里海关新关员参加全国新录用公务员初任培训班 （王博 摄）

绕口岸防控技术方案和个人防护知识开展培训解读，联合职能部门开展13期疫情防控专业化能力培训，715人次参训，统筹督导隶属海关开展疫情防控能力提升培训668期，其中实操演练323期，确保应训尽训；举办综合性执法资格考试10场次，87人参考，实施学时学分双考核，提升培训质量，强化考核评估。2022年，满洲里海关首次作为独立承训单位组织初任培训，完成新录用人员初任培训、岗前培训、中组部统一调训3个阶段的入职教育。

撰稿人

王　斌　蒋心雨

第五篇

业务建设

口岸开放与运行管理

【概况】2022年,满洲里海关强化正面监管,筑牢国门安全防线,落实疫情防控工作,完善监控检查机制,维护国门安全,做好安全生产工作,落实"跨境电商寄递'异宠'综合治理"专项行动要求,服务口岸保通保畅,促进外贸保稳提质,建立口岸货运监测预警机制,支持中欧班列发展,保障邮路畅通,支持贸易新业态发展。提升口岸检查作业规范性水平,推动监控指挥中心分级联动体系建设,加强监管作业场所(场地)管理和监管设备管理,开展调查研究,做好口岸恢复通关准备工作,提升口岸监管质效。

【口岸监管】2022年,满洲里海关动态调整完善监控重点,涵盖11项监控指标,设置"指令要求+作业表单+现场作业"监控场景,覆盖8类关区主要进口货物指令执行,科学设置风险布控规则,提高贸易渠道风险分析质量。搭建"智慧风控"平台框架,推进"云擎"大数据建设。建立监控指挥中心每日会商、双向互联监控检查机制,运用监控摄像头、查验音视频系统,采取"实时监控+复盘"监控方式,开展联合监控会商129次,规范口岸检查执法作业,提升口岸检查质效。强化寄递物品正面监管,出口邮件100%过机检查,开展"龙腾行动2022",在寄递渠道开展知识产权海关保护专项执法行动,查获侵权案件12起,货值13.97万元。落实"跨境电商寄递'异宠'综合治理"专项行动要求,规范邮件快件现场作业流程,制作《强化口岸"异宠"监管 维护国门生物安全》学习课件,组织跨境电商、邮件、快件等业务现场关员253人次参加学习。指导推动完成满洲里铁路口岸进境粮食指定监管场地规范整改,督促完善口岸基础设施建设,规范场所(场地)巡查"双随机、一公开"工作,对海关特殊监管区域、保税监管场所等开展巡查,加强监管作业场所(场地)管理和监管设备管理,常态化跟踪监控监管设备运行状态。规范关区物流监控管理,监控关区运输工具舱单17.51万批次,清理核查异常舱单数据,关区舱单超期未核注状态"清零"。开展《中华人民共和国过境货物监管办法》解读,明确具体条款执行意见,落实无纸化监管要求,向海关相关载体投稿监管条线政研文章4篇。

【防风险保安全】2022年,满洲里海关健全防范化解重大、系统性风险工作机制,梳理排查关区重大、系统性风险"9+16"项,制定防范化解措施60条,完善各层级安全生产领导机构15个。推进"口岸危险品综合治理"百日专项行动,设立动态监测指标17项,完成工作任务46项,检出出口危险货物包装不合格2批,查发1批聚苯乙烯和1批水性墨水涉危不报情事。推动"铁路进口直运",进境危险品未申报时长同比压缩50%、未放行时长同比压缩83%,实现口岸危险品"动态清零"。推进"迎接党的二十大安全生产百日行动",常态化开展安全生产大检查和安全生产隐患排查整治,制定《安全生产检查要求清单》,明确具体要求127项,动态更新《满洲里海关安全生产问题隐患和整改措施清单》。健全预警机制,接受预警信息2条,制发安全提示21次,举办安全生产培训班2期,完成考核664人次,编发《满洲里海关口岸执法安全作业手册汇编(试行)》,开展口岸检查作业安全监督检查709次,开展核生化暴反恐演练10次,举办"满洲里海关2022年反恐专题线上培训班"。

【服务"一带一路"建设】2022年,满洲里海关创新运用俄籍列车运载出口中欧班列货物,实现宽准轨双向重载,压缩中欧班列全程运输时间5日以上;建立"中欧班列"监测预警机制,提高中欧班列整体风险防控能力,推广"铁路快通"模式,办理内蒙古自治区首批进境"铁路快通"业务,

▲2022年10月26日,满洲里海关监管中欧班列冷链专列出境 (解弈文 摄)

实现满洲里海关所属赤峰海关起运班列采用"铁路快通"模式常态化,全年办理476批次,同比增长9.8倍,全程运输时间缩短近2天;打造"中欧班列+邮件"模式,与沈阳海关、济南海关签订班列运邮监管联系配合办法,成功开通"沈满欧"运邮出口专线列车,填补北方地区邮政中欧班列空白。

【特殊监管区域管理】2022年,满洲里海关支持满洲里综合保税区拓展功能、复制推广自贸试验区监管创新制度,落实"提前适用政策""简化进出区管理""试行汽车保税仓储"等8项政策,推动"综合保税区全面适用跨境电商零售"进口政策落地,发挥综合保税区政策叠加优势,配合地方政府开展招商引资、保税维修业务。支持满洲里综合保税区铁路专用线建设,2022年,满洲里综合保税区进出口贸易值34.9亿元,同比增长190.7%;监管货运量8.8万吨,同比增长101.5%。推动赤峰保税物流中心(B型)发展,2022年,赤峰保税物流中心(B型)进出口贸易值1.3亿元,同比增长284%;监管货运量7239吨,同比增长604.2%。支持通辽市保税物流中心申建。

【支持贸易新业态发展】2022年,满洲里海关推动市场采购、跨境电商等新业态发展,支持9710(跨境电商企业对企

业直接出口)、9810(跨境电商出口海外仓)在满洲里市、赤峰市跨境电商综试区成功落地,实现B2B模式全覆盖。开展跨境电商、市场采购贸易政策解读宣讲6次,参加人员135人次;开展市场采购贸易试点运行情况调研,编印《市场采购贸易海关政策指引》500册,组织修订《满洲里海关市场采购贸易监管实施细则》,推动满洲里市建成首家跨境电商通关服务平台,2022年3月1日,新版《跨境电子商务零售进口清单》上线;支持赤峰、呼伦贝尔首票跨境电商企业对企业直接出口、出口海外仓业务成功申报,做好"6·18""双11"等网购促销日期间跨境电商进出口保障工作,实现跨境电商业务高峰通关有序;推动中俄满洲里—后贝加尔边民互市贸易管理系统上线;完成支持贸易新业态"跨境电商出口海外仓业务面临的困境及应对措施"调研课题撰写工作。

【监管作业场所(场地)管理】2022年,满洲里海关规范指定监管场地建设,指导推动铁路部门完成满洲里铁路口岸进境粮食指定监管场地规范整改,推动地方政府强化对口岸设施、用房改造的支持力度,完成规范整改卫生检疫技术专业用房5个。完善进口非冷链物品核酸监测及预防性消毒场地建设,协调铁路部门及满洲里市政府投入专项资金,完成场地保暖、供水改造。多层级不同方式向内蒙古自治区有关部门、关区范围地方盟市政府反馈公路口岸危险品检验监管安全隐患,督促完善口岸基础设施建设。规范场所(场地)巡查"双随机、一公开"工作,指导机场海关依法注销关区范围快件监管作业场所。

【监管设备管理】2022年,满洲里海关提升监管专项预算资金使用效能,严格履行审批程序,加强设备购建可行性、必要性论证审核,做到无论证不立项,无预算不采购,持续跟进预算资金使用执行情况。制定《满洲里海关大型监管设备运维服务合同履约验收组织工作指引(试行)》,强化监督检查,开展CT等设备运维服务履约验收,根据运维方实际运维服务履约情况对相关设备运维服务费进行核减。

【口岸恢复通关准备工作】2022年,满洲里海关开展口岸监管业务数据调研,全面梳理关区监管现场业务能力情况。利用"客停货通"业务空窗期开展文件解读、理论测试、模拟演

▲2022年6月8日,满洲里海关召开跨境电商政策宣讲会 (徐梦瑶 摄)

练,通过以练代战、以训代战,加强一线关员工作能力。常态化跟踪监控监管设备运行状态,督促指导现场海关做好设备校准、运维工作,杜绝设备"带病"运行、无效运行情况发生。组织开展监管制度规范"回头看",结合海关总署最新工作要求,重新修订制发各类制度规范6个。

撰稿人

韩　健　耿俊东

法治建设

【概况】2022年，满洲里海关深入学习宣传贯彻习近平法治思想，将习近平法治思想落实到关区法治建设的全过程、各环节，突出边关特色，完成关区法治建设各项工作，提供法治保障。2022年，满洲里海关具备法律专业背景人员64名，其中取得法律执业资格证书人员27名、公职律师13名。1起行政案件入选海关行政执法典型案例，1名公职律师获得署级优秀公职律师荣誉称号。

【制度建设】2022年，满洲里海关夯实制度基础，为提升治理能力提供制度保障。加强关区法治建设，推进关区制度规范"立改废释"，关注关键环节和重点领域以及风险较高、涉及改革、影响较大业务制度，加强对制度规范制修订的提示、指导和支持。全年发出制度规范制修订提示单30份，完成制度规范合法性审查39件；满洲里海关本级新制发制度规范30件，完成修订24件，废止25件；满洲里海关现行有效制度规范436件，其中管理制度204件、业务制度177件、党内制度55件。防止制度管理"灯下黑"，梳理评估现行制度规范，修订《满洲里海关案件审理委员会工作规程》《满洲里海关行政审批工作规程》。做好关区制度规范年度汇编（电子版）更新和编纂发布，对制度规范查询系统进行动态更新，提升关区制度规范利用服务信息化、检索查询便利化水平。

【复议应诉】2022年，满洲里海关推进依法行政，提供机制保障。对关区2起民事诉讼案件涉及的法律问题开展专题研究，围绕争议焦点全面研判诉讼风险，与法院沟通，2起案件均以法院调解方式结案，民事纠纷得以妥善解决；开展"以案释法"，发挥行政执法典型案例对执法实践的指导和示范作用，对关区某公司擅自处置减免税货物案进行总结，编撰内部指导案例，收集与关区业务情况相近的其他兄弟海关执法典型案例12起，形成案例汇编，供关警员学习借鉴，防范行政执法风险，推进严格规范公正文明执法；制定《满洲里海关行政复议和解调解制度》，探索建立妥善化解行政争议长效机制；聚焦行政行为法律风险防范，实施涉企行政行为法律风险提示制度，动态调整完善第一批风险提示清单库，修改6条、删除2条，由213条调整完善为211条，此项创新举措在政法司组织的复议诉讼和公职律师管理线上座谈会中做典型交流发言。

【法治宣传】2022年，满洲里海关提升普法实效，构建大普法格局，落实"谁执法谁普法"普法责任制，与社区互通共建、资源共享、优势互补，开展现场有奖答题、扫码观看满洲里海关国门生物安全教育线上展及原创普法微动漫等趣味互动活动，提高社会公众参与度，提升普法实效，参与现场有奖答题50余人次，扫码参加线上普法300余人次，发放宣传单200余份，解答相关咨询30余个。延伸普法阵地，聚焦疫情影响、海关行业特色、热点民生等，走进口岸企业、牧区嘎查、离退休干部活动中心，开展形式多样送法活动；创新普法形式，组织开展全民国家安全教育日、"8·8"海关法治宣传日、"宪法宣传周"等专题法治宣传活动，"8·8"海关法治宣传日活动期间，来自关区30余名普法志愿者与社区工作人员联合开展社区、广场普法行活动，开展解答咨询、现场有奖答题等互动形式，提升群众参与度，活动信息被海关总署、地方各级新闻媒体报道；运用"扫码观展""扫码学法"等形式让海关法治深入人心，采用"法条对碰"形式创作"《民法典》与《海关法》碰撞——进出境个人邮递物品如何监管？"普法微动漫在"12360海关热线"发布，"4·15"全民国家安全教育日期间，制作关区首部普法线上展，让《进出境动植物检疫法》《生物安全法》等宣传更生动直观。

开展"民法典宣传月"活

▲2022年8月2日，满洲里海关组织普法志愿者进社区开展"8·8"海关法治宣传日活动　（张辉　摄）

动，围绕"美好生活·民法典相伴"活动主题，找准切入点，采用制作普法微动漫、"以案释法"、"法条对碰"等形式，深入推进民法典普法宣传，关区参与民法典相关知识线上答题1100余人次，发放宣传册400余份，解答相关咨询50余个，在地方媒体发布活动信息2篇；开展"宪法宣传周"活动，围绕"学习宣传贯彻党的二十大精神，推动全面贯彻实施宪法"活动主题制订活动方案，组织开展系列宣传活动，通过多种平台途径推送学习材料共计39篇，700余人次参加关区组织的宪法宣传日答题，发放宣传单200余份，解答相关咨询50余个，组织关区19名新任职领导干部宪法宣誓，召开关区公职律师、普法讲师"贯彻落实党的二十大精神　推进法治边关建设"主题座谈会，开展宪法宣传进口岸，组织法治书法摄影作品展。

【法治服务保障】2022年，满洲里海关严格落实"清单以外无许可"，统筹推进行政许可事项清单管理，对关区行政许可事项清单及时动态调整并对外公开，落实"首问负责制""一次性告知"，全流程网上办理，优化流程措施有效实施，全年关区办理行政许可146件，继续保持"零超期""零差评";针对疫情防控相关政策措施对劳动用工带来的10个常见问题,编制《聘用人员涉疫劳动争议处理指南》,为疫情期间可能出现的劳动争议纠纷处置提供法律保障;为安全生产、进口煤炭退运、走私涉案运输工具和物品接收、海关查验设施运维和聘用人员管理等中心工作、执法疑难问题、涉法事务提供法律意见。

【法治人才建设】2022年,满洲里海关强化法治人才保障,搭建起以法治联络员为基础、以公职律师为骨干、以法律顾问为外脑、以普法讲师和普法志愿者为支撑的关区法治人才梯队,向内蒙古自治区司法厅推荐的6名公职律师人选均获批,组织开展法制业务网上专题培训、公职律师普法讲师培训;拓展能力提升途径,利用法治工作协作区平台,加强与政法司联系沟通,逐步承担、参与海关总署专项法治工作,

▲2022年6月16日,满洲里海关法规处组织观看线上庭审旁听 (邵大伟 摄)

作为海关总署行政执法"三项制度"推进专项工作组成员之一,按时完成所承担任务,结合关区陆运口岸实际,完成政法司交办的"交通运输工具行进路线指定必要性和可操作"海关法修订专题研究报告;服务海关法律体系顶层设计,在海关总署立法后评估征求意见中,对12部规章提出修订意见建议,上报修改意见建议25条;完善激励机制保障,结合关区法治重点工作,细化完善年度法治建设考核指标。

撰稿人

邵大伟 何立敏

业务改革与发展

【概况】2022年,满洲里海关按照"疫情要防住、经济要稳住、发展要安全"的工作要求,立足关区"一带一路"重要节点区位优势,深入落实西部大开发、东北老工业基地振兴、黄河流域高质量发展以及西部陆海新通道建设等重大部署,推进通关业务便利化改革,保障口岸通关畅通,统筹做好促进外贸保稳提质各项工作。

【促进外贸保稳提质】2022年,满洲里海关细化落实海关总署促进外贸保稳提质、助企纾困降成本等便利措施,出台《满洲里海关促进外贸保稳提质二十条措施》;推动制定推进跨境贸易便利化32条措施、以更优营商环境服务主体行动方案10条措施;加强政策宣传和解读引导,运用微信公众号、12360热线、关企协调微信群、关企座谈会等渠道平台,宣介海关最新惠企措施,推动改革红利惠及企业。

密切关地合作,完善与自治区发改、商务等部门联系配合机制,强化沟通协作,联合满洲里市政府解决制约口岸运行等瓶颈问题,针对"防疫情、保通关"研提海关建议,围绕促进中俄贸易发展,加强长远思考谋划,提出完善口岸基础设施等建议,为中俄总理定期会晤提供边境口岸情况参考。畅通关企沟通,对自治区重点产业链供应链中46家"白名单"企业开展调研,先后启动2批"一企一策"服务措施,推出20条普适性和48条个性化措施;建立两级党委关长联系企业机制,搭建关企沟通"直通车",35名关领导"点对点"联系企业48家;建立企业"问题清零"机制,完善企业问题"收集—处置—反馈—评估"全闭环管理链条,2022年,收集并高效解决57家企业反映涉及业务改革、通关管理、属地查检等问题63个,收到感谢信16封、锦旗5面。

【助力口岸通关顺畅】2022年,满洲里海关保障满洲里铁路口岸通关顺畅,应对2022年4月铁路口岸进口货物拥堵问题,建立满洲里铁路口岸进口钾肥绿色通道保障机制,降低疫情对跨境物流的冲击,保障重要能源资源商品供应稳定,全年经铁路口岸进口钾肥139.69万吨,贸易值51.58亿元;编写《铁路口岸防疫通关指南》,纳入商务部、海关总署等6部委印发的《海运 航空 铁路口岸外贸进口货物标准作业程序参考》,为铁路口岸统筹做好疫情防控和货物通关工作提供科学指导,对北方铁路口岸防疫通关提供参考;用25天时间将铁路口岸站存俄车数量从最高峰2628车降至2075车,恢复口岸正常运转,用41天时间完成340箱积压"高非冷"货物采样工作,解决进口货物积压难点。

推动公路口岸工程机械车

辆出口，针对2022年9月满洲里公路口岸工程机械滞压问题，密切各方合作，集中人力物力，打通出口瓶颈，用27天时间将1368台滞压工程机械车辆全部"清零"，推动企业出口成本直降2/3，口岸过货能力4次提升，出口工程机械数量由日均40台提升至近140台，应对2022年11月以来工程机械车辆出口再次激增情况，优化作业流程、延长工作时间，保障严寒天气下出口工程机械车辆当日接运、当日提离，2022年9月1日至12月31日，满洲里公路口岸累计验放出口工程机械13199台，全年验放21676台。保障邮路畅通，组织集中验放出口邮件2次，实现满洲里本土疫情期间出口邮件零滞留。

【压缩整体通关时间】2022年，满洲里海关加强关区整体通关时间监控分析工作，每日形成《关区整体通关时间日监控报告》，将相关情况通达现场海关做好后续处置。深入落实通关提醒督促机制，每日提醒企业尽快报关、尽快配合海关查验，跟踪铁路口岸进出境运输工具和进出口货物通关物流状态，分析影响和制约整体通关时间的主客观因素，及时发现口岸货物滞留的苗头性、倾向性问题，向内蒙古自治区人民政府报送《关于全力压缩进口整体通关时间的报告》，得到内蒙古自治区常务副主席黄志强批示。2022年12月，关区进、出口整体通关时间分别为32.93小时、0.53小时，较2017年分别压缩57.55%、75.77%，完成"双降"目标。

【深化业务改革】2022年，满洲里海关推进通关业务便利化改革，推广"两步申报""提前申报"业务改革，公路口岸"两步申报"率达83.33%。开展一般模式下公路、铁路运输"两段准入"业务改革，推进"两段准入"业务改革扩大适用范围。参与深化业务改革融合课题组工作，承担课题政策研究。建立进境粮食、矿产品、钾肥等重要物资"绿色通道"保障机制，落实进口矿产品和原油"先放后检""依企业申请实施进口铁矿品质检验"等改革措施。对持续合格的进口煤炭采取合并检验批的优化措施，降低抽样送检比例。持续关注并反映进口原油检验情况，对关区进口煤炭情况进行全面调研，提出降低进口煤炭取样送检比例的优化建议，为海关总署明确降低进口原油、煤炭取样送检比例制定改革措施提供参考依据。

【服务综合保税区建设】2022年，满洲里海关发挥职能监管优势推动满洲里综合保税区高

▲2022年11月22日，满洲里海关关员赴满洲里综合保税区管委会参加"区岸联动"通关模式座谈会　（栾欣　摄）

质量发展，贯彻落实《国务院关于促进综合保税区高水平开放高质量发展的若干意见》，助推满洲里综合保税区发挥对外开放平台作用，向地方政府建言献策，对企业就2022年4月1日起施行《中华人民共和国海关综合保税区管理办法》的出台背景、主要特点、主要内容和最新政策开展线上政策宣讲和工作对接3次，依托综合保税区物流通道及政策功能优势，为企业提供"入区即退税"的优惠政策和贴心服务，吸引出口工程机械入区，与地方主管部门共研"区岸联动"通关模式，提高通关便利化水平，推动满洲里综合保税区宽轨准轨专用线建设纳入内蒙古自治区"十四五"发展规划。

【知识产权海关保护】2022年，满洲里海关开展"龙腾行动2022"，召开关区优化口岸营商环境暨知识产权海关保护"龙腾行动2022"专项推进电视电话会议，分析形势、查摆问题，加强工作统筹，从加大打击力度，提升执法针对性、加强协同保护，形成保护合力等方面提出工作要求。印发《满洲里海关2022年知识产权保护专项行动方案》《2022年满洲里海关知识产权保护专项行动量化考核表》，在寄递渠道开展知识产权保护专项执法行动。定期召开知识产权保护工作业务推进及形势研判季度例会，结合反向通报情况，总结分析工作形势，明确目标任务，对关区持续打击侵犯知识产权违法行为进行部署，以任务目标为导向，对照知识产权工作考核指标，明确各部门职责，完成考核既定目标任务，规范关区知识产权案件办理，严格按照时间节点办案。加强知识产权海关保护宣传，开展"4·26"知识产权周主题活动，与太原海关和东北四省（区）六关举办2场知识产权保护执法线上联合培训，邀请DW、哈雷戴维森、思科、博世等十余个权利人开展线上品牌真伪辨识视频专题讲座，提高一线关员鉴别侵权产品能力和执法水平。发挥行业协会、进出口商会、权利人维权联盟等组织作用，加强沟通配合，与各地方知识产权主管机关开展合作。2022年，关区累计查获侵权案件12起，货值13.97万元。

【禁限管理工作】2022年，满洲里海关制发《满洲里海关进出口货物禁限管理证件事后核查工作机制》，为开展贸易管制与海关执法工作提供保障，提升关区禁限管理工作统一性；提出推动完善禁限管理商品编码、优化联网核查系统逻辑检控规则等专题建议，优化完善通用参数功能设置；联合中国海关干部管理学院组织组织开展"2022年海关贸易管制政策与实践网上培训班"，增强一线执法人员贸易管制意识，提升工作能力和水平；加大后续监控力度，定期开展监控核查，下发禁限管理证件核查联系单5份，提升关区禁限管理工作实效。

【技术贸易措施应对】2022年，满洲里海关建立《满洲里海关技术性贸易措施工作机制》，完成59家样本企业技术性贸易措施影响的问卷调查工作，根据调查结果撰写常规调查报告及重点国家、重点行业专项调查报告，了解企业遭遇国外技术性贸易措施的具体影响情况及困难需求，全面掌握国外技术性贸易措施对中国出口影响情况，增强海关技术性贸易措施工作的针对性和科学性，指导企业完善内部质量管理体系和检测标准执行，保障中国产品更好"走出去"。组织各业务条线专家，开展技术性贸易措施专题培训，围绕国外相关措施通报解读、技术帮扶、建设重点企业库等方面开展技术性贸易措施咨询服务，保障关区主要出口企业顺利拓展海外市场，指导企业有效应对国外技术贸易壁垒，实现继2008年后炼乳产品再次出口朝鲜。

【业务运行研究】 2022年，满洲里海关组织开展"三应"运行机制、信息系统互联互通等专项调研，参与海关总署综合司深化业务改革融合课题组工作，承担深化关检改革融合、综合保税区高质量发展以及促进海关高水平开放等课题政策研究工作，配合陆运货物业务运行专班开展研究。

▲2022年12月5日，满洲里海关综合业务处组织开展宪法宣誓活动　（栾欣　摄）

撰稿人

陈书贤　陈　忱

风险管理

【概况】2022年，满洲里海关运用"大数据+信息"手段深化全要素风险防控，发挥风险预警先导作用，构建多维风险预警体系严防安全准入风险，实现"风控—现场—稽核查"联动处置模式强化风险整体防控，充分发挥风险管理业务运行中枢作用，推动关区风险管理工作高质量发展。

【风险信息收集】2022年，满洲里海关发挥风险信息支撑作用，加强对毗邻国家信息收集，编发相关快报，每周向关区关警员通报疫情动态。做好常态化防疫工作的预警，成立"关区疫情防控监测评估工作小组"，开展关区疫情防控监测评估工作，编发关区疫情防控监测评估报告7期。建立疫情防控、进出口商品和食品安全等业务领域风险信息互联互通机制，利用互联网监控平台拓展信息来源，强化重点领域风险信息的专项收集分析和共享预警，形成风险预警提示，

▲2022年7月28日，满洲里海关风险防控分局党支部开展支部书记讲党课主题党日活动 （蔚俊翔 摄）

定期筛选有应用转化价值的风险信息分层级开展集中会诊，持续跟进分析研判。

【风险预警】2022年，满洲里海关开展打击"洋垃圾"入境、"风雷2022"、"清邮"等专项行动，优化高风险敏感商品、影子商品参数库，结合重点商品、物流轨迹等多维度进行动态监控，构建"职能处室支持指导+风控部门分析监控+监管现场落实指令"的立体防控规范化作业模式，深化风控、职能、现场三方工作协同，提升口岸拦截精准性。开展"国门绿盾2022"专项行动，加强外来物种入侵口岸防控和信息梳理，构建外来入侵物种信息数据库，对外来物种截获情况开展态势分析，发布外来物种相关预警信息5条。聚焦关区羚羊角、麝香、狼牙等濒危、野生动物及其制品进境风险，总结提炼风险特征和走私手法，做好涉濒危物种及其制品风险防控，全面梳理历史查发情事，总结典型查发案例，发布关区预警，打击寄递渠道"异宠"走私。

【风险分析处置】2022年，满洲里海关提高贸易渠道风险分析质量，科学合理设置布控规则，强化风险布控针对性，提升布控规则编写质量，加强对

规则编写质量的把关，确保规则逻辑、业务概念语义与系统一致。开展规则运行监测，定期排查跟踪在运行规则，优化调整低效、无效规则。多渠道搜集风险信息，强化非贸渠道安全准入风险防控，加大濒危物种、毒品及精神药品、印刷品等重点安全准入风险防控力度，聚焦"高风险来源国+重点消费地+影子商品+高风险发货人"织密布控网络，依托"云擎"建模工具，固化有效分析思路，优化布控规则。建立"对内互通+对外联合"工作机制健全信息网，动态调整防控策略，开展濒危物种专项风险分析，排查重点商品名称4种，梳理涉濒危物种清单10项，下达布控规则4条。加强分析评估，完成橡胶木进口风险态势分析报告，向海关总署报送满洲里关区疫情防控形势分析评估等报告。

【促进外贸保稳提质】2022年，满洲里海关利用中欧班列监测预警机制，高效设置风险布控规则，提升口岸疏运效能，加强与沿线海关风险防控协作，提高中欧班列整体风险防控能力，服务保障经满洲里铁路口岸进出境的中欧班列稳定开行。深入推进"两轮驱动"改革，优化风险分析效能，对进口钾肥"绿色通道"运行机制开展专项风险布控，取消低效运行规则，提升进口钾肥通关效率。结合高级认证企业、境外AEO企业进出境贸易行为，动态调整布控规则，提高守法企业通关便利化水平。监控口岸机械工程出口指令，对指令执行存在的问题，协调相关部门召开业务协调会，议定解决方案，开展不合理指令排查，查摆影响指令实施效果的堵点、痛点，分析问题产生的原因，发现问题及时处置，确保指令流转顺畅。

【危险化学品风险防控】2022年，满洲里海关做好危险化学品进出境重点领域风险防控工作，实施针对性风险布控，从源头地区开展风险排查，建立"事前"预警、"事中"跟踪、"事后"监控分析，强化各单位信息共享和执法合作，拓宽风险信息来源。开展"口岸危险品综合治理"百日专项行动，搜集内外部危险品查发信息和主要贸易国危险品相关热点信息，向隶属海关发布《提请关注危险化学品伪瞒报风险防止发生安全生产事故》的风险预警提示。加强风险分析，研究分析关区贸易渠道和非贸渠道高危低报、多危少报、涉危不报风险点，制定打击进出口危险品货物伪瞒报行为措施。

【风险防控机制建设】2022年，满洲里海关制定《满洲里海关防范化解重大、系统性风险工作机制》，健全风险报告、会商、评估等工作制度，动态梳理排查重大、系统性风险，梳理关区重大、系统性风险"9+16"项，制定防范化解措施60余项。建立健全风险管理"一会两机制"制度，即"关区风险管理委员会运行机制""业务风险跨部门联合研判机制"和"风险防控分局与业务现场联动工作机制"，制定《满洲里海关进出口货物现场即决布控实施细则（试行）》《风险防控分局布控指令监控核查工作制度》《风险防控分局报关单解控及进出口风险布控指令修改撤销工作制度》。推进内控机制建设，成立风险防控分局局长担任组长的内控管理和廉政监督小组，明确处、科、各岗位三级具体责任；启动内控专家小组"常态化"运作，将内控节点岗位落实到具体科室、具体岗位，根据风险等级将风险布控岗等作为内控管理的重点岗位，对解除布控、紧急布控、布控规则三项清单进行重点监控；统一布控作业环节和内控节点操作规范，厘清审批流程和作业程序，组织全员开展风险布控执法、异常处置作业培训，增强程序意识、风险意识和责任意识。

【大数据应用】2022年，满洲里海关统筹推进关区"云擎"大数据建设，运用大数据完成集关区业务态势分析、风险信息聚合检索、货运渠道风险实时甄别处置、风险热点聚焦等功能为一体的"智慧风控"平台框架搭建工作。全面分析各口岸货物组成情况，按照企业及商品归类分析，掌握各口岸货运渠道商品、价格、规格、准入要求等基本情况，及时发现风险点，开展专项分析进行后续处置。通过"云擎"大数据调取贸易数据，整合关联信息开展研判，开展贸易趋势分析，提出相关建议，1篇调研报告获得署领导批示肯定，完成"以总体国家安全观为统领提升满洲里口岸安全风险防控能力水平"课题。开展大数据"云擎"人才队伍建设，通过培训提升关区大数据"云擎"队伍整体能力，召开大数据"云擎"使用安全教育会议，要求授权用户加强安全意识，遵守大数据使用各项规章制度，按照"指定地点、指定设备、指定人员"的原则使用数据，标注使用计算机IP地址，做到大数据应用"谁经手，谁使用，谁管理，谁负责"。

▲2022年4月13日，满洲里海关参加全国海关风险防控专项行动推进会（蔚俊翔　摄）

撰稿人

田国强　王卫东

税收征管

【概况】2022年，满洲里海关强化综合治税，创新税收征管工作思路，防控税收风险，推进税收征管改革，紧盯税收征管条线存在的问题和重点工作落实，按照"抓好通关便利化，确保今年关税任务"要求，把握通关便利与依法科学征管的辩证关系，构建税收风险协同防控体系，落实"十四五"税收优惠政策，做好RCEP实施，推进"一保多用"担保改革，促进外贸保稳提质，完成税收预算安排，保障中央财政收入。2022年，关区税收45.64亿元，同比增长43.81%。其中，关税5.12亿元，同比增长66.12%，进口环节税40.52亿元，同比增长41.40%。

【综合治税】2022年，满洲里海关完善综合治税领导小组机制，调整领导小组组长和有关成员单位，细化各成员单位责任分工，加强综合治税部门间紧密联系配合，完成关区范围注销企业事后验估指令执行情况核查工作，参与风险线索研讨会和风控部门风险布控态势分析例会，强化关区税收形势分析和税收风险态势研判，关注涉税高风险领域和重点税源商品、企业，充分发挥税收风险协同防控效能，向稽查、缉私部门移交税收风险线索，缉私、稽查部门适时"反哺"业务工作，强化税收风险排查，构建关区分层次多角度的税收风险协同防控体系。推广保证保险、集团财务公司担保等多元化税款担保方式，用好汇总征税、自报自缴、预裁定、原产地签证自助打印等措施，按要求暂免加工贸易内销征收缓税利息，便利企业提高通关效率。

【科学征管】2022年，满洲里海关加强协同配合，提高关区验估作业质量，组织开展事后验估指令批量交叉复审工作，确保一线验估人员熟悉操作流程，征订归类、价格、原产地等验估作业相关书籍，定期发放隶属海关开展业务学习；建立每周监控制度，提示现场海关验估岗及时、准确反馈验估指令，坚持与海关总署税管局实现错位管理，反馈海关总署税管局下达的事后验估指令523条，反馈及时率100%；组织完成海关总署下发的税收预警信息内部核查工作，核查预警信息风险情况，向税管局报送税收预警信息，报送关区税收风险防控建议12条；强化税收监控分析，开展规范申报和担保处置监控，定期对规范申报、保证金核销、税单核注、归类、价格、原产地等监控，发现问题并下发核查联系单67份，规范业务操作问题17个，对11家高级认证企业开展规范申报核查；创新开展事后验估指令交叉复审工作，提高关区验估能力和作业质量，指导阿尔山海关、通辽海关对欠税税单进行欠税催缴，密切联系签证隶属海关，完成关区原产地签字笔迹手签备案工作22人次。

【税政研究】2022 年，满洲里海关成立关区税收政策研究小组，立足关区范围经济特点、产业结构，发挥税政专家小组作用，通过线上培训、问卷调查等方式开展关区范围进出口企业摸底调研，集中研讨明确调研方向，征集意见，科学评估，开展专项业务风险分析；与兄弟海关联合调研，拓展关区税政研究的广度和深度，加强与海关总署关税司、税管局的联系沟通，承接海关总署司局级课题研究 5 项，征集羊绒制品、意大利面、质子交换膜新增进口关税暂定税率等税政调研调整建议 16 条，上报区域牵头海关 8 条，其中 4 条建议列入关税司 2022 年专题调研子课题之中，报送的《关于亚麻籽新增进口暂税的建议》被国务院关税税则委员会采纳；立足关区实际，撰写《关税处关于俄罗斯联邦进出口税制基本情况的报告》《关税处关于蒙古国进出口税制基本情况的报告》《满洲里海关关于助力关区范围"走出去"企业"运回来"发展的调研报告》，获署领导批示。

【减免税政策】2022 年，满洲里海关落实减税降费和通关便利化措施，释放减免税政策红利，支持关区范围优势产业发展，组织开展"十四五"优惠政策系列宣讲活动，面向关区企业政策宣讲 7 次，参训企业 141 家，宣讲内容涵盖种子种源、支持科技创新等多项减免税政策，制作《满洲里海关减免税审核确认操作指引》，统一关区执法尺度。派员以线上形式参加由内蒙古自治区工业和信息化厅会同科技厅、财政厅等部门联合开展的第 20 批内蒙古自治区级企业技术中心认定答辩会，最终审定内蒙古自治区级企业技术中心 27 家。2022 年，为关区范围企业办理征免税证明审批货值同比增长 23.9%，减免税款同比增长 36.3%，主要涉及表面光电子能谱分析系统、生猪屠宰生产线、全成型电脑横编织机、利乐砖无菌灌装机利乐 A3/高速灌装机、超临界萃取仪等货物。

【RCEP 自贸协定】2022 年，满洲里海关推动《区域全面伙伴关系协定》（RCEP）等自贸协定原产地规则和关税减让落地见效，面向企业政策宣讲 6 次，制作宣传展板 6 期、印制宣传手册 3 批次，引导企业做好进出口优惠原产地享惠申报；落实产业链供应链"白名单"企业"一企一策"RCEP 政策调研工作，收集企业问题 13 个，实施具体落实措施 15 项，梳理关区范围主要出口签证商品关税减让清单，提升企业知惠享惠能力；总结工作成效，撰写《RCEP 实施超两月，内蒙古东四盟近四千万元出口货物惠享政策红利》等报道被《内蒙古日报》《呼伦贝尔日报》等采纳。

【"一保多用"业务改革】2022 年，满洲里海关联合北京海关、呼和浩特海关，为原油进口企业提供"一份担保全区通用"服务，推广"一保多用"，

▲2022 年 1 月 25 日，满洲里海关举办企业座谈会，开展政策宣讲　（韩慧　摄）

实现企业一份担保在全国不同海关、不同业务领域、不同担保事项间通用，加强与保险公司、银行等机构沟通联系，建立沟通联络渠道，采取宣讲、走访和制作宣传手册等形式指导企业用好新政策。2022年，关区新增"一保多用"保单89份。

【属地纳税人管理】2022年，满洲里海关按照"保障税收安全，促进贸易便利"的理念，建立关区属地重点税源企业管理底账，开展纳税遵从度评估、实施差别化合规管理服务，推动税收征管由海关主导向企业自律转变，走访关区属地税源企业，推介减税降费政策、多元化担保方式、"一保多用"等改革措施，引导企业参与海关改革，用足用好优惠政策，督促企业提高纳税遵从度。

【人才培养】2022年，满洲里海关加大税收征管人才培养储备，以培训夯实业务基础，涵养和拓展关税条线人员基数，

▲2022年6月29日，满洲里海关关税处党支部开展"走好第一方阵　庆祝党的生日"主题党日活动　（查娜　摄）

重点培育"专精深"关税专家型人才，建立关税条线"一带多"人才培养模式，通过集中工作、交叉互审、课题研究等多渠道提升后备人才能力素质，提升政研水平，参与各级课题研究，提高理论指导实际能力；开展税收征管技能网上培训，内容涵盖验估、减免税、属地纳税人管理、规范申报、属地纳税人管理、保证金相关工作、2022年规范申报变化情况、"十四五"期间相关优惠政策解读等内容，并对相关业务监控重点予以提醒，关区500多人次参训。

撰稿人

冯　哲　单　良

卫生检疫

【概况】 2022年，满洲里海关坚持"外防输入、内防反弹"总策略和"动态清零"总方针不动摇，强化疫情输入风险研判，优化完善口岸疫情防控措施，巩固联防联控机制，抓牢个人安全防护工作，落实各项疫情防控措施，妥善应对满洲里市本土新冠疫情，及时调整关区口岸卫生检疫措施，做好"二十条""新十条"等疫情防控措施调整衔接工作。严格落实年度国境口岸卫生监督工作计划和口岸食品安全监督抽检计划，常态化开展国境口岸和输入性病媒生物监测工作，推进国际旅行健康宣传与教育工作。

【疫情防控】 2022年，满洲里海关健全口岸公共卫生体系，构建起"人、物、环境"同防、"多病同防"立体防控网，编发快报365期，落实海关总署卫检司下达的境外疫情防控措施和输入风险研判任务，参与海关总署陆路口岸新冠疫情防控工作组。加强二、三级监控指挥中心平台联动，设立监控检查工作专班，开展人防、物防、非冷链物品采样监控检查1970次，事后材料印证式检查1856次，确保规定动作、规定程序100%落实到位。开展进口非冷链货物新冠病毒核酸监测，检测货物报关单票数382票，总抽样数4093个，检测结果均为阴性。坚持"多病同防"，检出病媒生物携带病原体3种65例，严防鼠疫等重大传染病输入。

坚持"客停货通"政策，推行"甩挂"（在公路口岸指定的监管区域，中俄、中蒙双方货车卸下载货车厢各自返回，全程无人员接触）、"接力驾驶"（中国司机将出口机械车或者出口货车开入中俄口岸中间的通道地带之后，即刻由俄罗斯司机继续驾驶返回俄罗斯，俄罗斯司机不进境，中俄司机全程无接触）等非接触式货物交接模式，完善"一口岸、一方案"。2022年1月起按照属地联防联控机制要求，对口岸围封区内海关工作人员实行集中封闭管理。2022年5月22日，中籍进境列车司乘人员实现远程非接触式健康申报验核和体温监测。2022年8月31日启用第九版《中华人民共和国出/入境健康申明卡》。强化口岸疫情联防联控，与内蒙古自治区疫情防控指挥部沟通反馈意见20余次。开展新冠疫情防控工作人员安全防护自查督查、"百名科长百日督查"、"防疫情、促通关"集中会战等工作，开展"关长走进口岸封管区"工作，提出6条合理化建议均被海关总署采纳，调整封闭管理工作模式。组织开展《新型冠状病毒防控方案（第九版）》《新型冠状病毒口岸防控技术方案（第九版）》线上解读等各类疫情防控常态化培训，715人次参加，推进疫苗加强针接种，确保"应接尽接"。启动满洲里海关应对新冠疫情应急处置预案，执行海关总署及属地疫情防控措施，强化内部疫情防控和关员个人防护，督促落实防疫"三件套"。满洲里海关作为满洲里属地疫情防控包联单位，承担5个小区的值守工作，全年执行8轮24小时全天候的静默时期值守任务，累计值守排班3259余人次，常态化核酸检测时段任务64天，累计排班702人次，为2300余名居民的出入管控、核酸检测、突发状况处置提供保障。做好"二十条""新十条"疫情防控措施调整衔接工作，开展宣传引导，科学客观解读调整依据与目的，总结口岸疫情防控和促进外贸稳增长工作成效经验，提前研究制订实施方案，优化调整口岸疫情防控措施，做好口岸恢复通关准备工作。

【口岸病媒生物监测】2022年，满洲里海关印发《满洲里海关口岸病媒生物监测工作方案》，在关区范围9个口岸开展病媒生物监测工作，重点进行鼠类、蚊类、游离蜱类的监测，全年共捕获鼠类13种851只，实验室检获鼠体表寄生虫蚤14匹，检出病原体阳性3例；捕获游离蜱类4种206只，实验

▲2022年10月27日，满洲里海关关员开展公共场所卫生监督工作　（刘源　摄）

室检出病原体阳性65例；捕获蚊类3种708只，实验室检测结果均为阴性。在满洲里公路口岸和黑山头公路口岸开展2022年度"一带一路"重点口岸病媒生物专项监测工作，制定工作计划，明确监测内容及工作时限，加强与海关总署沟通联络，完成口岸监测和实验室取样任务。

【口岸卫生监督】2022年，满洲里海关制订国境口岸卫生监督工作方案、国境口岸食品安全抽检工作方案，对关区口岸卫生监督工作进行任务分解，每月分析各隶属海关完成情况，全年完成实验室检测170件次、现场快速检测234件次。制订国境口岸卫生监督"双随机、一公开"年度监管工作计划，开展"双随机、一公开"监管工作，保障国境口岸公共卫生安全。组织开展国境口岸卫生监督员资质考核，为考试合格的42名关员印发国境口岸卫生监督员证。

【健康宣传】2022年4月10日—15日，满洲里海关组织开展第七个全民国家安全教育日宣传教育活动，通过线上数字展、线下展板、发放宣传册等手段开展口岸传染病疫情防控和疾病监测、国际旅行健康等系列普法宣传教育，普及鼠疫、疟疾等重大传染病知识，宣传鼠疫预防要求。2022年4月26日，组织开展"全国疟疾日"宣传活动，向公共普及疟疾跨

境传播形势、疟疾预防知识和出入境人员主动申报要求。在 2022 年 12 月 1 日第 35 个"世界艾滋病日",围绕"共抗艾滋 共享健康"主题,采取线上和线下相结合的方式开展系列宣传活动,制作宣传条幅 6 个、宣传板 6 个,发放各类宣传资料 800 余份、宣传用品 500 余份,通过微信向 50 余家企业人员推送信息 10 余条,微信公众号发布防艾知识 3 期。

【交流合作】2022 年,满洲里海关与国家级病原微生物安全重点实验室、沈阳农业大学合作,以关区"两监测哨点、一实验室基地"病媒生物监测空间布局为基础,开展口岸病媒生物联合监测及联合申请相关科研课题。2022 年,联合沈阳农业大学申报"呼伦贝尔边境地区主要病媒生物携带病原体的反向病原学研究"课题,满洲里国际旅行卫生保健中心与沈阳农业大学共同申请参与 2022 年国家重点研发计划项目"跨境虫媒传染病防控病原监控体系研究与口岸应用"第一课题"跨境虫媒传染病病原谱检测研究"及第五课题"全球虫媒传染病监测及跨境传播风险预警体系研发与口岸应用"的研究。

▲2022 年 11 月 29 日,满洲里海关开展"共抗艾滋,共享健康"世界艾滋病日宣传活动 (牛廷勇 摄)

撰稿人

张朝富 牛廷勇

动植物检疫

【概况】2022年，满洲里海关构建监测预警体系，加强外来入侵物种口岸防控，首次通过"出入境生态安全系统"向海关总署报送境外动植物疫情信息，全年采集、发布境外动植物疫情信息167篇，海关总署采编90篇。在扩大优质种质资源、大宗农产品进口等方面加强监管，保障关区特色农产品出口，支持关区进境粮食加工业发展，关注农产品供应链、进出口贸易情况，进行研究分析和预测，撰写文章《满洲里铁路口岸粮油进口预期激增 建议采取有效措施应对》获得俞建华署长等署领导批示。做好关区各类进出境动植物及其产品检疫工作制度的制修订工作，2022年印发《满洲里海关进出境重大动物疫情应急处置预案》等10部工作指引，参加海关总署法治工作第二协作区立法后评估工作，组织人员参与海关总署动植物检疫相关作业指引制订工作和粮食安全研究工作。加强《生物安全法》和国门生物安全相关知识宣传教育，利用"4·15"国家安全教育日，开展宣传活动，强化公众法律意识。2022年，关区进口粮食41万吨，同比增长50.5%；进口木材412.1万立方米，同比下降44.4%；出口水果2.3万吨，同比增长48.4%；出口饲料及饲料添加剂26.4万吨，同比增长11.4%；出口新鲜蔬菜5.7万吨，同比下降41.2%；供港澳活牛2211头，同比下降13.6%。

【进出境动物检疫】2022年，满洲里海关制发《关于进一步加强口岸高致病性禽流感等重大动物疫情防控工作的函》《关于进一步加强口岸重大动物疫病防控工作的通知》，加强高致病性禽流感等重大动物疫情全链条防控工作；落实境外动物疫情防控措施，处理防止境外口蹄疫、高致病性禽流感等动物疫情传入的警示通报、公告、通知22份；参加非洲猪瘟联合监控35次，报送疫情信息周报37期、国际重大动物疫情一览37期，报送境外动物疫情信息80篇，采用53篇，采用率66.3%，同比增长32.6%。

完成2022年关区国门生物安全监测（动物检疫）工作，开展供港澳活牛疫病监测，对2个场所、6种疾病、360个样品进行监测，检测结果阴性；开展进境非食用动物产品监测，检测结果阴性；报送《满洲里海关2022年度国门生物安全监测工作总结》（含《满洲里海关2022年度供港澳活牛疫病监测工作总结》《满洲里海关2022年度进境非食用动物产品疫病监测工作总结》）。审核确定管理类核查5家企业（4家年审、1家常规核查）名单，通过"海关新一代风险作业系统"提交5家企业（2港牛育肥场、2出口非食企业、1进境遗传物质使用单位）管理类核查指令，完成核查，无异常情况；对3家企业申请出入境检疫处理单位提供技术指导、进行考核、提出整改要求，最终3家企业获得核准。

【进出境植物检疫】2022年，满洲里海关加强毗邻国家疫情发生动态信息搜集，共收集编报植物疫情信息87篇，海关总署采用37篇。完成2022年度国门生物安全监测工作，监测到有害生物3254头（株），其中检疫性有害生物5种95种次，同比增长52%；对进境粮食加工的企业开展杂草监测过程中，发现外来杂草3种、林木检疫性有害生物2种。开展安全风险监控，阻止不合格食用农产品出入境，完成进口饲用粮食、出口饲料和饲料添加剂、进口转基因监控抽样212个，检测项1093个，全部合格；完成进口粮食、出口陆生动物、出口蔬菜353个样品共5429个检测项的安全监督抽检和风险监测，其中23批进口粮食农残超标、2批杂质超标，这是满洲里海关近3年首次检出农残超标和杂质超标。在关区口岸开展普查工作，普查路线包括关区各铁路口岸、公路口岸、机场口岸附近、货检作业场地及周边区域，部分口岸选择利用虫情测报灯、性引诱剂引诱等方式开展普查，普查物种2520株（头），外来物种光梗蒺藜草、刺萼龙葵、小蓬草等；强化马铃薯甲虫防控工作，关注邻国马铃薯甲虫疫情，利用微信公众号平台发布"动植物检疫小课堂"系列科普知识，指导隶属海关开展马铃薯甲虫监测，科学选取监测地点，采取访问调查、田间踏查等多种方式在进境口岸或马铃薯种植区域开展监测和普查工作，对进境货物、运输工具加强检疫，发现问题立即启动疫情应急处置方案，按要求上报。

【"国门绿盾2022"行动】2022年，满洲里海关开展"国门绿盾2022"行动，截获进境有害生物112种、4391种次，其中截获检疫性有害生物6种次；开展满洲里海关"跨境电商寄递'异宠'综合治理"专项行动，对跨境电商平台及企业、国际快件寄递企业情况进行摸排，建立企业底账，掌握关区范围企业运营状况，加强宣传教育，发布《国门生物安全——何为"异宠"》微信公众号文章，对关区范围国际快件运营企业开展宣传贯彻专项行动，覆盖关区跨境电商平台企业8家，跨境电子商务企业18家、国际快件运营企业2家，防范"异宠"经跨境电商寄递入境；与东三省四海关联合建立"三互"（信息互换、监管互认、执法互助）沟通机

▲2022年8月12日，满洲里海关关员对企业进行现场考核　（高淑红　摄）

制，防范疫情叠加。

【服务特色产业】2022年，满洲里海关加强出口农产品监管，保障关区特色农产品出口，做好中国核果、仁果、柑橘恢复输俄后口岸换证放行和口岸仓储库管理工作，促进关区竹木草制品、种苗花卉、饲料添加剂等特色农产品出口，抽调关区专业人员组成专家组，制订推进计划，细化责任分工，梳理汇总相关材料，完成马拉维花生输华准入风险分析报告，获得海关总署通过和认可。协助海关总署科学调整进境烘干板材布控比例，首次开展进境栽培介质风险评估，服务生物产业创新发展，指导完成1家公司申请进境动物遗传物质指定使用单位备案，指导进境陆生动物隔离场建设，完成满洲里海关首个进境种牛隔离场考核验收工作。

【供港澳活牛监管】2022年，满洲里海关制发《满洲里海关2022年度供港澳活牛安全风险监控计划实施方案》，完成2022年度供港澳活牛安全风险监控采样、送检，检测结果均为合格；组织落实香港食环署书面调研供港活牛育肥场工作，督促隶属海关准备、修改、提交育肥牛场资料，针对港方提出的6个问题，指导隶属海关与当地兽医主管部门沟通，逐一解答，形成材料反馈港方，港方提出2条建议，已督促企业完成整改，并将整改结果报送港方联系人，向海关总署报送《满洲里海关关于报送2022年香港食物环境卫生署探访通辽供港活牛育肥场工作情况的函》。

【进境粮食监管】2022年，《关于授权直属海关开展进境粮食等植物产品检疫审批事宜的公告》发布以来，满洲里海关落实海关总署授权直属海关审批终审权力下放，实现全流程网上办理，依法依规开展审批工作，办理首批进境粮食检疫审批业务，为申请企业颁发《中华人民共和国进境动植物检疫许可证》，研究制定《满洲里海关进境动植物检疫审批工作规范》，检疫审批各环节均设置AB角，依法依规开展审批，海关总署授权直属海关开展进境粮食检疫审批终审业务后，满洲里海关将进境检疫审批时限由20个工作日压缩至3个工作日，《进境动植物检疫许可证》从受理申请到颁发压缩至1个工作日，2022年，受理、准予进境粮食、杂粮动植物检疫许可103批（含海关总署终审24批）。扩大复制推广自贸试验区进境粮食检疫全流程监管经验范围，对进境燕麦、荞麦采取"两段准入"措施，已对6个主要进口品类粮食采取便利化措施，与东三省四海关协同实施进境粮食跨关区附条件提离监管；完成13家进境粮食加工企业考核，同比增长116.7%，指导1家公司参加海关总署考核组视频考核。

【专业人才培养】2022年，满洲里海关充实动植物检疫专业人员力量，关区11人通过高级签证官考试，通过率100%，74人通过动植检岗位资质考试，其中37人通过动检专家岗考试、35人通过植检专家岗考试，同比分别增长68.2%、25.0%。强化培训指导，整理历年进口木材和粮食中检出的检疫性有害生物、《中华人民共和国禁止携带、寄递进境的动植物及其产品和其他检疫物名录》和《中俄植检植保协定》中木材及粮食中的检疫性有害生物名单、图片及主要特征，整理归纳为系统性学习材料供各隶属海关学习；制订2022年度培训计划，举办2022年国门生物安全监测、安全风险监控培训，课程包含国门生物安全动物疫病监测、植物疫情监测、非贸渠道外来物种监测、口岸外来入侵物种普查、进出口食用农产品及饲料安全风险监控等，开展以干代训，组织隶属海关动植检专业人员到总关职能部门学习，提升专业技能。

撰稿人

王　魏　连幼平　郑　敏

▲2022年6月17日，满洲里海关动植物检疫处与海关总署开展促进外贸保稳提质和防范化解条线业务腐败风险线上视频交流　（杨雨琪　摄）

进出口食品安全监管

【概况】2022年,满洲里海关贯彻落实习近平总书记关于食品安全工作"四个最严"重要指示批示精神,完善进出口食品安全领导小组机制,制定《2022年满洲里海关进出口食品安全工作要点》,从坚定捍卫"两个确立"、持续推进常态化疫情防控工作、坚决维护进出口食品安全、全力支持关区食品农产品"优进优出"、持续深化食品安全改革、持之以恒抓管理六个方面,明确十五项具体工作任务,抓好落实,维护进出口食品安全。2022年,关区进出口食品49.7万吨、货值32.5亿元,同比分别增长84.5%、99.8%。其中进口食品41.3万吨,货值26.2亿元,同比分别增长168.6%、192.1%,主要品种为亚麻籽、菜籽原油、燕麦,来源地主要为俄罗斯、白俄罗斯;出口食品8.4万吨、货值6.2亿元,同比分别下降27.5%、14.2%,主要品种为葡萄糖、调味品、鸭肉及其制品,目的地主要为俄罗斯、韩国、泰国、日本等。

【进口检验检疫】2022年,满洲里海关加强进口食品疫情防控,搜集国外食品安全风险信息,海关总署相关载体采纳90余条;强化源头管控,配合海关总署进出口食品安全局对9家输华水产品境外食品生产企业开展视频检查,关注铁路口岸进口食品情况,跟进落实进口非冷链物品口岸环节新冠疫情防控措施优化方案,指导隶属海关严格执行布控指令,规范进口植物原油、糖果等新冠病毒监测,加强联防联控,向内蒙古自治区进口冷链食品工作专班,报送口岸城市进口冷链食品疫情防控工作等情况。

推进进口食品"国门守护"行动,加强进口食品源头管控,报送《纳米比亚拟输华深海红蟹风险评估报告》,对280余家输华食用植物油、肉类等境外食品生产企业开展注册评估工作,收集上报关区110家进口食品境外生产企业信息;对关区118家进口企业开展宣讲,督促食品进口商落实主体责任,不得进口含金银箔粉食品;落实进口预包装食品标签检验制度改革,检出标签不合格1批次;完成进口食品监督抽检工作,结果均为合格,主要产品为荞麦、燕麦;强化不合格食品处置,检出不合格进口糖果1批次,按规定实施监督销毁。

【出口检验检疫】2022年,满洲里海关完成出口食品监督抽检工作,结果均为合格,主要产品为根茎类蔬菜、瓜类蔬菜、食糖;强化出口食品风险监测,对出口食品农产品开展专项监测,检出不合格不予出口;对5批次出口食品农产品通报情况开展核查,将情况书面通报相关企业,约谈督促企业加强整改,落实主体责任,

▲2022年7月27日，满洲里海关关员开展出口食品安全监督抽检工作　（吴翥儒　摄）

将该情况通报行业协会以及地方政府，督促其履行监督责任和食品安全属地管理责任。

【促进外贸保稳提质】2022年，满洲里海关与北京海关、武汉海关、长沙海关签署《非洲国家（地区）食品安全管理体系研究及准入评估工作协调联络机制框架协议》，共同服务中非经贸合作高质量发展；向进出口食品企业推送主要贸易国家食品安全法律法规和风险信息80余条，指导企业规范进出口；总结优化营商环境工作经验和成效，海关相关载体采用2条、进出口食品安全局动态采纳10条，署级媒体及主流网络媒体采纳16篇次。

支持特色食品出口。调研辣椒、食用菌、酱油、味噌、荞麦粉等关区范围特色食品农产品企业现状，比对分析出口国家（地区）和我国食品添加剂、农兽药等安全限量指标差异，帮助企业提高技贸合规水平，指导企业开展农残、重金属、致病菌等安全性指标检测和控制，识别和应对出口风险，推动呼伦贝尔地区炼乳首次出口朝鲜，兴安盟地区味噌、酱油首次出口南美洲；搭建关企沟通"直通车"，收集解决企业反馈问题，帮扶出口食品农产品企业应对困难、化危为机；组成业务专家小组，实地走访调研，解读欧亚经济联盟植物检疫要求，指导企业完善溯源制度体系，落实企业主体责任；推出"预约通关"机制，压缩货物通关时间；与产地海关建立联系，发挥产地海关监管作用，推进出口蔬菜全链条监管，及时向企业通报出口国食品安全风险信息，指导企业应对国外技术性贸易措施。

服务特色食品进口。对接重点进境食用植物油企业，综合运用"线上+线下"多渠道加强食品安全政策法规宣讲，推送相关风险信息，指导进口商加强对境外生产企业审核；严格审核境外生产企业资质、第三方检测报告、质量安全保证声明等相关信息；强化跨关区合作，推进"全国通关一体化""铁路快通"等业务模式改革，密切联系目的地海关，梳理细化食用植物油监管节点，实现精准对接、全程监测，持续提升通关效能；推进"三智"建设，做好关铁舱单信息交换，利用数字口岸系统，实现货运交接清单"无纸化"办理，推行"云监管"智慧监管理念，以"科技赋能+智慧验放"为抓手，依托口岸大型集装箱非侵入式检查设备开展"先期机检"，提高进口食用植物油放行效能，2022年，关区进口食用植物油

16.1万吨，同比增加257.3%，贸易值16.6亿元，同比增长322.0%。推行"不见面审批"，压缩检疫审批受理时限，完成进境5批19700吨荞麦、22批78280吨燕麦检验检疫初审工作，对关区3家进境粮食加工企业资质扩项进行验核，提升口岸落地加工能力；设立咨询服务专项窗口、关企微信群等开展政策宣讲，走访了解企业进口计划，"一品一策"开展进口乳品监管政策解读和通关指导，实现中东欧国家优质乳品首次进口；落实海关总署"放管服"改革要求，优化通关流程，实施进口乳品检测报告证明事项告知承诺制，严格执行布控指令，提供预约检验服务，确保随到随检、即检即放。

▲2022年9月6日，满洲里海关开展食品安全周宣传活动　（贾一赫　摄）

【食品安全管理】2022年，满洲里海关修订完善进口食品检验检疫监督管理工作制度，妥善处置进口乳品卫生证书签证人员未备案和境外输华食用植物油企业注册变更等问题；根据海关总署进出口食品安全局2022年直属海关领导班子考核客观指标，梳理四个方面重要工作，制定工作台账，明确重点任务、目标要求，推进工作落实。结合关区实际，梳理跨境电商、互贸区进口食品监管方面存在的风险，制定防范化解措施，修订完善进出口食品安全突发事件应急处置预案，组织开展进出口食品安全突发事件应急演练，2022年，关区未发生区域性系统性进出口食品安全风险及重大进出口食品安全事件。常态化开展进出口食品命中监督抽检指令完成情况、海关加工食品签证官签证情况检查，规范进出口食品安全工作。组织开展食品安全宣传周活动，围绕"共担安全责任　共享美好生活"主题，采用"线上+线下"方式，开展进口食品"社区行""口岸行""企业行"等活动，接受咨询1000余次，发放宣传材料1200余份。

【人才建设】2022年，满洲里海关组织开展进口商品及包装新冠病毒检测采样和预防性消毒测试，36人参加，成绩全部合格；派员参加海关总署进出口食品安全局严防新型冠状病毒污染商品输入、境外生产企业注册系统测试等专项工作，提升工作能力；常态化开展《进出口食品安全管理办法》《完善进口冷链食品口岸疫情防控措施的公告》等文件解读培训，累计参训150余人次；组织开展海关加工食品签证官资质培训考试，4人取得加工食品签证官资质；牵头开展署级课题"进出口食品安全监管史沿革"中部分内容研究，收集整理南非食品安全相关法律法规和食品安全标准，开展南非与我国食品安全管理体系的比较分析,形成《南非食品安全监管研究报告》报送海关总署进出口食品安全局;与海关总署进出口食品安全局、北京海关、青岛海关开展食品中环氧乙烷超标问题课题研究,撰写《食品中环氧乙烷超标问题对我国进口食品安全和食品出口贸易影响亟须关注》报告。

撰稿人

恩格乐　谢金勇

商品检验

【概况】2022 年，满洲里海关聚焦"安全、卫生、健康、环保"，严防"洋垃圾"入境，开展进出口商品检验，加强危险化学品、矿产品等重点敏感商品检验监管，推动业务改革，建立关企联络机制，联通海关、铁路、企业，提高货物向海关监管场地调拨效率，采取预约查验，加快验放减少滞留，保障口岸畅通，服务"一带一路"建设。2022 年，满洲里海关实施检验的进口商品主要有煤炭、铁矿、铅精矿、锌精矿、铜精矿、原油、液化石油气、化肥等；实施检验的出口商品主要有液氩、砷、化肥等。

【进口商品检验】2022 年，满洲里海关做好进口煤炭检验，优化煤炭现场检验流程，加快口岸放行速度，扩大优质煤炭进口，保障"一带一路"节点畅通和东北地区用煤供应。建立口岸运行监控专班，实时监控煤炭等大宗资源商品进口通关情况，避免口岸积压，实施助企纾困 7 项措施，降低进口煤炭取样送检比例，开展风险研判，对持续合格的进口煤炭采取"多车合并申报、多单合并检验"的优化措施，叠加海关总署降低进口煤炭取样送检比例措施，满洲里关区进口煤炭总体取样送检比例约 35%，检验效率提高约 50%，提高实验室检测设备使用效率，优化人员值班安排，压缩检测时间 20%，保障合格煤炭快速通关；强化不达标煤炭监管处置，建立并动态调整重点企业和矿源底账，监测环保指标异动情况，对台账内企业进口煤炭采取加严监管措施；强化后续监管，跟踪限制运距销售使用进口煤炭流向，与铁路部门协调配合，对环保项目不符合要求的煤炭严格采取限制运距或退运出境的处置措施，全年共检出不合格煤炭 131 批、9.6

▲2022 年 7 月 7 日，满洲里海关与满洲里铁路车站就推进煤炭机械化采样相关工作进行会商 （冯睿山 摄）

万吨，同比分别增加2.74倍和3.80倍，其中限制运距处置22批、退运处置2批，均按海关总署相关要求办理。

加强进口矿产品检验，全年依企业申请实施62批铁矿品质检验，同步开展有毒有害元素监测，未检出不合格项目，对未列入"先放后检"范围的进口铜精矿逐批开展检验，未检出有毒有害元素不合格情况；开展进口矿产品固体废物排查，做好国家全面禁止进口固体废物和允许部分再生金属原料进口有关政策的宣传贯彻和落地工作，依规逐批开展进口铁矿固体废物排查，未发现"以废充矿"情况；参与制定全国陆运进口铁矿固体废物排查规程，加强对一线检验人员的固体废物初筛排查能力培训，提高固体废物属性鉴别能力。

促进液化石油气进口，线上举办企业专题培训班，宣讲进口危险化学品申报注意事项及海关检验相关要求，加强实验室建设，实现对进口液化石油气的关区内检验，不再需要外送检验；主动对接进口企业，实行预约通关，优先检验，现场第一时间取样送检，检测结果合格后立即放行，节省检验出证时间，统筹安排检验人力资源，确保双人检验作业。

开展进口化肥质量安全专项风险监测，共抽采氯化钾、硫酸钾样品4份，检测结果均符合要求，在确保质量安全的前提下，采取开辟专用通道、设置"化肥专岗"、实行优先受理、预约查验等措施保障进口化肥快速通关。

【出口商品检验】2022年，满洲里海关开展出口化肥法定检验，共计39.91万吨，包括尿素、硫酸钾、磷酸一铵、磷酸二铵等；检验出口危险化学品砷461.4吨、液氩6195.6吨；开展出口危险货物包装性能检验和使用鉴定共47830件，包装种类有纤维圆桶、塑料圆桶、开口钢桶、防水纸袋等。

【危险品检验监管】2022年，满洲里海关加强进出口危险品检验监管，开展"口岸危险品综合治理"百日专项行动，强化危险品检验监管工作的业务指导、过程监督、结果检查，开展风险隐患排查3次，成立进出口危险化学品检验监管业务指导工作组，编制进出口危险品作业指南，严格执行进口危险化学品口岸"批批验核+抽批检测"检验监管模式和出口危险化学品"产地检验+口岸查验"检验监管模式，落实海关总署对进口危险化学品检验不再实施政策性布控抽样送检的要求。2022年，进口危险品主要有原油、液化石油气、正丁醇，出口有液氩、砷和糠醛，检出出口危险货物包装不合格2批，查发1批聚苯乙烯和1批水性墨水涉危不报情事。

【质量安全风险监测】2022年，满洲里海关参加东北六关（哈尔滨海关、长春海关、沈阳海关、大连海关、呼和浩特海关、满洲里海关）进出口商品质量安全联合风险监测工作，重点开展进口原油、液化石油气等商品的风险监测，实施进口化肥质量安全专项风险监测。作为成员单位协助内蒙古自治区推进质量强区工作，完成口岸核心能力建设、进出口商品质量安全风险监测等工作任务。发挥关区区位优势和专业人才优势，加强商品质量安全风险信息收集，运用二级指挥中心开展业务监控，每周通过业务系统进行数据监控，加大商检业务监督检查力度，促进一线执法统一性及规范化，强化不合格商品检出与处置。

【业务改革】2022年，满洲里海关落实国家宏观调控政策，

▲2022年11月22日，满洲里海关关员开展进口化肥质量安全专项风险监测 （孙超 摄）

检验进口煤炭280.3万吨；落实进口铁、铅、锌等低风险矿产品和原油"先放后检""依企业申请实施进口铁矿品质检验""依企业申请实施进口大宗商品重量鉴定"等促进贸易便利化改革措施，检验进口铁矿83.2万吨、铅精矿18.7万吨、锌精矿21.7万吨、原油31.9万吨、进口铜精矿20.6万吨，"先放后检"商品验放时长稳定在0.7天左右；落实进口危险化学品检验模式改革措施，检验进口液化石油气19.3万吨；研提优化部分进口大宗商品抽检比例建议获海关总署认可，持续关注并向海关总署反映进口原油检验情况，对关区进口煤炭情况进行全面调研，分析海关总署有关进口煤炭检验监管规定和关区业务实际情况，在做好首次进口必须检验和现场查验的基础上，提出降低进口煤炭取样送检比例的优化建议，以及对持续合格的进口煤炭采取"多车合并申报、多单合并检验"的优化措施，加快进口煤炭验放工作，释放满洲里铁路口岸站存容量，促进铁路口岸进口货物保通保畅。2022年6月28日，海关总署下发通知，明确降低进口原油、煤炭取样送检比例，其中进口原油取样送检比例下调至约10%。结合满洲里关区实际，深化进口大宗矿产品和散装危险化学品的检验监管模式改革，对出口液氩情况开展调查研究和风险分析评估，根据评估结果，优化出口液氩检验模式，制定工作指引固化改革模式，解决批批抽样送检造成重复作业和送检难的问题，为企业和基层送服务、办实事。2022年12月1日起，《进出口商品检验采信管理办法》正式施行，满洲里海关关注进出口商品检验结果采信工作进展情况，对外公布海关总署《关于进口服装采信要求的公告》，向关区4家进出口商品检验检测机构传达相关政策。

【人才建设】2022年，满洲里海关加强商品检验业务培训，充实"商检业务"栏目内容，新增材料35件，增设"阿里云"学习平台，上传视频培训课件83个，组织人员参加进出口危险货物及其包装检验岗位培训等海关总署业务培训班5次，举办进口矿产品固体废物排查培训及进口机电产品检验监管培训等关级商检业务培训班4次。扩大"进出口危险货物及其包装检验监管岗位"资质人员库，累计参加海关总署考核46人（受疫情影响第3批16人未能参加考试），34人考核合格，合格率73.9%，较2021年增长30.4%。截至2022年年底，满洲里海关取得"进出口危险货物及其包装检验监管岗位"资质人员108人。

撰稿人

李广才　王　欣

政策研究与统计

【概况】2022年,满洲里海关开展统计数据审核,优化统计数据服务,强化统计监督职能,规范报关单证档案管理,明确数据安全管理体制,夯实业务基础,确保数据质量,加强数据安全督导检查和宣传教育,承接海关总署分析工作,参与全局性、前瞻性课题研究,开展调查研究,提升数据分析水平,做好外贸形势分析,推进统计工作固本强基和高质量发展。

【政策研究】2022年,满洲里海关发挥政策研究作用,开展调查研究,立足关区实际,聚焦企业"走出去"、粮食贸易、毗邻国家外贸政策调整、跨境电商"海外仓"等领域,深入开展调查研究,撰写4篇调研报告均获得俞署长批示,其中2篇专报胡春华副总理;参与2022年度署级政策研究课题13项,其中获中央领导批示1项,获署领导批示3项;统筹完成关区政策研究课题30篇。

【统计分析】2022年,满洲里海关利用海关内外部数据资源开展贸易监测,组织撰写监测预警专题报告142期,其中获海关相关载体采用16篇,获中办、国办采用11篇次,获中央领导批示1篇,被国家级媒体省级及其他各类媒体大量采用。开展"贸统+业统"融合分析,形成关区范围外贸形势分析、关区进出口业务监测分析报告7篇;加强对外部环境和国内经济运行的跟踪研判,撰写宏观经济指标走势及相关政策分析5期17篇,国际短文3篇,获海关相关载体采用1篇次;印发《满洲里海关外贸形势分析会议制度》,年内承办满洲里海关外贸形势分析会2次。

【统计调查】2022年,满洲里海关把握审核重点,实施动态监测,加强报关单数据核查,对发现的问题及时查证纠正,形

▲2022年6月29日,满洲里海关统计分析处党支部开展"大力弘扬伟大建党精神 永葆共产党人政治本色"主题党日活动 (甄珍 摄)

▲2022年6月9日，满洲里海关召开政策研究和统计工作调研座谈会　（甄珍　摄）

成数据监控和业务管理的良好互动，优化统计数据服务，支持关区各单位、各部门工作。在海关国际合作框架下，加强中俄数据交换工作，推动中俄电子数据交换常态化，形成数据差异原因分析报告。完成年度出口先导指数调查样本企业轮换、并行申报工作，组织关区30家企业参与中国海关贸易景气（进口）指数调查，开展关区范围企业出口景气调查等专项统计调查，组织关区专兼职统计人员参加统计调查系统培训40余人次。

【数据安全】2022年，满洲里海关强化统计监督职能，加强数据安全督导检查，把数据安全责任明确到具体部门和人员，强化正反两方面教育引导，开展统计数据安全规定学习和警示教育，加强对违规发布、泄露倒卖海关业务数据线索的监测，实行统一领导、分级负责的业务数据安全管理，起草并印发《满洲里海关报关单证档案管理指引》。

撰稿人

苏　惠

企业管理和稽查

【概况】2022年,满洲里海关强化信用管理,提高查发效能,推进"多证合一""注销便利化"稽查业务改革,深化"放管服"改革,构建以信用为基础的监管机制,加大AEO认证企业培育力度,落实"一企一策",做好企业信用恢复工作,丰富企业信用培育形式,增设法制科,提升后续监管效能。

【企业管理】2022年,满洲里关区新增备案报关单位318家,注销企业355家,截至2022年底,备案报关单位总数达4134家,同比增长11.31%,其中进出口收发货人3599家,同比增长5.8%,报关企业538家,同比增长86.16%。截至2022年底,特定资质备案企业总数392家,其中进口商备案企业196家,出口商备案企业156家,行政相对人备案数量40人。强化企业动态监控,及时调整信用等级,下调失信企业2家,建立健全失信联合惩戒机制,根据海关总署签署的联合惩戒合作备忘录,组织相关职能部门和隶属海关对部分环境违法企业实施联合惩戒措施。开展高级认证企业和失信企业差别化管理,结合海关总署先后出台共27项高级认证企业便利管理措施及4项失信企业管理措施,开展企业管理措施落实情况效果评估,2022年,2家企业被培育认证为高级认证企业惠享海关激励措施,截至2022年底,关区高级认证企业11家。

【企业培育】2022年,满洲里海关开展企业画像,将关区范围产业链、供应链龙头企业、"一带一路"共建国家(地区)重点进出口企业、专精特新企业、制造业民营企业等30余家企业纳入重点培育对象,制订培育计划,建立培育台账。联合地方商务部门、市场监管部门开展政策宣讲2次,

▲2022年6月10日,满洲里海关关员与企业进行座谈 (杨璐 摄)

对30余家企业现场调研，累计为企业培育50次。针对信用培育难点，制定目标性措施，加大便利措施政策讲解和解读，制作"满洲里海关信用业务知识微信直通车"和AEO培育视频，发放信用培育服务指南，畅通信用培育预约机制，提升信用培育的针对性和有效性。为有意愿申请高级认证的化工、食品、调味品等地方特色企业建立"一对一"培育台账，找准企业外贸薄弱环节，从政策解答、内部管理等方面给予有效指导。

【服务"专精特新"中小微企业】2022年，满洲里海关对海关总署下发涉及关区的"专精特新"企业4家进行调研走访，对有意愿申请AEO的2家企业纳入年度"AEO企业重点培育库"，向企业宣讲解读海关新增的高级认证企业便利措施等信用政策。采用"线上+线下"信用培育模式，针对认证标准中企业内部控制、贸易安全、规范守法等重点内容持续开展认证前期的信用培育6次。为"专精特新"中小微企业配备协调员，建立日常沟通、应急联系机制，掌握行业发展动态，听取企业意见建议3条，协调在进出口环节遇到的问题困难2个。

【企业信用修复】2022年，满洲里海关对关区失信企业逐家进行排查，建立健全工作台账，明确企业信用修复时间节点，对失信企业重点行业、商品及违法手段等进行分析，开展失信企业专项综合治理，为符合信用修复条件的失信企业提供专人服务，解读新《信用管理办法》信用修复政策、申请业务流程，指导企业完善内部控制制度，畅通失信企业主动办理信用修复渠道。联合地方政府部门开展"诚信兴商"等信用宣传活动，开展海关信用管理政策宣讲，提升失信治理合力，2022年，共指导3家失信企业完成信用修复。

【企业服务】2022年，满洲里海关加快出口食品生产企业备案，压缩备案内控时限，指导企业备案事项全程网上办理，多渠道向企业宣讲备案事项优化及压缩出口食品生产企业备案时限等便利化措施。针对全区重点产业链供应链企业进行精准帮扶指导，指导阿尔山海关帮扶某公司开展出口食品原料种植场备案。为企业制定"一对一"服务措施，坚持问题导向，落实企业问题清零机

▲2022年10月12日，满洲里海关关员赴企业开展政策培训　（乌兰娜　摄）

制，对关区 42 家重点产业链供应链进出口企业开展调研，明确助企重点内容，通过电话、网络等方式向企业宣讲海关助企纾困措施和海关在促进外贸保稳提质各项政策和相关便利措施，确保企业及时享受海关便利惠企政策。

【稽查核查】2022 年，满洲里海关建立常态化风险信息研判机制，发挥专家骨干作用，紧盯税收安全和国门安全两个查发重点，运用贸易调查、稽查等手段，深挖关区进出口贸易风险点，加强相关部门工作联动，建立重点行业、敏感商品风险线索会商机制。根据海关总署"金钥 2022"专项行动，成立专项工作组，组织开展关区内跨关区范围专项稽查行动。参与稽查司北部协作区跨关区贸易调查、大数据分析等工作，向 5 个隶属海关发放 7 类业务规范汇编 250 本。全年办结核查作业 89 个，核查有效率 70.79%，稽查查发率 89.47%，稽查查发率和追补税额同比分别增长 32.9% 和 45.1%，移交缉私等部门线索数同比增长 66.67%，首次办理稽查领域涉检行政处罚案件 2 起。

【核查分类改革】2022 年，满洲里海关以《海关核查操作规范》正式施行为契机，推进核查分类改革，按照"选查分离"原则，加强各业务职能部门沟通协调和统筹规划，根据风险类和管理类两种不同性质的指令，实施差异化流转方式和作业流程，提升核查作业效能。开展企业核查与年审工作，加大对企业内控和规范经营方面的核查力度，降低守信企业监管频次，推进核查领域部门间联合抽查，压缩外勤作业频次，完善联合抽查的规范性和工作机制。举办关区核查人员业务能力培训，制定下发《互联网+核查工作企业端操作指引》和《互联网+核查海关端操作指引》，优化作业模式，首次在关区范围内开展"互联网+核查"作业，提高监管效能，降低企业运行成本。

【"多证合一"改革】2022 年，报关单位备案（进出口货物收发货人备案、报关企业备案）全面纳入"多证合一"改革，新设立市场主体可通过"多证合一"方式同时办理海关备案，实现企业备案"一窗申请、一网通办"。满洲里海关主动联系并引导有意愿的企业参与"多证合一"改革，通过电话、微信、现场答疑等多种方式推送涉企政策，加强政策解读，引导企业守法合规经营。2022 年，关区通过"多证合一"方式备案量 187 家，占同期备案总量比例为 40.97%，全国海关排名第 11 位。

【服务农产品】2022 年，满洲里海关按照关于取消对出口食品原料种植场备案申请人提供种植场的土壤和灌溉用水检测报告的要求，压缩备案内控时限，新增出口农食产品备案基地 3 个；多渠道对全区重点产业链供应链企业进行精准帮扶指导，强化出口农食产品备案基地扶持和培育，指导完成 3500 亩芜菁甘蓝种植场备案；设立优先查检和"5+2"预约查检的绿色通道，设置 5 条进出口鲜活易腐农食产品属地查检绿色通道，公开预约电话，快速响应企业需求，推动关区绿色农业产业发展。

【加工贸易】2022 年，满洲里海关统筹加工贸易企业集约化管理，推行"通道判别+分类审核"，指导隶属海关办理手（账）册备案 35 本、核销 56 本。推动"综合保税区全面适用跨境电商零售"进口政策落地，配合地方政府推动保税维修业务顺利开展。对加工贸易涉及进口关税配额管理等重点商品及企业情况建立风险台账，实施关键节点督办，跟踪处置；落实"吹哨人"预警机制，对海关特殊监管区域、保税监管场所等开展巡查，对各业务条线领域采取"线上+线下""隶属关自查+职能处室抽查"等方式开展系统检查20次、视频巡查25次、现场检查7次；关注加工贸易发展趋势，参加稽查司"推动加工贸易提档升级"课题研究，研提意见建议。

【主动披露监督检查】2022年，满洲里海关依托业务可视化监控平台、稽核查业务管理系统开展专项监控，对主动披露作业实施线上执法检查，指导隶属海关及时核实、整改；与海关总署执法监督检查组加强沟通联系，远程提供执法监督检查补充印证材料12份；组织业务骨干对关区稽查、主动披露等作业开展日常监控，通过与业务现场座谈、下发联系单等方式提出规范操作和强化监督针对性建议，结合岗位练兵、职责调整开展业务培训；宣传主动披露新政策，印制宣传单、宣传册900余份（册），引导企业通过"互联网+海关"平台进行线上申报，简化流程。2022年，办结主动披露作业66起，同比增长29.41%。

【属地查检】2022年，满洲里海关组织关区人员参加海关总署相关业务知识和作业规范的培训，规范属地查检人员外勤执法操作，采取专项检查、抽查、自查等方式开展检查6次，加强工作督导检查，开展执法规范性监督检查5次，加强对一线查检业务的管控，落实各项制度措施。强化关区属地查检领域"双随机、一公开"执行情况检查，从制度执行、规范操作、安全生产等方面开展监督检查，对5个隶属海关属地查检领域"双随机、一公开"的公开资料进行核实，对通过"随机确定"小程序选人的操作及资料留存情况进行检查。加强属地查检专业人才建设，按照动植物及其产品、食品、危险品及其包装等领域建立关区属地查检专业人才库，择优选取6人向海关总署推荐。配合海关总署开展参加属地查检业务管理系统和出口检验检疫证书"云签发"模式的相关信息化功能模块的测试工作，组织关区4个隶属海关共9名业务骨干成立测试组，结合实际向稽查司提出问题及建议16条。

【安全生产】2022年，满洲里海关成立专项检查组，严格按照《海关属地查检作业安全指引》规定开展全面自查，重点对执法作业中的安全防护、出口危险品及危险货物包装施检人员资质和规章制度等要求落实情况进行逐一排查；组织全面摸排关区范围危险品进出口情况，对关区范围7家危险品出口企业、3家危险货物包装生产企业的3种危险品、5种危险货物包装建立基础信息档案，指定专人及时掌握危险品货物品类、数量等情况，每月对出口危险品及其包装数据进行分析，掌握其变化动态；结合地方疫情防控工作要求，通过线上视频、电话沟通、提供验证材料等方式，从查检前、防护装备、进入场所、开箱检查、抽采样5方面32项内容进行重点抽查；强化企业安全生产主体责任意识，通过走访关区范围出口危险品企业进行政策宣讲，帮助企业掌握最新要求，督促落实作业场所安全制度和要求，完善安全警示标志等确保作业场所安全，组织隶属海关开展应急演练，提升一线涉危岗位关员应急处置能力。

【法制审核】2022年10月25

日,满洲里海关增设企业管理和稽查处法制审核科,推进涉检行政处罚案件办理工作,集中学习研究《海关办理行政处罚案件程序规定》,逐条与办案程序进行核对,向缉私局及其他海关学习,确定相关法条并指导办理关区第一起适用快速办理程序的涉检行政案件,结合关区实际,修订完善制度3项;应用监控平台及业务系统动态跟踪关区业务运行状况,处理保税仓储货物超期未延期预警等业务提示信息。

撰稿人

柴 磊　高敖德

查缉走私

【概况】2022年，满洲里海关开展"国门利剑2022"联合行动、"蓝天2022"专项行动、"国门勇士2022"缉枪专项行动、筑牢疫情防线保障口岸安全"三防三打"行动，严厉打击"洋垃圾"、濒危物种及其制品、枪毒、重点涉税商品等走私行为，强化打击逃避商品检验检疫犯罪活动。克服不利因素，加强风险研判分析，开拓案源、深化打击，办理的2起案件被海关总署缉私局列为全国海关缉私部门夏季治安打击整治"百日行动"集群战役重点案件，2起出口化肥逃避商检案被海关总署缉私局列为二级挂牌督办案件。2022年，满洲里海关缉私局被内蒙古自治区人民政府授予"全区优秀公安基层单位"荣誉称号。

【打击走私】2022年2月24日，召开满洲里海关缉私工作会议进行全面动员部署，研究制订工作方案，对开展"国门利剑2022"联合行动进行部署，圈定打击重点，缉私局主要负责同志通过党组会、局务会、局长办公会研究部署专项行动工作，专题解读打私业务绩效评估指标，下达查发案件数量任务，组织到隶属海关、口岸监管现场调研督导，了解需求困难，开展专题培训、"送法上门"等活动，到地方相关执法单位、重点企业开展调研，掌握信息情况。面对陆路边境口岸城市疫情防控严峻形势，各现场业务部门克服实际困难，集中力量加强对进出口货物的监管，强化风险分析研判，2022年业务现场查发刑事案件占比50%。发挥"缉私垂管、国门一线、公安专业"优势，优化警力资源配置，工作重心放在案前经营，全员参与信息研判分析，统筹开展深度经营，抽调精干力量组建信息分析"薪火小组"，培养后备人才。在疫情趋缓的窗口期迅速行动，集中开案，全局统一调度，立案办理涉税走私犯罪案件、非涉税走私犯罪案件和逃避商品检验检疫犯罪案件，对重大案件集中攻坚，深挖扩线，扩大打击成果。

【法制建设】2022年，满洲里海关缉私局优化完善缉私规章制度建设，推进规章制度立改废释，制定满洲里海关缉私局案件管理中心保密审批管理1项制度，重新修订满洲里海关缉私局关于严格执行防止干预司法"三个规定"告知制度的通知、满洲里海关缉私局舆论突发事件应急预案、满洲里海关缉私局信访工作管理办法3项制度。对逃避商检罪、妨害国境卫生检疫罪、妨害动植物检疫罪、非法引进外来入侵物种罪和走私人类遗传资源材料罪等新型犯罪进行深入研究，解读典型案例，编写案例参考3期，对海关行政处罚案件"快诉办理"相关业务知识、疑难问题、注意事项、法律法规进行全面梳理，编写《满洲里海关行政处罚案件快速办理执法手册》，印送至相关职能部门、各隶属海关学习借鉴，组织开展法制培训、业务练兵11次，组织规范性文件解读5次，累计培训近500余人/次；在办公网络设置法制交流专栏，收集整理并动态刊登办理案件所需相关法律、制度及操作指南，动态刊登各类资料200余篇，为一线执法办案关警员执法办案提供学习参考和服务保障，开展全警警务实战练兵比武，90%民警参加理论测试，9个部门单位参加比武实操；发挥案件管理中心作用，每月对案件办理核查监控情况进行通报，完善刑事案件"两统一"机制，将督察嵌入执法检查环节，同步开展督察检查；先后对关区范围10个隶属海关开展、重点进出口企业"送法上门"活动，组织专业培训14次，提供业务咨询40余次，并根据需求发放执法手册、案例汇编等资料。

【疫情防控】2022年，满洲里海关缉私局召开局党组扩大会、指挥部会议、工作例会等，细化案前行动准备，开案前针对疫情防控做好风险评估，根据实际情况作出专项安排。在案件办理、办案场所和办案设施管理中，落实疫情防控各项要求，制定和完善执法现场、内部人员、拟羁押犯罪嫌疑人、涉案财物的防控应对措施和处置流程并严格执行，强化办案安全。融入属地疫情防控工作大局，70%以上民警投入社区巡逻值守工作任务，累计巡逻职守3000余小时，全体民警克服不利因素统筹做好日常办公、应急值班、数据分析、案件办理等各项工作任务。

【安保维稳】2022年，满洲里海关缉私局完成党的二十大安保维稳工作任务，成立领导小组，制定工作措施，统筹做好值班应急各项工作，人均值班超过300小时；以夏季治安整治"百日行动"、夏夜巡查宣防集中统一行动为抓手，出动警力100余人次，在夜间、清晨等高风险时段对关区范围口岸、界河、边境防范区等23个重点区域开展"地毯式、突击式、拉网式"巡查，严防跨境走私风险；聚焦"中央关注、社会关切、群众关心"的突出走私问题，紧扣"打击+防范"，组织精干力量对重点敏感商品走私风险进行全面摸排搜集和分析研判，与相关执法单位联合攻坚，对重点商品走私行为堵源截流、有效打击，联合查获违禁品一批。

▲2022年8月18日，满洲里海关缉私局开展打击整治走私犯罪"百日行动"夏夜巡查 （邹秉言 摄）

【智慧警务】2022年，满洲里海关缉私局融入公安信息化建设大局，实现局机关各部门和各隶属分局、缉私科公安有线网络的全覆盖，协调完成对全局公安网计算机终端技防系统安装，纳入内蒙古自治区公安厅公安技防系统统一管理。规范警务装备管理，开展警务装备调研和使用评估，了解其基础设施、经费保障、装备建设等方面的需求，理清管理中的难点问题，征集意见建议并提出解决措施。坚持"分类管理、分级负责"原则，对现有的装备盘点，完善管理台账，细化10余项基础信息数据，建立装备身份二维码，定期维护，做好跟踪评价，协调供货商及时做好技术升级保障。加强与地方公安机关警保部门的联系沟通，组织专项调研4次，了解和吸收借鉴其警务装备建设和管理工作经验，搭建装备推介、信息共享和交流培训平台，结合全警实战大练兵，邀请技术人员统筹开展装备使用培训，在装备配备到位后第一时间组织集中培训、跟踪指导。2022年，通过现场教学和线上方式开展培训8次，参训民警共计120余人次。

【综合治理】2022年，满洲里海关缉私局协助兄弟海关缉私局、其他公安部门处理案件及线索协查33件。推动内蒙古自治区召开打击走私领导小组会议，内蒙古自治区常务副主席、打击走私综合治理工作领导小组组长黄志强出席会议并就打击走私综合治理工作提出要求，推动地方政府落实反走私综合治理主体责任，先后13次主动走访关区范围4个盟市政府打私办，提高地方政府反走私主体责任意识，推动呼伦贝尔市、赤峰市召开打击走私领导小组工作会议，助力呼伦贝尔市基层打击走私示范点建设。加强与关区范围相关执法单位的联系配合，与呼伦贝尔市市场监督管理局签订合作备忘录，与呼伦贝尔市人民检察院设立侦查监督与协作配合办公室，召开案件研讨会16次，业务协作取得实质进展，在关区范围内开展多警种联合行动7次，联合梳理重点线索。

【国际合作】2022年，满洲里海关缉私局办理国际执法协作5件，开展数据信息交换5次，规范对外执法合作协查格式，对涉及的14项协查要素的格式标准予以规范统一。2022年11月，与西伯利亚缉私海关开展为期2个月的"维达2022"国际联合行动，共同打击进出口木材走私违法犯罪。

【宣传服务】2022年，满洲里海关缉私局开展普法宣传，公布走私举报电话，解读海关监管、打击走私、扫黑除恶法律法规和群众奖励规定，走进社

▲2022年11月21日，满洲里海关缉私局开展"反走私进校园"主题宣传活动（王政 摄）

区、企业、校园、口岸、物流园区等开展普法宣传活动14次,开设普法课堂,利用电视、报纸、新媒体、网络平台等刊播法律知识、打击走私措施及战果等,多种形式讲授反走私知识技能,对23家重点进出口企业提供法律咨询服务,组织普法宣讲5次,发放宣传资料2000份。

撰稿人

邵继承　朱　烨

国际合作

2022年，满洲里海关深化双边合作，与俄罗斯、蒙古国保持密切往来，深化海关监管国际合作项目，推进"三智"（智慧海关、智能边境、智享联通）国际合作重点项目开展，关区3个"三智"先行先试项目通过海关总署评审。成功举办2022年度中国—俄罗斯海关、铁路区域性双边"四方会谈"，邀请中国驻俄罗斯使馆海关组列席，强化内外合作，商讨解决口岸通关问题，提高满洲里—后贝加尔斯克口岸通关便利化水平。开展"推进'三智'建设 深化对俄合作研究"课题研究，参与中国—俄罗斯海关信息交换项目任务书撰写及测试，交换数据。推进中国—蒙古国联合监管项目开展，交换载货清单电子数据。配合海关总署开展驻俄罗斯使馆海关组会谈，开展与白俄罗间中欧班列监管措施交流，参加与白俄罗斯AEO互认工作和"关铁通"署级会谈工作。承接海关总署国际互认相关工作，完成"中国—白俄罗斯海关互认绩效评估"和"中国—俄罗斯海关互认安排实施"两项AEO国际互认合作业务。

撰稿人

乌兰娜　张宝群

科技发展

【概况】2022年，满洲里海关推进"智慧海关"建设，加强业务科技一体化水平，提高科技创新能力和科技治理精细化水平，提升整体科技支撑服务保障能力，完成各项网络安全保障工作，加强实验室安全管理，依托"微创新"机制助力提升业务一线监管服务效能。

【技术保障】2022年，满洲里海关做好疫情防控技术保障，对关区2个封管区进行现场勘察，论证海关网络接入可行性，设计施工方案，配合线路运营商铺设线路，搭建2条网络专线，安装调试设备系统，为做好突发本土疫情情况下的应急通关保障提供科技支撑；强化网络态势感知能力，加强上联海关总署广域网、关区业务骨干网络、涉密办公网及互联网运行监控，全年开展网络巡检工作300次，提前发现并处理网络异常20次；建立网络关键设备易损备件资源库，储备3大类15种备件，优化与线路运营商的联系配合机制，全年处理紧急突发网络故障28次；提升硬件资源使用效能，统筹规划硬件设备使用，扩展基础设施云平台规模，对达到使用年限的老旧设备建立退出机制，及时采取存储空间扩容、数据清理等方式确保数据可用存储空间在合理范围内，合理规划历史数据的备份迁移，优化存储空间利用，分析虚拟机运行监控日志，优化在运行虚拟机的资源配置。

通过运行管理平台等自动化平台、人工巡检、人工值守等手段对在线运行应用系统实施"7×24小时"监控，及时发现运行风险，提前消除故障隐患；做好信息系统变更实施分级分类管理，变更前做好变更预案，确定实施时间窗口和回退方案，高风险变更实行三级审批，双人操作；对关级系统故障实施分级分类管理，故障处置坚持第一时间恢复业务运行原则，建立故障处置知识库，提高故障处理效率。

【网络安全】2022年，满洲里海关完成党的二十大期间关区网络安全保障，制定关区专项工作方案，按照最高标准和最严要求，开展自查评估和隐患整改，所有问题隐患均按期清零，通过科技司组织的远程督导检查；重点时期开展"7×24小时"值班、值守和巡检工作，确保安全运行问题及时妥善处置，其间关区网络安全态势良好，机房、网络和信息系统运行稳定，未发生网络安全事件。完成主机房年度消防检测、防雷检测、UPS检测和电池更新，围绕主机房动力环境监控、隶属分关机房安全管理等方面开展检查整改工作，机房安全运行问题隐患已全部清零；完成2022年北京冬奥会及冬残奥会期间网络安全保障工作、网络攻防实战演习工作，其间未发生对外接入局域网和业务网被攻入情事，未发生网络安全事件。邀请第三方有资质的网络安全等级保护测评机构来满洲里海关开展实地等保测评工作,测评结果均为"良好"。

【信息化建设】2022年,满洲里海关做好署级系统上线推广、更新完善工作,组织完成国产化浏览器应用推广、域控服务器升级、管理系统授权统计子系统功能变更及缉私数据迁移工作,全年对72个署级系统进行236次升级更新,处理各类系统异常130余次。把防范化解信息系统运行"三失"(失常、失控、失效)风险摆在信息化建设管理工作的首位,强化对信息系统安全运行风险的监控、预警、响应和处置管理,深入查找消除网络、系统运行安全隐患,加大巡检频次,监测信息系统安全运行状态,切实防范化解信息系统运行失常、失控、失效风险。协调海关总署订阅铁路舱单系统核注核销环节数据,为铁路物流全景展示系统提供数据支撑;订阅快件通关管理系统(新版)物流数据,完成赤峰国际快件分拣线对接工作;完成物流监控系统公路客运及货运管理模块变更升级,增加安全管理功能;增加3台服务器,扩充桌面云资源,承载186个桌面,彻底解决跟班作业中提出的"桌面运行慢、卡死和中断"问题。

【实验室管理】2022年,满洲里海关以强化设备管理、加强安全检查、提升检测能力等三方面为抓手,提高实验室管理水平。开展实验室仪器设备绩效考核,掌握关区798台仪器设备情况,收集拟报废仪器设备需求,组织仪器设备审查委员会专家完成70台仪器设备的技术鉴定,完成163台仪器设备的计量校准。以安全生产专项行动和两个"百日行动"为抓手,全面排查实验室重点部位、重点环节,修缮技术中心P2实验室,为综合实验楼安装污水处理系统。优化实验室布局,建设"国家人兽共患病检测重点实验室(满洲里)""国家肉类及其制品重点实验室(赤峰)"。组织危险化学品检测培训,开发相关检测项目,压缩液化石油气检测工作周期时长97.2%。2022年,满洲里海关实验室检测能力达973项,实现煤炭、液化石油气等进境大宗商品属地自检,保障化肥、粮食及活牛法定检验检疫等工作顺利开展,提升新冠病毒核酸检测能力。

【科研管理】2022年,满洲里海关完善关区科研管理体制机制,成立满洲里海关科学技术委员会,制定《满洲里海关科学技术委员会章程》,下设秘书处和3个专业技术组。制定《满洲里海关科研项目管理实

▲2022年6月10日,满洲里海关召开关区科技工作暨网络安全保障工作会议(杨涛 摄)

施细则（试行）》《满洲里海关科技成果评定办法（试行）》。加强科研项目申报与后续管理，组织专业技术专家召开2022年度关区科研项目申报评选工作会议，对14个项目进行评审，评定5个项目向海关总署申报，追加申报1项，全年共申报署级科研项目6项，获批4项。推进"满洲里铁路口岸进口矿产品机械化采样技术的研究""满洲里铁路口岸进口原木蛀干害虫智能识别技术的研究"课题研究工作，完成"进口油菜籽等油料中真菌毒素及其代谢产物高通量检测技术方法研究"项目验收，获得专利2项、转化科技成果1个。与青岛海关签署"口岸外来有害生物联合监测与预警防控研究应用"合作协议，同青岛、郑州、西安及阿拉山口海关协作开展输入性病媒生物检测、携带病原体检测的研究，服务黄河流域生态保护和高质量发展国家战略，提升关区科研能力水平。

开展重点课题研究，承接海关总署提出的"如何更好发挥海关科技的引领支撑作用"课题研究工作，深入开展调查研究，提出解决问题的思路措施和意见建议，形成陆路边境海关发挥科技引领支撑作用的思考相关课题研究报告。开展"北方铁路口岸海关监管作业科技支撑技术与装备研究"课题研究，作为牵头部门，同哈尔滨海关、呼和浩特海关、乌鲁木齐海关密切协作，组织召开线上推进会、座谈会、专题调研，形成书面调研报告。

【"微创新"工作机制】2022年，满洲里海关聚焦口岸监管需求释放科技创新效能，解决制约口岸现场执法的突出问题，成立涵盖科技、业务及口岸现场海关组成的口岸监管科技新装备研究应用工作专班，建立"现场收集—专班审核—骨干攻关"工作机制，将提升口岸大型设备智能化水平作为重要着力点，启动大型设备采集信息整合升级工作。依托"微创新"工作机制，累计开展口岸终末消毒远程监控指挥、运输工具远程视频检查、移动单兵远程互联查验、铁路口岸大型设备等采集信息优化整合、原木材种类型AI识别等5项科技创新，涵盖铁路、公路口岸现场查验、远程指挥、风险研判等多种应用场景，有效降低检查关员环境染疫风险、接触染疫风险和登高作业安全风险，提升科技资源的整合利用水平，提高口岸监管工作效率。

【口岸科技服务】2022年，满洲里海关将"我为群众办实事"实践活动与同科技人员跟班作业活动紧密结合，"科技人员跟班作业"获评关区"我为群众办实事"双十佳案例。制订跟班作业长效机制方案，依托海关总署"科技管理子系统跟班作业"平台，强化问题收集、专家研判、问题处置、成效提升的全流程闭环管理。运用"微创新"方法研发应用关区首个远程辅助监管装备，有效降低口岸现场防护安全、作业安全风险，促进通关作业提质增效。组织人员到封闭区开展现场跟班作业，核实前期收集到的问题，收集疫情防控信息化及设备保障需求。成立口岸监管科技新装备研究应用工作专班，研讨一线业务新装备研究应用需求，组织专家对一线科技新装备需求进行论证，共计开展跟班作业20余次，走访调研、视频会商关区28个部门单位，筛选研判确定五大类36个问题需求，解决33个，上报海关总署2个。

【科技人才培养】2022年，满洲里海关搭建人才孵化平台，制订科技培训计划，选派党员技术骨干参加培训,落实精细化管理要求,倡导"一专多能"。开展科技人员岗位交流,培育党员宣传队,跟进宣传科技创新成果,组织撰写新闻宣传稿件,先后在内蒙古电视台、国门时报、满洲里日报等媒体刊发。依托"科技文化长廊""科技文化沙龙"等宣传阵地,开展科技活动周、网络安全周相关宣传活动。

撰稿人

张　义　梁丽君　左　鹏　韩红兵　张福生
王　钊　桂　梅　刘　磊　刘　丹　杨　涛
于　鑫　张淇淞　曹　骁

第六篇 综合保障

政务管理

【概况】2022年，满洲里海关加强统筹协调、参谋辅政、督促落实，提高"三办三服务"（办文、办会、办事、服务领导、服务基层、服务群众）水平，发挥参谋助手作用，做好疫情内部防控，立足以文辅政，强化文稿撰写能力，扩大新闻舆论成效，确保档案保密安全，抓好史志编修工作，顺畅制度机制，推进完善热线信访外事等工作，制定2022年关区工作任务分解表，分解6方面101项工作任务，明确时间表、路线图、责任人，制发通知推动各单位、各部门贯彻落实。在新冠疫情防控期间，值班应急、舆情监测、文件收发等重要岗位人员24小时在岗，保障机关政务有序运行。

【督查督办】2022年，满洲里海关严格落实"第一议题"制度，把督办落实习近平总书记重要指示批示精神作为重要政治任务。建立重大决策部署落实台账，在疫情防控、促进外贸保稳提质、安全生产等方面重点开展督查督办，办结落实习近平总书记重要指示批示精神重点工作任务293个。修订印发《满洲里海关督促检查工作制度》和《满洲里海关督查工作考评暂行办法》，加强督查督办制度建设，重点突出督查督办工作的实效性、专业性、权威性。采用现场督办、随机抽查、明察暗访等方式方法，提升督查督办工作效果。大力推进"网上督查督办"，充分利用"督查管理"模块和"问题清零系统"，实现对督查督办任务的细化、量化，及时掌握工作进度，推动各项督查督办任务落实。研究督查督办工作改进思路，确立目标、问题、效果3个工作导向，明确6方面重点督查督办内容，把握立项、督办、反馈、核查4个关键环节，对督查督办事项实行动态管理，建立专门工作

▲2022年10月28日，满洲里海关办公室党支部组织学习党的二十大精神 （施建鑫 摄）

台账分类管理，做到查必清、办必果。2022年，共督办立项100项，分解任务453个，全部在时限内完成。

按照关区统筹口岸疫情防控和促进外贸稳增长工作指挥部会议议定事项和有关要求，对55个疫情防控领域的重点工作任务开展督查督办，均已达到预期目标。对45个促进外贸保稳提质重点工作任务开展立项督办，按照责任部门和完成时限定期开展检查，督促各单位、部门多渠道了解企业诉求和困难，帮助企业纾困解难，服务企业减负增效，推动关区各项促进外贸保稳提质措施落地见效。聚焦9个重点领域，配合相关部门开展实地检查，同步督促开展基层自查、职能条线核查，对12个安全生产重点工作任务开展督查督办，精准施策、分类整改、细化分工、责任到人，紧盯相关责任部门按时限完成。

【应急值守】2022年，满洲里海关执行三级值带班制度，强化应急响应体系作用，提升隶属海关值班应急规范化水平，推动隶属海关值班应急工作规范化建设，编制《隶属海关单位值班信息指引》，制发《隶属海关单位报送值班信息要求》和《值班信息模板》，编发、报送直属、隶属海关值班信息43期。开展值班应急专题培训2次，加大值班工作检查力度，构建日常抽查与重点时段全覆盖检查并行机制，累计开展检查700余次，将检查结果纳入"五关"考评。推动机关值班室规范化改造，增设生活区、增配常用生活设施，改善值班环境，提炼边关应急值班工作经验、亮点，通过海关相关载体累计报送材料14篇。

【疫情防控】2022年，满洲里海关根据疫情形势变化及时调整措施，开展工作检查5次、应急演练1次，及时发布疫情防控工作要求17次。配合海关总署"百名科长百日督查"和"阶段性新冠疫情防控督查"，组织开展疫情防控工作人员安全防护自查督查。妥善应对疫情，发挥值班信息"前哨"作用，为关党委决策提供第一手资料，持续落实好"日报告、零报告"制度，按时报送疫情内部防控排查情况41期。

【政务信息】2022年，满洲里海关紧盯热点、焦点、敏感点，完善信息约稿机制，及时总结报送关区重要工作成效、存在的问题及建议，全年向海关总署办公厅编报各类政务信息216篇，被海关总署上级信息部门采用综合类要情1篇、采用信息72篇，累计获署领导批示5条。向天津特派办报送联系单位情况交流信息3篇，均被采用。向内蒙古自治区党委、政府报送信息220篇次，完成内蒙古自治区政府约稿14篇；编发关区每日动态249期、满关工作情况交流2期。

【公文处理】2022年，满洲里海关完成关区重要文稿起草审核工作，全年起草审核关领导讲话、调研材料等140余份，撰写满洲里铁路口岸进口货物积压、满洲里公路口岸出口工程机械滞压问题及"关长走进口岸封管区"等重要工作报署报告，获得署领导批示8次。制定公文处理、署级文件阅文提示等4项制度，理顺办文程序，全年保障5881件公文及时阅办。发布《关于进一步规范报送材料格式的通知》，推动各类汇报材料、报告等文字资料（纸质、电子）的格式规范统一，下发《关于进一步加强公文阅办工作的通知》2次，规范公文流转办理工作。推行"退文查错工作法"，针对适用文种错误、正文或附件格式不规范、应会签其他部门未进行会签等问题公文，督促有关部门按照"谁办文谁负责""谁起草谁负责"原则落实主体责任。每季度通报公文错情，针对公文质量重视不够、对公文审核把关不严等问题，督促有关部门分析错情原因，有针对性地加以改进，提醒其他部门举一反三，从源头上杜绝公文"硬差错"，全年审核公文、签报1200余件，通报公文错情84项。推进精细化管理，聚焦政治建设、文稿起草、精简文件、办文质效等方面，实行"清单式"管理，制定工作任务清单24项和重点工作清单3项。

【作风整治】2022年，满洲里海关聚焦"三办三服务"，深入开展研究讨论，制定推进"三实"文化建设细化落实措施22项。严格落实中央八项规定精神，出差出行、公务接待、公车使用坚持从严顶格标准，开展"力戒形式主义官僚主义、切实强化政治执行力"专项治理，改进工作方法，压缩督办数量，科学精准督办，避免重复督办。加强发文计划管理、发文机动指标审批管理，定期通报关区发文数量情况，督促各部门严格发文必要性审核，做好发文统筹，采取制度机制、工作方案等合并发文、各条线工作要点集中发文等措施，压减发文数量，为基层减负。全年督办立项同比下降52.4%、督办分解任务数量同比下降33.87%、会议同比下降14.3%、发文数量同比下降25.6%。制定《隶属海关单位周期性报送数据表格材料正面清单》，将原有的137项压减为72项，压减比例达47.4%。

【保密管理】2022年，满洲里海关紧盯关键节点，以防范化解风险为目的，加强保密安全。制定加强党的二十大保密管理措施，开展专项保密检查和微信等社交媒体失泄密风险排查，接受满洲里市保密部门实地检查，组织保密自查自评，动态更新确定涉密岗位和涉密人员，全年未发生违反保密法律法规情事。在关区内组织开展国家安全教育日密码安全宣传活动、保密法宣传月系列活动、国际档案日系列宣传活动，组织拍摄保密专题警示教育短片4部，制作宣传展板3张，发放宣传教育资料69份，发放保密警示贴500个，组织保密答题465人，邀请满洲里市保密机要局宣教专家重点针对加强党的二十大保密和微信保密工作开展专题培训，组织开展定解密工作专题培训和档案收集整理专题培训。

【档案管理】2022年，满洲里海关下发《满洲里海关关于开展风险隐患排查进一步加强档案管理工作的通知》，对10个隶属海关档案工作开展风险隐患排查和视频检查，完成3342份文件资料整理归档、264件疫情防控专题档案收集及635件会计档案鉴定销毁工作，开展档案查询借阅利用工作1557次，推进档案监督检查工作。

【政务公开】2022年，满洲里海关"手把手"指导试点单位进行标准化规范化建设，培育标杆示范单位3个，逐步推动隶属海关政务公开标准化规范化建设，提升工作透明度和公众参与度。创新公开模式，围绕企业和群众最关心的问题，运用多媒体手段，制作可视化办事指南，探索开展政务公开模拟测试，模拟群众咨询检验隶属海关政务公开工作规范性。修订《满洲里海关主动公开基本目录》，明确公开范围、明晰公开职责。发挥12360热线关企"连心桥"作用，建立

▲2022年6月9日，满洲里海关关员对文书档案进行归类整理　（张丽萍　摄）

"满洲里海关12360热线关企协调群"，完善"8小时"外咨询渠道，全天候办理企业、群众诉求，累计接听咨询电话1234个，转办工单37份，办理群众来信48封，稳步推进政务服务"好差评"系统推广使用，满意度保持100%。推进互联网门户网站适老化与无障碍改造，建立"日读网"制度，完善网站功能内容，推进在线访谈工作，确定"老关新貌　边关自强　力促外贸保稳提质"访谈主题，扩大措施影响力。

【新闻宣传】2022年，满洲里海关坚持正确舆论导向，突出宣传重点，把握时间节点，向各级各类媒体供稿，全年对外报送新闻宣传稿件221篇/条次，被各级各类媒体采用842篇/条次。其中，被《人民日报》《经济日报》《经济参考报》及中央电视台《新闻联播》《24小时》《新闻30分》《新闻直播间》《朝闻天下》《晚间新闻》《东方时空》《中国三农报道》等中央级媒体采用35篇/条次；被《内蒙古日报》《内蒙古新闻联播》等省级传统媒体采用48篇/条次；被《中国国门时报》、海关总署官网及"海关发布"、"中国海关传媒"官方微信、微博号等署级媒体采用194篇/条次；被《呼伦贝尔日报》《兴安日报》《通辽日报》《赤峰日报》《满洲里日报》《呼伦贝尔新闻联播》《通辽新闻联播》《赤峰新闻》《满洲里新闻》等地市级传统媒体采用120篇/条次；被《人民日报》、人民网、新华社、新华网"学习强国"、央广网、内蒙古日报草原全媒、内蒙古广播电视台奔腾融媒等官方客户端，中国新闻网、中国共产党新闻网、内蒙古新闻网、内蒙古自治区人民政府官方网站等主流网络媒体采用445篇/条次。此外，通过关区官方微信平台"满关发布"编发新媒体作品52期。满洲里海关新闻宣传在C类海关中位列第3名，单项年度考核客观指标位列2022年直属海关领导班子年度考核客观指标第11名，2022年10月，满洲里海关办公室获得中国海关传媒中心第四届国门传播奖传播组织三等奖。

【关史学会工作】2022年，满洲里海关组织参加中国海关学会"服务新发展格局，更好发挥海关在国内国际双循环交汇枢纽作用"主题征文活动，在中国海关学会大连分会评选中，黄国华关长撰写的论文获得"领导参与特别奖"，另外9人论文分获一、三等奖。参与署级课题"中国海关史"专项研究申报工作2项，将中国海关口述史料抢救征集工作与党史学习教育、传承边关红色基因、弘扬边关精神紧密结合，深入挖掘、收集、整理关区退休老干部口述史料、口传史料、回忆录、调查记、访谈录等7份,妥善做好交接保管。开展年鉴编撰工作,成立71人年鉴编纂队伍,组织参加年鉴编纂培训3次,以打造精品为目标,完成《中国海关年鉴(2022)》满洲里海关稿件、《满洲里海关年鉴(2022)》编纂工作。

撰稿人

刘　雷　原治国　杨　娇

财务管理

【概况】2022年，满洲里海关发挥财务保障职能作用，提高税费财务管理，做到应收尽收，贯彻落实中央"过紧日子"要求，做好预算保障，提高预算执行。发挥财务职能监督作用，落实减税降费政策，加强涉案财物管理，加强项目支出绩效管理和固定资产、基建及节能管理，完善制度建设，全力做好常态化新冠疫情防控后勤保障。

【税费财务管理】2022年，满洲里海关推进行邮税财关库银横向联网工作，确保各项税费征收缴库，报送税收快报月报，与呼和浩特海关共同核对内蒙古自治区国库税收数据，将税收数据报送至相关职能部门，核对在账保证金。2022年，关区入库关税和环节税45.64亿元，同比增长43.81%，其中关税5.12亿元，同比增长66.12%；进口环节税40.52亿元，同比增长41.40%。

【预算经费管理】2022年，满洲里海关预算经费向各隶属海关倾斜，优先保障涉及民生、正常运转、重大改革的相关支出，合理安排资金用于疫情防控工作。开展预算执行动态监控，对各部门所属专项的预算执行进度进行每月通报，组织召开预算执行推进座谈会，督促落实预算执行各项工作。严格贯彻落实"过紧日子"要求，定期评估关区"过紧日子"落实情况，对重点项目与相关职能部门沟通、联系、协调，督促落实预算执行各项工作，全年预算执行率为98.17%，达到历年最好水平。

【预算绩效管理】2022年，满洲里海关完善预算绩效管理相关制度，提升各单位、各部门预算绩效责任意识，在项目申报环节中，引入第三方中介机构开展项目支出预算申报评审工作，根据项目支出范围、实际开展的工作情况，结合实际需求资金量，进行科学、系统论证，深入分析需求，提高绩效目标、指标编报质量，科学设定评价标准和指标，坚持定量与定性分析相结合，推动绩效管理标准科学、方法合理，加强绩效目标的完善和把关力度。开展绩效管理工作业务培训，解读相关制度，讲解绩效体系制定、绩效运行监控、绩效自评等环节工作中的重点、难点。通报各单位、部门在绩效管理各项工作中存在的突出问题，解答各预算单位提出的绩效管理工作中存在的疑问、困难。在项目执行过程中，按照既定的支出计划、绩效目标、指标设定情况，开展绩效执行监控工作，防止预算执行过程中与既定的绩效目标相脱离。开展2021年项目支出绩效自评，覆盖全部66个二级项目，对2021年监管查验技术设备购建及能力提升项目等8个项目（本级2个项目，分关6个项目）进行绩效评价，将评价结果在关区内公示，反馈被评价单位，完成整改。

【国库集中支付管理】2022年，满洲里海关夯实国库集中支付基础工作，按照财政部规定选择资金支付方式，严控零余额账户向实有资金账户划转资金，配合财政部内蒙古监管局核实动态监控发现的疑点问题。加强授权支付资金动态监控，在日常资金支付业务过程中，按照本年批复的预算及各项财经制度严审资金使用用途、开支范围、开支标准。在具体支付环节，每笔资金使用转账支付，按照功能分类科目及经济分类科目规范使用国库集中支付18位口令，对照实际业务完善支付凭证信息、支付用途及网银中的备注栏信息，杜绝擅自从本单位零余额账户向本单位或本部门其他预算单位实有资金账户划转资金。开展国库集中支付业务学习培训，内容包括国库集中支付业务流程、动态监控管理办法、银行账户管理办法、现金使用条例、公务卡管理办法等相关制度。及时向关区各核算单位通报财政监管局及海关总署授权支付资金监控疑点及整改要求，定期对关区所属单位开展资金监控，要求所属单位对存在的问题立即整改，杜绝同类问题再次发生。

【部门决算管理】2022年，满洲里海关完成2021年决算编报工作，完成关区2021年度行政事业单位国有资产决算报表、2021年海关本级保障缉私部门决算支出表、2021年度固定资产决算报表。深入理解部门决算编审精神，准确把握编制口径和编报要点，做好年度收支对账、各类资金拨款核对、年终结转结余清理、存量资金清理收回及往来款项处理等基础工作，落实相关政策措施，从源头保证决算数据真实准确。

【涉案财物管理】2022年，满洲里海关夯实走私冻品、"双无"固体废物移交地方处置机制，推动阿尔山海关与阿尔山市农牧水利和科技局签订走私冻品处置合作备忘录。拓展涉案财物处置方式，按规定对多次流拍的电熔镁、服装、玉石等6批涉案财物进行无底价拍卖，联合烟草、缉私部门销毁涉案电子烟及卷烟509条，处置侵权玩具、鞋类等9401件。开展涉案财物仓库安全检查14次，发出工作联系单7份，提出整改建议11条。

【机关财务管理】2022年，满洲里海关健全财务内部控制，发

▲2022年8月18日，满洲里海关财务处召开"迎接党的二十大 安全生产百日行动"部署会议 （连海平 摄）

▲2022年11月20日，满洲里海关财务处开展财务稽核查工作 （连海平 摄）

挥职能监督作用，对独立核算单位开展财务稽核，对满洲里关区银行账户资金按月监控，与"海关重点项目和财物管理以权谋私"专项整治、巡视整改、督察内审自查等相结合，规范关区财务管理工作。完成2021年度各项经费核对和结账，按时上报各类财务数据、整理移交财务档案。

【企事业财务管理】2022年，满洲里海关落实国家国有企业改革三年行动工作要求，指导、协助后勤管理中心从中检集团满洲里有限责任公司撤股，推动后勤管理中心完成满洲里市新洲科技服务部注销程序，推动后勤管理中心健全所属国有企业管理制度，制定关于对所属投资企业财务监督管理办法、内控管理制度，推动后勤管理中心完善满洲里市边海商务服务有限责任公司治理机构，后勤管理中心向满洲里市边海商务服务有限责任公司委派执行董事、监事，完成满洲里海关三年国有企业改革方案的目标任务，清理规范主营业务，清退低效无效资产。

【基建管理】2022年，满洲里海关健全投资决策机制，提高基建财务管理水平，完成满洲里机场海关、满洲里十八里海关、额布都格海关、阿日哈沙特海关4个隶属海关"口岸应对重大疫情卫生检疫基础设施建设（口岸医学排查室新建及改造）项目"，完成各项维修改造项目验收并梳理归档基建档案。

【装备管理】2022年，满洲里海关防控物资按照统一管理、分级负责、保重点区域、保重点操作的原则，科学、精良、合理、规范配发使用，对应急物资装备储备库实施台账管理，严格入出库，动态调配物资，及时精准做好防疫物资配发保障。全年储备、配发各类防控物资50余万件。

【资产管理】2022年，满洲里海关对固定资产管理系统与实物资产开展比对清查，梳理提取各项有效数据，真实、完整反映资产状况。清理腾退已出租到期的办公用房1处，对关区交流干部租用生活用房进行监督管理及备案登记，完成以前年度置换的5套公有住房网签备案和产权登记工作。2022年政府采购节约率10.92%。

【专项整治】2022年，满洲里海关成立"海关重点项目和财物管理以权谋私"专项整治工作小组，统筹推动各隶属海关、事业单位及所属企业开展风险排查，跟班作业218人次，查阅档案9610余份，对3个隶属海关财物管理专项整治工作开展情况进行实地核查，开展后续整改工作，研究制订整改方案，明确整改措施，确保问题整改到位。

撰稿人

吕阳明　芦正刚

督察内审

【概况】2022年,满洲里海关加强关区内控机制建设,提升内控平台应用效能,做好内控前置审核和执法评估课题选题,坚持"敢督善审",扎实开展审计督察工作,持续推进审计发现问题整改,建立审计整改长效机制,加强督察审计监督与其他监督贯通融合,构建监督合力,提升监督质效。

【督察监督】2022年,满洲里海关加大对重大决策部署落实情况的督察力度,对海关总署制定的《2022年度重大政策措施落实情况跟踪督察重点项目清单》开展专题研讨,研究制订年度督察工作推进计划,坚持"规定动作"+"自选动作"选题模式,围绕海关总署重点督察项目清单,严格落实"规定动作",结合2022年度工作重点任务、关党委关注重点以及审计监督发现执法管理薄弱环节,选好"自选动作",准确把握督察重点,实施"精准督察",注重跟踪问效。实行督察项目清单式管理,以建立重点项目清单、督察内容清单、督察问题清单、整改落实清单"四个清单"为核心,实现督察全过程管理。强化督察人员业务能力,熟练掌握督察要点、督察方法和相关文件依据,明确督察重点,将督察任务细化分解为4方面13项核查内容共计46个核查要点,推动相关部门依责开展自查,优化督察方式,协调相关部门申请开通相应业务系统授权,利用各类监控系统开展数据在线核查分析,减少实地督察频次。2022年,开展"科学精准做好口岸疫情防控落实情况""支持外贸促稳提质措施落实情况"等10项重大政策措施落实情况跟踪督察。

【联动监督】2022年,满洲里海关持续深化审计监督与其他监督的贯通融合,推动各项监督联动,建立健全联系配合工作机制,推动审计监督与纪检监察、巡察、统计监督等各类

▲2022年11月4日,满洲里海关督察内审处党支部组织学习党的二十大精神(杨娇 摄)

监督融会贯通，增强审计整改工作实效，形成关区监督合力。完善监督计划会商机制，编制年度审计项目计划与干部监督、巡视巡察等工作计划有机衔接，健全信息共享和成果共用机制，将审计工作中发现的相关问题线索按照干部管理权限和规定程序移交相关部门。发挥督审专业优势力量，参与配合"海关重点项目和财物管理以权谋私"专项整治，推荐2名专家参加专项整治工作，全面梳理2012年以来督察审计发现的重点项目和财物管理领域问题，开展分析研判，查找廉政风险隐患，形成问题清单和专题分析报告，参与海口海关、南宁海关线上督导检查工作，反馈相关问题5个，提出工作建议4条。

【审计整改】2022年，满洲里海关推动海关总署经济责任审计整改工作，加强审计整改长效机制建设，制定下发《满洲里海关审计发现问题整改工作管理办法》，全面部署审计监督发现问题自查及整改工作。坚持揭示问题与解决问题相统一，对审计整改工作实行台账式、清单化管理，明确审计整改的时间表和路线图，专人督办、定期反馈、对账销号；压实审计整改三方责任，压实问题发生单位的整改主体责任、有关职能部门的监督管理责任和审计部门的督促整改责任，增强审计整改内驱力，打通审计整改"最后一米"；组织开展审计监督发现问题自查整改及"回头看"工作，制订下发关区自查工作方案，分解24个方面自查任务，形成自查问题清单。

【审计工作】2022年，满洲里海关对所属满洲里十八里海关、海拉尔海关、额尔古纳海关原主要负责人开展经济责任审计工作。按照海关总署专项审计调研的通知要求，开展海关事业单位转让产权专项跟踪审计工作，围绕专项审计调研范围和主要内容，结合关区实际研究制定审计方案，联合业务职能部门组成专项审计工作组，强化联系配合，形成关区工作合力，对事业单位转让产权工作进行全过程监督，紧盯转让产权各重点环节，推动未能按照时间节点完成事项尽快完成，确保审计发现问题整改到位、事业单位转让产权工作全部完成。

【审计调研】2022年，满洲里海关组织开展大金额差错报关单专项审计调研工作，围绕专项审计调研范围和主要内容，结合关区实际研究制定审计方案，按照海关总署要求的时间和步骤推动审计工作落实。开展数据挖掘分析，调取审计时

▲2022年11月17日，满洲里海关督察内审处开展经济责任审计相关工作　（周伟伟　摄）

间段涉及差错报关单，建立差错报关单核查清单，研提金额标准，分类排查差错单证，对差错开展原因分析，逐票、详细分析差错情况，建立差错报关单原因分析清单，在各隶属海关自查的基础上，实施有重点核查，建立审计核查发现问题台账，督促整改，对账销号。

【内控机制建设】2022年，满洲里海关深化关区内控机制建设，开展关区内控机制建设课题研究，全面总结机构改革以来关区内控机制建设成果，提升"海关内部控制与监督子系统"应用效能，有效防范执法风险、管理风险、廉政风险。加强基层自控，提升内控机制建设工作水平，强化对业务问题、业务风险的自我查发能力，建立健全直属海关内控风险日常提示机制，下发提示单，优化关区内控节点指标体系，对督察、审计发现问题进行系统分析，提炼优化关区内控节点67个，参与署级商检领域内控节点岗位落实清单更新工作。加强事业单位内控机制建设，推动事业单位建立健全工作规范5个。加强内控前置审核，堵塞制度漏洞，对关区30项工作制度开展内控前置审核并提出18条审核意见，其中16条意见被相关单位和部门采纳，采纳率为89%。

【执法评估】2022年，满洲里海关派员参与海关总署督审司2022年度"全国海关跨境贸易便利化工作成效专题评估"工作，结合关区实际工作选定优化营商环境措施落实情况等3项课题作为关级课题开展专项评估工作。

【内控评价】2022年，满洲里海关实现内控评价全领域、全覆盖，涵盖关区执法和非执法领域的所有部门、单位，选取有代表性的内控节点开展内控评价，在海关总署已确定的50个内控节点基础上，梳理挑选50个自选节点，形成本关100个内控节点评价体系，运用节点清单开展内控评价工作，重点分析评价清单中岗位与节点的匹配性、内控制度依据的有效性、健全性，提升规范化管理水平，达到"以评促建"的目的。

【"内控示范科室"创设】2022年，满洲里海关开展"内控示范科室"创设工作，制订创设方案，细化创设标准，明确创设要求，推动落实督审司"内控示范科室"建设线上推进交流会要求，指导各隶属海关、事业单位有序开展创设工作，推动关区"内控示范科室"创设工作落地见效。选取关区内控基础工作扎实的2个现场科室，打造内控科室"样板间"，发挥示范单位带动效应，做好"内控示范科室"典型经验做法推荐，对关区"内控示范科室"创设工作进行全面梳理总结，组织内控"样板间"科室提炼典型经验做法，开展关区复制推广，发挥典型示范引领和标杆作用，建立示范科室创设长效机制，通过创设工作全面提升关区内控工作水平。

撰稿人

段成岩　王凤丽

离退休干部工作

【概况】2022年，满洲里海关深入贯彻落实《关于加强新时代离退休干部党的建设工作的意见》（简称《意见》）和《中共海关总署委员会关于加强新时代离退休干部党的建设工作的实施意见》（简称《实施意见》），做好离退休干部各项工作，持续关心关爱离退休干部，为离退休干部解决"急难愁盼"问题，加强离退休干部党建工作，增强离退休干部政治意识。

【离退休干部党建】2022年，满洲里海关加强离退休干部政治建设，始终把深入学习宣传贯彻党的二十大精神、学习习近平总书记重要讲话和重要指示批示精神作为"三会一课"、主题党日的核心内容，全年开展政治学习34次，党风廉政建设学习3次，讲党课2次。夯实离退休干部党组织建设，充分发挥党支部"领头雁"作用，全年组织离退休干部开展"结对子"共建活动8次，开展主题党日活动7次，满洲里海关政治部主任、关党委委员王洋为离退休干部和中青年关员代表讲授题为《从百年边关红色基因和红色记忆中汲取精神养分》的党课。组织离退休干部党员通过集中观看和居家收听收看党的二十大开幕会盛况，以"结对子"共建形式与离退休干部党支部开展捍卫"两个确立"、做到"两个维护"学习讨论，学习党的二十大精神和《中国共产党章程（修正案）》并开展研讨，开展"银发共筑'中国梦'喜迎二十大"学习交流活动，组织离退休党员干部共同学习《习近平谈治国理政》第四卷，开展"寄语二十大"活动，10名离退休干部党员参加。

强化离退休干部政治理论学习，创新"三学"（"上门送学""结对促学""科技助学"）模式，提升离退休干部党员学习质量，全年向离退休干部活动中心发放《党的二十大报告》、《中国共产党章程》、《习近平谈治国理政》第四卷等学习资料4次，共计40余册，对5名离退休干部进行"上门送学"，输送学习用书20余册；将"屏对屏"与"面对面"相结合，通过"智慧银海"平台和微信平台向离退休干部推送学习课件30余件，红色电影7部，推荐优秀小说作品25部、健康养生知识100余篇。

【发挥离退休干部优势】2022年，满洲里海关突出离退休干部"薪火相传"的政治、经验优势，发挥榜样力量，开展"讲红色历史、述边关新貌、共迎党的生日"座谈会，老中青三代党员共过政治生日，开

▲2022年7月20日,满洲里海关组织开展"讲红色历史、述边关新貌、共迎党的生日"座谈会暨老中青党员共过政治生日 (张海峰 摄)

展"传承红色基因 喜迎二十大"银青座谈会,邀请3名离退休干部党员与9名新录用青年关员代表开展座谈等7次,通过"结对"共建活动达到互促共进,在弘扬边关精神,讲好海关故事,教育引导青年关员"传承红色基因,赓续红色血脉"上发挥重要作用。

【离退休干部服务】2022年,满洲里海关提升离退休干部服务质量。4月12日,满洲里海关关长、党委书记黄国华上任后慰问部分离退休干部,到离退休干部活动中心开展调研和指导工作,提出建设好"边关老干部之家"的要求,关党委每逢重要节日通过带队走访、撰写慰问信等方式表达对离退休干部的关心和爱护。召开离退休干部领导小组会议,结合满洲里海关离退休干部工作实际,学习宣传《意见》和《实施意见》,制定贯彻落实《意见》20项具体措施,结合《实施意见》,增加12项具体措施,细化分解任务,逐项推进,落实到位。

拓宽离退休干部个性化、创新服务,举办"翰墨书锦绣,迎春送祝福"为离退休干部送春联活动,邀请满洲里海关书法协会3位同志为离退休干部送去新春祝福;针对边关高寒天气较多,老同志易患心脑血管疾病的气候特点,结合学雷锋活动联合满洲里海关团委,组织邀请青年志愿者和满洲里市医院的专业医生,为二十多名离退休干部集中开展心血管疾病、骨外科义诊服务和健康咨询活动;每月定期派关内保健医到活动中心为离退休干部测血压和做健康咨询,全年共计110人次;为离退休干部订阅10余种报纸杂志,每周为离退休干部订送生活用品;开展"健康夕阳红 喜迎二十大"保健知识讲座活动,邀请专业卫生和健康部门工作人员以及专业健身教练,通过线上线下形式为离退休干部科普讲解保健室理疗仪器和健身器材相关知识、使用方式和注意事项,组织离退休干部开展宣传学习安全生产知识和医疗保障政策等活动。

【离退休干部管理】2022年,满洲里海关加强离退休干部廉政教育,开展离退休干部"违规投资企业及在企业兼(任)职"和出国(境)等相关制度和法规的培训,开展以"民法典相伴 幸福老年人"为主题的普法宣传活动以及"宪法宣传周"活动,将正面教育引导和反面典型警示相结合;落实离退休干部政治待遇,及时召开离退休干部情况通报会;

▲2022年8月2日，满洲里海关开展以"民法典相伴 幸福老年人"为主题的法律宣传活动 （张培远 摄）

与呼和浩特海关共同研究探讨制定《离退休干部异地托管管理办法》，为异地居住的退休干部提供帮助，制定《老干部阅文制度》《老干部活动中心保健室管理办法》等，鼓励和支持离退休干部参加地方"老年大学"。

成立离退休干部办公室部门负责人带队、全体同志共同参与的"疫情专班"，利用"智慧银海"平台、微信群发布官方信息20余条、推送科学防疫知识30余条等，向离退休干部传达《海关总署政治部致全国海关离退休老同志的一封信》，制作新冠疫苗接种科普展板，引导离退休干部正确看待接种疫苗的必要性和加强自我防护。开展离退休干部调研和调查，围绕"建言二十大"和"我看中国特色社会主义新时代"主题开展调研，访谈2人、撰写心声感受3篇；向离退休干部发放《满洲里海关离退休干部调查问卷》2次，共计收回离退休干部213份调查问卷并制定解决意见建议方案；向离退休干部发放"海关银发人才库"调查问卷，收回50份，以此为依据建立满洲里海关"银发人才库"。

【离退休干部文化活动】2022年，满洲里海关加强离退休干部文化建设，组织4名离退休干部排练和录制配乐诗朗诵《边关誓言》，参加海关总署"喜迎二十大 奋进新征程"线上文艺汇演，组织开展"三八妇女节"线上厨艺展示活动，组织开展"提升身体素质，乐享银发生活，喜迎二十大"户外健步活动，组织离退休党员代表和中青年关员代表开展"七一"活动，组织离退休干部参加"青山绿水达赉湖，美丽景色我家乡"主题活动，开展"逐梦新征程 喜迎二十大"才艺展示，通过线上平台征集离退休干部舞蹈作品1支、乐器演奏2首、书法作品6幅、绘画作品10幅、摄影作品3幅，结合清廉家风主题宣传教育活动，对3名离退休干部党员进行访谈。

撰稿人

林　萍　张培远

第七篇

隶属海关单位

满洲里机场海关

【概况】满洲里机场海关是隶属于满洲里海关的正处级单位，属于口岸偏属地型海关，位于满洲里市，关区范围为满洲里市区、扎赉诺尔区、满洲里航空口岸、满洲里综合保税区、满洲里国际邮件互换局兼交换站，同时负责新巴尔虎右旗的企业核查工作。2022年，内设8个科室，即办公室、综合保税区通关科、综合保税区监管科、保税科、综合业务科、查检科、核查科、旅检科。

2022年，满洲里机场海关坚持以习近平新时代中国特色社会主义思想为指导，坚决贯彻落实习近平总书记重要指示批示精神，深入学习宣传贯彻党的二十大精神，贯彻"第一议题"制度，牢牢把握海关政治机关定位，把旗帜鲜明讲政治贯穿工作的全过程、各方面，坚持不懈用习近平新时代中国特色社会主义思想凝心铸魂，扎实开展捍卫"两个确立"、做到"两个维护"、强化政治机关建设专项教育活动；全面落实《满洲里海关促进外贸保稳提质二十条措施》要求，促进外贸保稳提质，保障产业链供应链安全稳定，持续提升通关便利化水平，保障出境邮路畅通，全力做好助企纾困工作，保障进出口农食产品有效供给，支持中小微企业开展市场采购贸易，强化统计监测分析和数据服务，促进满洲里外贸市场发展；严把国门生物安全关，强化进境原木落地加工、进境粮食加工企业监管，开展国门生物安全监测，提升稽核查工作效能；将疫情防控工作作为重中之重，将"四严"（工作要严格，流程要严密，作风要严谨，关员要严管）、"四零"（疫情零输入，关员零感染，操作零失误，通关零延误）要求落到实处，落实"外防输入、内防反弹"总策略和"动态清零"总方针，完善工作机制，对制度实施动态化管理，做到疫情防控科学、有序、规范。

2022年，满洲里机场海关共办理行政审批事项8件，办理报关单位备案、变更、注销申请共859份，办理进口食品进口商、进口饲料和饲料添加剂企业初审、审核电子代理报关委托协议系统企业信息等共65份。办理出口植物检疫手续6898批次；办理出口果蔬查检1607批；查验出境邮件1914件。满洲里综合保税区进出口贸易值34.9亿元，同比增长190.7%，监管货运量8.8万吨，同比增长100%。稽查办理主动披露作业61起，补税作业11起；办结专项稽查作业10起；开展核查业务34起，发现问题25起。

【党的建设】2022年，满洲里机场海关强化党委班子建设，严格落实"三重一大"集体决策、"一把手"和领导班子重点事项监督自查制度，充分发挥党委把方向、管大局、保落实的领导作用，年内召开党委会19次，重大事项和重要工作第一时间向满洲里海关党委请示报告，落实意识形态工作、保密工作责任制，党委会定期研究部署，精准研判形势，统领做好工作。

坚持将学习贯彻落实习近平总书记重要指示批示精神作为"第一议题"，党委理论学习中心组充分发挥"龙头"作用，中心组成员坚持先学一步、学深一层、学透一些。持续推进"党委理论学习中心组带头示范学、党委委员督导科级领导干部全面深入学、基层党支部政治例会全员集中学、青年理论学习小组及时跟进学"的"1+3"全覆盖理论学习模式，中心组成员参加所在党支部政治理论学习，讲授专题党课，不定期深入各支部开展督学、导学、讲学、验学，加强对各支部理论学习指导，推进党委理论学习中心组与青年理论学习小组政治理论学习"双提升"，逐步构建起上下贯通、整体联动的政治理论学习机制，注重采取相互启发引起思维共振的集体研讨学习方式，确保学习成效，年内开展党委理论学习中心组集体学习28次、专题读书班活动5次、党委理论学习中心组与青年理论学习小组"领学共进"学习活动7次。聚焦关区范围改革发展面临的突出问题和群众关心关注的热点难题，深入基层一线，开展调查研究，形成调研报告5篇。

组织全体党员干部职工收听收看党的二十大开幕会盛况，开展学习研讨和广泛交流，学习海关总署党委会议精神和俞建华署长提出的海关"12个必"工作要求，共开展17次学习研讨。开展捍卫"两个确立"、做到"两个维护"、强化政治机关建设专项教育活动，系统学习习近平总书记关于坚持党对一切工作的领导、加强党的政治建设等方面的重要论述，深入学习习近平总书记关于国家安全、安全生产、统筹推进疫情防控和经济社会发展、全面从严治党、意识形态、民族工作等重要讲话和重要指示批示精神，提高政治判断力、政治领悟力、政治执行力。持续强化安全意识和风险防范意识，筑牢统筹疫情防控和促进外贸保稳提质的思想基础，夯实马克思主义在意识形态领域的指导地位。结合实际细化落实方案，共梳理29个岗位、128项政治要求；共计查摆问题22项，制定整改措施56条，逐一对账销号。

加强基层党支部建设。以基层党建"双提升"为契机，深化"强基提质工程"，深刻把握"没有脱离政治的业务，也没有脱离业务的政治"，加强政治学习，提高思想认识，严格落实"三会一课"、政治例会、主题党日等组织生活制度。推进支部书记队伍提能强质，开设"书记讲坛"，通过党委委员授课、优秀党支部书记面对面交流等形式，结合年度党建述职梳理的问题清单，抓好跟进整改，提高支部书记和党务干部抓党建的意识和能力。以制度建设为保障，推动支部工作提级压实，形成一套完整的党员"教育、管理、创优"的管理机制，坚持党员管理融入日常、抓在经常、严在平常。

加强党风廉政建设。持续巩固"现场监管与外勤执法权力寻租"专项整治和"海关重点项目和财物管理以权谋私"专项整治工作成果，始终保持严的主基调，一体推进不敢腐、不能腐、不想腐。经常性开展警示教育，用好"案件剖析＋纪法警醒"，引导党员干部知敬畏、存戒惧，筑牢"拒腐防变"的思想防线，常态化开展理想信念教育，充分发挥正面典型的激励、鞭策作用，营造风清气正政治生态。严格落实党风廉政建设和思想动态分析工作要求，按季度查找工作中的廉政风险隐患，及时了解干部职工思想动态，通过谈心谈话纠正党员干部特别是领导干部思想偏差，常态化开展政治教育、纪法教育和警示教育，集中开展"廉政警示教育月"活动，加强家庭家教家风建设，开展领导干部近亲属从业情况自查。参加海关总署关于"清风国门"廉洁文化创意作品征集活动，制作的廉政微视频《梦魇》获海关总署"清风国门"廉洁文化创意作品征集活动二等奖。

【法治建设】2022年，满洲里机场海关切实履行主体责任，运用法治思维和法治方式全面推进政务公开标准化规范化，加强业务培训，提升一线窗口工作人员咨询解答能力，加强解读回应效果。对于常规性政策宣传通过发放传单、公告栏等方式进行政策推送，对于集中存在的问题，通过召开企业座谈会、微信群宣传、下厂讲解等方式做好政策宣讲，确保政策信息及时传递到企业。推广海关政务服务"好差评"系统，主动接受群众监督，优化海关政务服务，坚持利企便民，完善信息公开内容，制作办事大厅岗位职责、业务办理常见问题解答等资料，落实"首问负责制"，精细化指导广大企业办理业务。

【疫情防控】2022年，满洲里机场海关持续加强组织领导，调整优化指挥部机构设置及组成人员，强化监督检查，确保规定动作、规定程序100%落实到位。按照"一口岸一方案"原则，更新完善《满洲里机场海关入境客运航空器新冠疫情终末消毒监督工作方案》《满洲里机场海关境外新冠疫情防控工作方案》《满洲里机场海关新冠疫情防控职业暴露应急处置预案》等，确保疫情防控工作科学、有序、规范。强化疫情风险研判，与毗邻国家航空公司代办人员保持密切联系，持续关注国外的疫情发展形势及防控政策调整变化，确保快速准确获取航班最新动态。加强对入境人员群体、规模及复航时间的风险研判，动态分析风险等级，开展分类施策、精准防控。提升口岸一线工作人员实战水平和应急处置能力，2022年共开展实操培训22次，应急处置演练4次。开展各类检查、检测设备运维，确保口岸设施、设备运行正常，推进重大项目改造，不断提升现场查发处置能力。落实疫情内部防控工作要求，从严出差出行审批，做好台账登记管理，严格实行登记、测温、扫健康码、行程码、佩戴口罩等防控措施，督促企业有序申报，严禁聚集，推行网上办理，尽量减少线下接触。与地方部门沟通协调，理顺工作关系，厘清工作职责，做好联防联控。以各类督查工作为契机提升疫情防控工作水平，落实海关总署"百名科长百日督查"、派驻实地督查以及总关疫情防控督查工作要求，实行疫情防控工作"清单化"管理，确保问题动态清零。经常性开展疫情防控自查，及时组织开展"回头看"，检视工作中存在的问题和风险隐患，做到立行立改。落实三级值带班制度，坚决执行请示报告制度，严明工作纪律，加强值班检查，确保24小时值班人员在岗、联络畅通。

【监管业务】2022 年,满洲里机场海关强化对象牙等濒危物种及其制品走私的精准打击,深入学习贯彻习近平总书记关于打击象牙等濒危物种及其制品走私、打击野生动物制品走私的重要指示批示精神,创新属地查检工作方法,强化主体责任落实,丰富监管手段,采取"线下实地查检+线上视频监管"相结合的监管模式,提高监管工作灵活性,压缩业务流程时间,提高企业获得感。加强业务能力培训,提高履职能力水平,严格日常监管,督促企业落实好主体责任,完善溯源管理,严把出口货物质量安全关,降低退运通报风险,畅通属地查检"绿色通道",第一时间实施监管作业,确保指令零延时,鼓励企业通过"产地检疫出证、口岸换证放行"模式扩大出口,提高通关效率,公开预约查检电话,畅通与企业之间沟通联系。2022 年,现场查检出口货物 1607 批次,其中通过属地查检"绿色通道"出口水果 1429 批次,1.8 万余吨,货值 5860 万美元;送检 6 批次;8 批次出口水果经现场检验检疫不合格;休息日开展查检 58 批次。加强进境粮食后续监管,细化完善日常监管制度,加大抽查监督力度,督促企业落实主体责任,加强对外来有害生物监测防范和铲除自生苗。完善进境粮食加工企业下脚料焚烧监管制度,根据企业生产情况动态审批、核销下脚料处置台账,深入企业生产一线,检查指导企业落实进境粮食在接卸、运输、加工以及下脚料处理等重点环节的防疫措施,督促企业落实好安全生产责任,提高企业疫情防控能力。2022 年,共监管进境粮食入库 20.5 万吨,加工 14.9 万吨,包括亚麻籽、燕麦、小麦、油菜籽。加强进境原木落地加工检疫监管,结合监管实际,修订《进境原木落地加工检验检疫监督管理办法》,厘清工作职责,健全管理流程,优化联系配合机制,对监管过程中出现的问题,及时沟通解决,完善监管链条,消除监管死角,建立企业监管档案,采用"定期检查+随机抽查"方式及时了解企业生产动态,落实监管责任。2022 年,登记原木加工厂共 20 家,实际发生业务共 9 家,共监管需除害处理原木进厂 387 车。

【检验检疫】2022 年,满洲里机场海关强化口岸卫生检疫安全,抓好疫情防控,巩固和加强"外防输入"各项措施,同时严防埃博拉病毒病、拉沙热、猴痘等重大传染病传入,防止疫情叠加。按计划每季度对满洲里西郊机场国际候机厅

▲2022 年 5 月 11 日,满洲里机场海关关员对进境粮食加工情况进行现场监管 (石焱 摄)

开展微小气候监测和公共饮用水菌落总数等项目检测,有效预防疾病传播,保护公众身体健康。加强口岸病媒生物监测,在满洲里西郊机场及周边400米附近调查监测点开展鼠类和蜱、蚊病媒生物调查,监测病媒生物种群的季节消长规律和种属变动情况,对捕获的病媒生物及时送实验室进行种类鉴定和病原体检测,及时有效防止医学媒介生物的入侵及传播。开展鼠类监测4次、蜱监测1次、蚊监测6次,捕获蚊6只、鼠6只。开展航空配餐食品抽检和日常卫生监督工作,抽检食品20份,及时送检并做好相关数据报送和抽检食品费用结算工作。加大非洲猪瘟防控工作力度,深入领会非洲猪瘟防控工作的重要意义,将非洲猪瘟防控工作作为贯彻落实总体国家安全观,维护国门安全的一项重要政治任务抓好抓实。强化入境航空器固体、液体废弃物监督,一律封存后原机带回。根据季节变化开展2022年度林木害虫、红火蚁、小火蚁、检疫性实蝇、外来杂草和油菜茎基溃疡病监测工作,制订监测方案,在满洲里和扎赉诺尔的木材加工厂设置18个林木害虫监测点,共诱集到151批次一般有害生物,未发现检疫性有害生物;在机场、果蔬存储加工厂、口岸临近区设置检疫性实蝇监测点8个,未监测到目标检疫性实蝇的各种虫态。对关区范围内进境粮食加工厂、换装场地和运输路线及其周边开展巡查、踏查共计13次,发现的本地杂草有苋、蒿、蓟、藜、稗、田旋花、蒲公英、狗尾草、虎尾草、车前、鹤虱、苣荬菜、西伯利亚蓼、地黄、苜蓿和角蒿等,在踏查过程中未发现外来检疫性杂草或油菜茎基溃疡病危害症状。

【特殊监管区域管理】2022年,满洲里机场海关创新综合保税区监管模式,与满洲里综合保税区管理委员会建立协调联系机制,明确综合保税区肉类加工、跨境电商等方面内容的推进步骤与责任分工,确保综合保税区功能发挥。依法依规为综合保税区内企业量身定制监管方式,通过"集中保税仓储+分批出口"模式,为企业减负增效,落实"7×24小时"预约通关,建立专人跟进制度,推行无节假日通关制度,对每天报关单数据进行跟进,确保当日报关单当日全部办结,提高通关效率。切实把解决企业通关难题作为着力点,狠抓报关质量,加强规范申报工作,加强对保税物流企业进出区商品的预归类指导,减少报关差错率。2022年,满洲里综合保税区进出口贸易值34.9亿元,同比增长190.7%,监管货运量8.8万吨,同比增长100%,进出综合保税区主要商品有平行进口汽车、集成电路IC单芯片、钛板及其制品、矿砂类产品等。出口商品以机械、车辆、设备和轻工产品为主。

【市场采购贸易】2022年,满洲里机场海关助推市场采购贸易发展壮大,开展"集中宣讲+定向指导"政策解读,"实地调研+跟踪问效"解决问题,"备案专窗+咨询热线"专人指引,定期召开"海关、政府、企业"三方联席会议,形成信息共享、联防联控、强化监管工作机制,帮助企业拓展商品种类、扩大贸易国范围、采取多种运输方式及开通通关一体化方式等。满洲里海关于2022年11月26日实行市场采购贸易通关一体化方式后,首周申报货值超1.1亿元,贸易方涵盖沙特阿拉伯等六大洲二十余个国家(地区)。2022年,满洲里海关市场采购贸易 2.38 亿元，同比增长 9.5%，共涉及 24 家外贸公司、39 家供货商和 10 家报关公司，出口口岸包括满洲里公路口岸、满洲里铁路口岸。培育扶持新业态，与蛇口海关等出境地海关建立联系人定期沟通协调机制，通过内网邮箱、微信群、电话沟通等方式，开展工作交流，加强风险研判，重点聚焦联合打击侵犯知识产权、假冒伪劣商品出口违规行为。督促地方政府主管部门完善商品质量监管体系、国际贸易风险预警防控体系、知识产权保护工作体系，建立完善的市场采购商品来源认定、价格管控、商品质量安全监管规章制度。完善与满洲里市商务局"月例会+季度（年度）碰头会"工作机制，通过开展信息共享、业务交流、联合惩戒等方式，合力破解市场采购贸易发展中遇到的难题。强化市场采购贸易数据监控分析，建立有效内控机制，及时跟进市场采购贸易运行情况。到企业开展实地调研，了解企业发展中遇到的实际困难，做好政策推介、企业培训、疑难解答、业务指导，支持中小微企业开展市场采购贸易，推进市场采购贸易以通关一体化方式通关，为市场采购贸易开启出口便利化新模式，为企业提供更多物流模式和路径选择，为企业及个体工商户深入开展政策解读，开设专门窗口和咨询服务热线，提供专人全程指导服务，2022 年，办理市场采购贸易业务企业备案外贸公司 64 份、报关公司 59 份。开展企业管理评估，按照报关单位备案管理规定及海关企业信用管理办法等，对从事市场采购贸易的报关企业、进出口收发货人实施备案管理，对其信用情况进行调查评估，对不符合市场采购贸易的报关企业、进出口收发货人不予备案或者及时调整信用等级。进行风险节点防控，对从事市场采购贸易的报关企业、进出口收发货人加强日常管理，对异常企业开展稽核查工作。

【国际邮件监管】2022 年，满洲里机场海关保障出境邮路畅通，指导满洲里邮局按照疫情防控要求改造场地设施以满足闭环管理需要，成立邮件工作专班，制定围封工作各项规章制度 6 项，制作相关登记表格 6 种，派 2 名关员进入邮件监管场地围封区开展国际邮件监管工作，查验出境邮件 1914 件。严格落实"龙腾行动 2022"和"蓝网行动 2022"专项执法行动工作要求，共在 4 件邮件中查获侵犯本田、奔驰等商标的侵权物品。

【监管工作犬管理】2022 年，

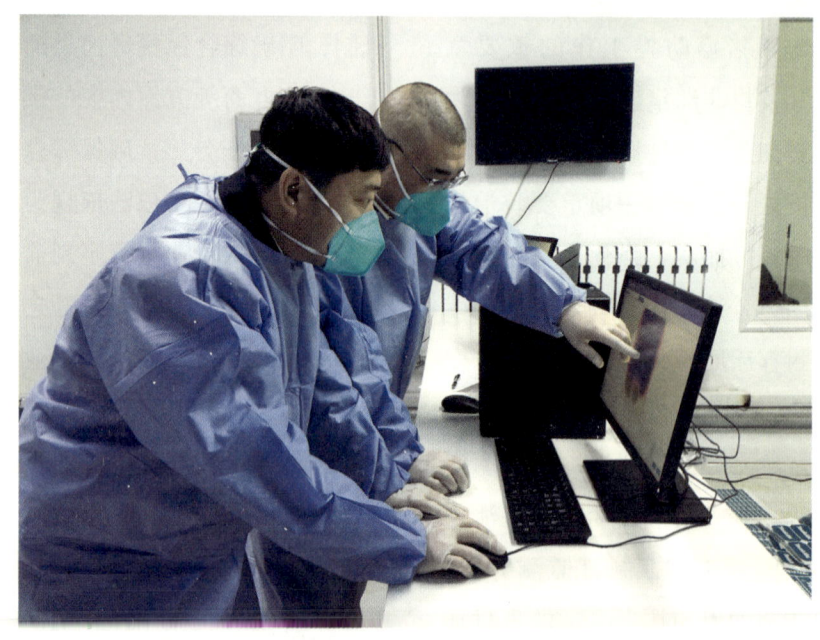

▲2022 年 7 月 22 日，满洲里机场海关关员对出境邮包进行查验　（王颖慧　摄）

满洲里机场海关制定监管工作犬管理办法，强化工作犬档案管理，建立健全工作犬的每周巡查制度，定期检查工作犬训练情况和健康状况；加强物资使用管理工作，严格工作犬用物资审批采买流程，建立物资出入库台账，确保物资使用有据可查；加强训导员管理，定期开展训导员培训和考核，提升训导员驯养水平及管理水平；加强工作犬日常培训考核，严格规范训练内容及时间，开展以水果、水产品、肉制品等为主要对象的条件反射训练，完善训练记录。满洲里机场海关监管工作犬辛巴在2022年满洲里海关监管工作用犬技能比武中获得第一名。

【企业管理和稽查】2022年，满洲里机场海关推进"多证合一"改革，派员前往满洲里市行政审批和政务服务局开展业务对接，了解双方"多证合一"相关工作的具体工作流程，对"多证合一"工作开展以来产生的问题进行交流，推进问题解决方案落实。做好企业注销相关工作，推进企业注销便利化，每季度根据海关总署下发的市场监管部门已注销、吊销的海关备案企业名单，及时完成注销作业，严格落实"2+7+2"办理时限。常态化开展备案信息核对，通过电话核实和网络信息查询等方式进行备案信息比对，不断提高数据完整性和有效性。提升咨询专岗服务水平，实行"首问负责制"，及时接听热线电话，专人接待企业现场咨询，耐心解答进出口企业相关问题。办理报关单位备案、变更、注销申请共859份，通过"多证合一"受理备案申请92份，办理进口食品进口商、进口饲料和饲料添加剂企业初审、审核电子代理报关委托协议系统企业信息等共65份。

开展以"高质量推动信用制度建设"为主题的"诚信兴商宣传月"活动，加强企业信用培育，对企宣传海关国际AEO互认情况和便利措施、认证政策和标准解读、联合奖惩机制等企业信用监管政策。优化AEO认证培育工作，建立信用培育库，实时动态管理信用培育台账，截至2022年底，信用培育库中有企业12家，其中重点培育企业3家。针对关区范围重点行业、重点企业，加大企业信用培育和认证力度，通过实地调研、专题座谈、线上辅导等方式，向培育企业提供政策咨询和精准服务。紧密结合信用培育具体工作，对关区范围内的重点产业链供应链"白名单"企业开展"一企一策"调研，保障关区范围重点产业链供应链平稳运行，收集企业相关诉求，制定个性化服务措施，在办事大厅开通AEO绿色通道，发挥企业协调员作用，为3家高级认证企业解决各项诉求5项，帮助关区范围内高级认证企业压缩检验检疫事项审批时限和申请成本。开展关区内失信企业和信用异常名录内企业的梳理排查，针对失信企业通过信用信息平台、微信、电话等形式开展信用修复宣传，加大信用修复力度。对列入信用异常名录的企业，梳理移入异常名录原因，对已经满足移出异常名录的企业，及时协助企业管理和稽查处做好信用调整工作。了解行业性进出口贸易实情，加大主动披露宣传力度，"一对一"辅导主动披露，提高把关服务质量，节约违规成本，加强企业信誉信用竞争力。利用稽查专班整合人员配置，组织业务骨干紧扣进出口货物敏感点、风险点，分析筛查重点领域、重点商品，确定工作重点，利用科技手段，推广"互联网+稽核查"监管模式，提升稽核查及加工贸易业务效能。2022年，稽查办理主动披露作业61起，补税作业11起；办结专项稽查作业10起；开展核查业务34起，发现问题25起。

【优化营商环境】2022年，满洲里机场海关配合地方政府开展满洲里综合保税区招商引资工作，加大政策宣讲和业务指导力度，问需于企，主动服务，建立关企业务交流群，针对企业难点、堵点安排相关专家开展实地指导，采取实时电话回访、实时跟踪问效等措施，及时帮助企业解决疑难问题。支持综合保税区内新兴业态发展，深入研究探索跨境电子商务海关监管新方法、新手段，紧密结合满洲里市跨境电商行业发展特点，配合并推动满洲里综合保税区管理委员会落实好"综合保税区全面适用跨境电商零售"进口政策，帮助协调企业解决遇到的通关疑难问题，共协助7家跨境电商企业 DXPID 与科技处完成对接工作。做好原产地政策宣传，创建关企微信群面向关区范围出口企业开展"线上宣讲"，宣传原产地政策最新动态，推广经核准出口商制度，赴关区范围企业开展 RCEP 优惠政策、经核准出口商管理相关政策宣讲，帮助企业了解申请条件。开辟专门的 RCEP 惠企服务通道，推广原产地证书"智能审核+自助打印"智慧审签模式，帮助企业协调解决打印证书过程中出现的问题，指导企业通过国际贸易"单一窗口"实现自助打印，收集并协调解决影响关区范围企业货物出口后在进口国遇到的享惠问题。2022年，开展"线上+线下"政策宣传贯彻12次，调研6次，签发原产地证书1690份。为关区范围出口企业开展技术性贸易措施咨询服务，派专人对37家样本企业开展调研并建立调查档案，开展技术性贸易措施影响统计调查填报培训并对调查结果进行审核，指导企业修正逻辑性错误30余条。收集主要贸易方最新食品安全法规及检验检疫要求，主动向企业推送主要贸易方设置的技术性贸易措施限制及应对措施建议，指导企业完善自检自控管理体系，帮助出口企业减少损失和影响，2022年，向相关企业开展政策宣传贯彻13次。

助力进境粮食加工企业发展，根据关区范围企业需求，在企业加工资质核定前提前介入，为企业解读相关政策要求，及时指导企业按照进境粮食指定加工企业考核要求重新规划建设。宣传贯彻植物检疫安全知识，对准入情况和检疫要求进行全面详细讲解，提供植物疫情疫病防控技术支持和指导。上门开展"一对一"精准服务，对企业安全生产和防疫体系建设等方面给予全方位指导，帮助企业完善申请资料和工艺流程，将助企纾困落到实处，增强企业获得感。2022年共助力3家企业获得进境粮食加工资质，截至2022年底，关区范围共有进境粮食指定加工厂6家，涉及油菜籽、小麦、大豆等8种粮食加工资质。

优化通关统计工作，开展满洲里市企业属地纳税人管理、规范申报管理，每月报送0610（满市区）、0611（满机场）业务统计数据，持续监测满洲里市外贸形势及经满洲里口岸进出口货物贸易规模、主要商品进出口动态，撰写统计分析报告、每季度外贸形势综述，为当地政府提供数据解读，促进满洲里外贸市场发展，撰写的新闻稿分别被《人民日报》、《中国国门时报》、中新网、《内蒙古日报》等媒体平台采编。2022年，满洲里

▲2022年6月24日，满洲里机场海关开展诚信兴商宣传月活动　（张奕雪　摄）

机场海关在促进外贸保稳提质方面得到企业广泛好评，收到锦旗1面、感谢信3封。

【安全生产】2022年，满洲里机场海关跟进学习贯彻习近平总书记关于安全生产重要论述，健全完善安全生产领导小组机制，明确安全生产各项责任，研究部署安全生产工作，结合实际及时调整工作重点，完善各项制度，制修订《满洲里机场海关安全管理制度》《满洲里机场海关安全生产专项整治三年行动实施方案》等8项制度，会同地方部门开展安全生产联合大检查，不定期开展应急演练，提升工作人员联防联控、应急处突能力。开展"安全生产月"活动，做好警示教育工作，引导党员干部强化"人民至上、生命至上"理念，通过组织学习典型案例，增强全员安全保密意识和责任意识，严格落实数据安全和网络安全相关要求，鼓励广大干部职工争当"吹哨人"，号召全体干部职工增强风险意识，提供安全生产风险线索，及时查发消除各类隐患。

【政务管理】2022年，满洲里机场海关落实"过紧日子"要求，创建"节约型"机关，推行无纸化办公，加大宣传力度，在重点区域及办公用品上粘贴节能提示，宣传节能减排小窍门，强化节约用水用电日常教育，将厉行节约、节能减排工作要求真正落到实处。推进落实《海关领域基层政务公开标准指引》，明确主动公开的内容、主体、时限和方式，做好满洲里海关门户网站"政府信息公开"有关专栏信息公开工作，严格审查信息公开内容，做到"一事一审批"，全年未发生失密泄密情事。规范政府信息公开办理流程，加强解读回应效果，完善基层政务公开平台建设，充分保障公民、法人和其他组织依法获取满洲里机场海关政务信息，提升满洲里机场海关工作透明度。

【队伍建设】2022年，满洲里机场海关把政治坚定、业务精通、一专多能作为队伍建设的基本要求，坚持苦练"内功"，推进全员培训，开展岗位练兵、业务能力培训和岗位资质管理，累计开展自主培训100余次，强化突发事件应对能力，提升海关业务能力建设，巩固队伍建设成效。开展内务规范强化月活动，严格日常管理，通过纪律教育、内务督察、队列集训等手段，全面提升海关队伍能力素质和精神风貌，年内组织开展全员军训2次。开展内务规范专题学习、重大节日升国旗等活动，采取视频监控和实地检查相结合方式，重点对考勤纪律、人员着装、内务秩序等进行突击检查，保持海关良好形象。贯彻落实中央八项规定及其实施细则精神，坚持纠"四风"树新风并举，弘扬边关光荣传统和优良作风，崇尚"求实、扎实、朴实"的海关文化，树正气、遏邪气、易俗气，展现边关新风貌，强化纪律作风日常养成，坚持从严管理，推动全面从严治党落实到"最后一公里""最后一米"。

撰稿人

李　懿　宫殿君　石　焱

满洲里车站海关

【概况】满洲里车站海关是隶属于满洲里海关的正处级单位，属于口岸型海关，位于满洲里铁路口岸，业务管辖范围为满洲里铁路口岸。2022年，内设9个科室，即办公室、人事政工科、物流监控一科、物流监控二科、查验一科、查验二科、综合业务科、统计分析科、旅检科。

2022年，满洲里车站海关坚持以习近平新时代中国特色社会主义思想为指导，增强"四个意识"、坚定"四个自信"、做到"两个维护"，坚决贯彻习近平总书记重要指示批示精神和党中央国务院决策部署，全面学习把握贯彻党的二十大精神，统筹推进口岸疫情防控和促进外贸稳增长，强化监管优化服务，切实维护国门安全，服务高水平开放高质量发展。2022年，满洲里铁路口岸进出口货运量1566.2万吨，同比减少4.6%，其中进口货运量1367.5万吨，同比减少6.0%，出口货运量198.7万吨，同比增长5.7%；进出口贸易值1108亿元，同比增长5%，其中进口贸易值498.9亿元，同比增长11.5%，出口贸易值609.2亿元，与去年基本持平；监管进出境运输工具68.3万辆节，同比减少3.5%；监管中欧班列4818列，同比增长37.6%；征收税款43.47亿元，同比增长44.47%，其中，征收关税4.98亿元，同比增长69.39%；征收进口增值税38.49亿元，同比增长41.77%，主要涉税商品为铜精矿、化肥、矿物质、铅精矿、铝锭、动力煤等。

【党的建设】2022年，满洲里车站海关严格执行"第一议题"制度，坚持第一时间学习贯彻习近平总书记重要指示批示精神，党委充分发挥示范带动作用，修订完善《中共满洲里车站海关委员会理论学习中心组学习制度》，推进党委理论学习中心组与青年理论学习小组"领学共进"模式，全年党委理论学习中心组学习14次、青年理论学习小组学习29次、"领学共进"学习12次、总支和各支部学习160余次。

深入学习宣传贯彻党的二十大精神。成立学习宣传贯彻党的二十大精神领导小组办公室，着重把握9个方面的"深刻领会"，党委带头学习，抓好全员学习，全年党委理论学习中心组专题学习6次、指导青年理论学习小组学习4次，讲授专题党课2次，组织为期5天的专题培训班，持续深入挖掘学习潜能、动能和热能；围绕党的二十大理论课题、"坚定不移全面从严治党，深入推进新时代党的建设新的伟大工程""推进文化自信自强，铸就社会主义文化新辉煌"等方面，结合俞建华署长提出的12个课题38个思考、一体推进"三不腐"、"三实"海关文化建设等方面开展课题研讨3次,强化对党的二十大精神入脑入心,真学真用;巩固学习效果,全年开展学习交流46次,组织撰写学习心得96篇,开展学习效果测试90人次,2篇信息动态被海关总署政工办网站采用;开展"'贯彻二十大,奋进新征程'——党的二十大理论课题暨心得体会研讨会""诵读庆盛会 奋斗新征程""献礼二十大 翰墨书华章"、摄影朗诵作品展等系列活动,征集摄影、诗歌等作品35件,制作宣传展板12个,开展课题研讨11人次,征集论文11篇,3篇宣传稿件被"青春满关"公众号采用;聚焦推动共建"一带一路"高质量发展、产业链供应链安全稳定等重点工作,将党的二十大精神学习领会到位、任务分解到位,实践落实到位。

巩固强化政治机关建设专项教育活动成果。严肃政治纪律和政治规矩,把坚定拥护"两个确立"、坚决做到"两个维护"作为最高政治原则和根本政治责任,自觉用党章规范言行,梳理46个岗位92项政治标准和要求,将讲政治要求落实到各项工作中;严格落实意识形态工作责任制,全年召开思想动态分析例会4次,开展铸牢中华民族共同体意识学习教育6次、国防教育1次、国家安全教育1次;践行"三实"海关文化,制定满洲里车站海关党委关于推进"求实、扎实、朴实"边关文化建设的落实措施。

推进基层党建"双提升"。以党建标准化建设为抓手,扎实开展"四强"党支部建设,引导带领广大党员在疫情防控、促进外贸保稳提质等急难险重任务前挺身而出。4月份,应对多种因素造成的铁路口岸拥堵,切实发挥党支部战斗堡垒作用和党员先锋模范作用,用25天的时间恢复铁路口岸正常运转;多次本土疫情期间,党员冲锋在前,克服困难,主动延长闭环区内工作时间、入驻联检大楼应急值守,保障口岸畅通。2022年,查验科荣获"全国海关系统先进集体"、内蒙古自治区"青年五四奖章集体"。

坚持全面从严治党。严格落实民主集中制、重要事项请示报告等制度,全年召开党委会35次、向上级书面请示报告12次;扎实推进纪律作风建设,锲而不舍落实中央八项规定精神及其实施细则,持续转变工作作风、提高工作质量;一体推进"三不腐",突出强化对"一把手"和领导班子的日常监督,全年细化基层全面从严治党责任清单21份,专题研讨一体推进"三不腐"

▲2022年10月28日,满洲里车站海关开展"贯彻二十大,奋进新征程"先进事迹报告会 (盛琦 摄)

6次,报送课题材料5篇;常态化开展警示教育,全年开展专题警示教育32次、实地参观3次,加强新时代海关廉洁文化建设,通过重温入党誓词、创作文学作品等形式教育引导关员坚定理想信念,开展廉洁齐家活动8次。

【疫情防控】2022年,满洲里车站海关建立高效运行指挥体系,及时调整优化措施,全年修订完善各类预案方案40项,加强应急值班,本土疫情期间值守161人次,组织开展岗前防护培训考核18轮、日常教育培训98次、应急演练56次,明确职责分工和采样作业注意事项,保障一线关员操作规范、妥善处置突发情况。开展进口非冷链物品新冠病毒监测和预防性消毒监督,全年开展监测348次,检测结果均为阴性,实施预防性消毒10次,监测593个环境点位,结果均为阴性;开展"防疫情、促通关"集中会战,推动铁路部门完善作业场所防疫设施,增建3个海关专用装备脱卸区。严格封闭管理,完善满洲里车站海关闭环区内人员封闭管理制度,要求闭环管理区内人员严格遵守地方防疫以及隔离点各项规定,建立班组长制度,压紧压实责任链条,统筹做好各项工作,全年参加闭环管理人员18轮210人次,满洲里市发生本土疫情期间,满洲里车站海关全体干部职工主动请缨,全年累计100人次主动入驻联检大楼封闭办公,5人在闭环区内工作累计超过84天,加强对闭环工作人员关心关爱,累计开展慰问51次。

强化内部管理,严格落实应检尽检、外出审批等制度,强化疫情期间应急值守工作,增强值班力量,合理编制值班带班人员,细化各岗位职责,全时段在岗在位值班值守,建立应急值守微信工作群,成立信息报送专班,重要情况即接即报,确保第一时间报告、第一时间响应,充分发挥国门"守夜人"作用。做好入境中籍司乘人员卫生检疫工作,全年开展卫生检疫1749列,验核健康申明卡3498份,开展远程测温工作先行先试,累计验核2220人次。严防疫情叠加,坚持多病同防,组织开展《猴痘口岸防控技术指南(2022年版)》等猴痘防控基础知识培训,开展猴痘等其他重大传染病防控培训演练。

【监管业务】2022年,满洲里车站海关深化口岸"三智"建设,强化"三应"运行机制,推进顺势监管,推动关铁数据实时交互、大型设备联网整合等工作。完善三级监控指挥体系,优化舱单系统、运输工具系统、查管系统等业务系统功能,参照"两段准入"模式,优化铁路口岸作业流程,持续提高通关便利化水平。以海关总署巡视整改为契机,推进铁路口岸监管场所标准化规范化建设改造,优化与场地经营单位联系机制,深入场地开展政策宣讲,协调改造过程中遇到的问题,查看工程进度和建设改造质量,发现问题当场指出。2022年,铁路口岸二机场粮食监管场地已完成改造并投入使用,集装箱非冷链物品采消场地主体工程已完工。

【税收征管】2022年,满洲里车站海关强化综合治税工作,聚焦铁路口岸重点税源商品,结合查发案件的情况,重点关注归类、运保费等易错频发项,梳理工作思路,提升查发能力,形成风险台账。优化保证金转税管理,及时办理转税手续,专人跟进督促集中汇缴企业缴款,宣传税收政策,引导企业依法规范纳税。建立

"融合共促"协调协作机制，与税管局及关税处联系配合，做好后续处置工作。以报关单数据监控为抓手，强化商品名称、归类、价格、原产地等涉税要素风险研判，确保立案及时准确。

【动植物检疫】2022年，满洲里车站海关深入推进"国门绿盾"专项行动，加强国门生物安全监测，开展进口木材检疫监管，推动实施进口木材"两段监管"模式，优化外来林木害虫监测布点位置选择，定期汇总分析监测数据，及时调整风险防范措施，根据近年来满洲里口岸截获的林木有害生物种类的特点，结合铁路口岸的实际情况，在木材存储场、换装场等场地安装林木有害生物诱捕器18部，使用林木害虫诱剂6种，更换诱剂114种次，全年截获有害生物1005批，其中检疫性有害生物3种4次，林木监测诱捕到检疫性有害生物1种、《中俄植保植检协定》有害生物1种。严格执行粮食抽样检测措施，从申报规范性、随附单证真实性和实货查验等方面统筹把控粮食准入安全，协调铁路交接所对散粮车进行调离，召开关铁企座谈会，宣讲国家粮食安全政策和海关监管规定，要求企业落实进口粮食安全主体责任，加强对指定粮食监管场地的监管，加大实地巡查力度，监督场地经营企业切实履行粮食安全主体责任，召开粮食企业线上+线下座谈会3次。严格落实国境口岸病媒生物监测规定相关要求，结合地域特点，科学制定铁路口岸病媒生物监测计划，规范开展杂草、蜱类、蜚蠊、蚊类监测。2022年，粮食监管检出非检疫性有害生物44种3309次、有害生物3种3次。

【进出口食品安全监管】2022年，满洲里车站海关贯彻食品安全"四个最严"要求，强化岗位练兵和技能比武，开展多层次、全方位教育培训，落实岗位资质管理要求，严格进口食品准入管理、单证审核、境外生产企业注册，强化食品包装、标签等的实货查验，执行进口食品安全抽样检测和风险监测计划，规范粮食、食品检验检疫，确保安全准入，全年共送检175批，检测结果均符合要求。关注进境食品、化妆品不合格警示通报，结合铁路口岸进口食品特点，聚焦高风险国家、地区的食品风险动态研判，提升产品准入、生产厂家资质、证书真伪等环节监管能力。深化与市场监管、公安等地方有关职能部门的信息互通、资源共享、执法联动，形成食品安全监管合力，加大相关法律法规宣传力度，通过线上线下多渠道推动食品安全进企业，压紧压实企业食品安全主体责任，严防不合格食品入境。

【商品检验】2022年，满洲里车站海关落实进口煤炭管控要求和申报管理规定，加强煤炭进口数量监控，及时报送煤炭进口数据，规范实施煤炭查验与抽采样工作，关员对样品施加封闭措施，邀请商品检验处和第二派驻纪检组指导监督，确保检验过程规范、公开、透明。分析国外主产区煤炭环保检测数据，完善进口煤炭风险管理体系与预警机制，利用智能化信息系统，事先研判进口煤炭及其运输工具信息，及时发现风险。严格审核许可证件，突出验核印证，防范伪瞒报等现象，建立不合格煤炭及退运台账，坚决确保退运到位，2022年，检验进口煤炭1683票200万吨，退运煤炭2票896.55吨。

【危险化学品监管】2022年，满洲里车站海关推进"口岸危险品综合治理"百日专项行动,聚焦危险品综合治理,结合工作实际完善突发情况应急处置预案,科学预防各类风险隐患。严格审核安全数据单等相关单证,对危险品特性选取适宜的防护装备,及时督促企业采取防爆、防静电等科学措施消减作业安全风险,聚焦重点商品,明确关区内重点进口液化气、正丁醇以及运输罐需要关注的关键节点,定期检查、维护气体取样罐,确保符合国家技术规范要求。严厉打击进出口危险品伪瞒报,聚焦"涉危不报""高危低报""多危少报"等风险点,坚持"打击、治理、震慑"并举,加强风险防控、现场监管和后续处置,开展对危险品瞒报的全链条打击。跨部门协作,搭建关铁企"共建共治共享"协作平台,加大惩处和宣传力度,强化企业主体责任,引导企业守法经营、规范申报,构建口岸危险品伪瞒报风险防控机制。2022年,监管其他液化石油气183票3037车,正丁烷49票514车,其他液化丁烷38票882车,异丁烷12票184车,正丁醇28票165车,共送检其他液化石油气66票,检验发现危险化学品不合格17票,其中9票申报不规范、5票安全数据单不合格、3票实验室检测不合格,均已要求企业整改。

【查缉走私】2022年,满洲里车站海关强化理论学习,提高关员思想认识,借鉴典型缉私案件经验,提高查缉水平,深入开展风险分析,严格执行"单货相符、证货相符"监管要求,充分发挥科技设备的查验优势,严密防范伪报、夹藏等走私活动。推进业务建设与风险防范,持续关注国门安全、重特大走私、重要时间节点口岸安全等重大、系统性风险,开展风险研判、监测预警,加强政策解读、业务培训、沟通协调,切实提高风险监测预警和应急处置水平,加强与缉私部门、铁路公安等联系配合,发挥打私合力作用。2022年,满洲里车站海关办理"两简"案件7起,移交缉私局案件2起。

【知识产权保护】2022年,满洲里车站海关开展"龙腾行动",加强知识产权海关保护工作,重拳打击跨境侵权贸易,建立知识产权保护工作机制,为企业出口自主创新商品保驾护航。开展一线查验关员涉嫌侵权货物鉴别方法和技巧学习实操培训,提升关员知识产权保护意识和查发能力,强化分析研判,研究总结查获案件,完善查缉措施,提升通关各环节监管作业要求针对性。开展宣传引导,贴合企业需求开展政策宣讲,通过关企微信群、邮箱等线上形式及展板、电子屏、宣传册等线下形式广泛宣介海关知识产权保护政策法规,深植"保护知识产权就是保护创新"理念,增强进出口企业尊重和保护知识产权意识,引导自主知识产权创新企业办理知识产权保护备案,为创新企业在侵权风险防范、合规货物通关便利等方面提供全方位指导服务。完善与市场监督、版权等部门长效协作机制,在执法协作、疑难问题研究、案件线索通报移送、企业服务等方面进一步密切协同配合,构筑知识产权侵权立体防控体系。2022年,共办理知识产权案件14起。

【优化营商环境】2022年,满洲里车站海关统筹国内循环和国际循环,按照总关党委"全力保障口岸畅通高效"要求,发挥党委把方向、管大局、保落实的作用,持续巩固铁路口岸保通保畅成果,促进外贸保稳提质,推进总关20项细化措施和车站海关22条措施落地见效。优化进口钾肥及农资绿色通道保障机制，落实铅精矿等矿产品"先放后检"、进口粮食"两段准入"等改革举措，全年监管粮食14.8万吨、油脂24.4万吨、油料26.9万吨、化肥145.8万吨、煤炭287万吨。优化查验模式，规范开展政务公开，主动深入企业宣讲惠企政策，健全关长联系企业机制，推动问题清零，全年关长联系企业8家，召开关企座谈会28次，解决问题11个，推动431台工程机械车辆经铁路口岸出口。

聚焦保通保畅，强化疫情期间应急值守，以无纸化办公为抓手，通过电话、微信等多种线上途径，及时与企业"点对点"沟通协调，构建协同机制，依法依规做好政策解读，针对企业反馈通关流程的难点、堵点，告知解决路径，及时办好核实、转办、交办工作，做好持续跟踪和督促落实。提升窗口服务质效，整合各科室窗口岗位统一到综合服务大厅办理业务，实现业务"一厅办理"，强化政务公开，及时发布通知公告，明确业务办理范围、流程和问题反馈渠道，严格落实"首问负责制"

"一次性告知"等制度。简化通关手续，引导企业使用"单一窗口"，取消纸质放行签章作业方式，推进铁路监管场所联网放行，取消人工验核纸质监管证件，实施监管证件电子数据联网核查，采用"不见面"接单模式，通过微信工作群提供预约查验派单服务，企业提前一天即可完成登记派单，有效避免因疫情导致的查验货物积压问题。针对农用物资、防疫物资、果菜、粮食等重要物资设立"绿色通道"专用窗口，推行"延时、错时＋'7×24小时'预约通关"。推广铁路新舱单系统应用，舱单确认环节由原来的人工确认模式改革为系统自动确认模式，作业时间由原来的5~6小时缩短至5~6分钟，海关通关时间得到大幅压缩。提升口岸基础设施建设，推动关区范围9个监管作业场所全部完成卡口管理系统硬件建设，协调地方政府及铁路部门升级建成进口集装箱货场冬季查验平台，查验平台内部配足配齐保暖设施设备，解决冬季查验恶劣条件问题。2022年12月份，铁路口岸进口货物整体通关时间33.89小时，海关通关时间8.34小时；出口货物整体通关时间0.26小时，达到"双降"目标。

【服务"一带一路"建设】2022年，满洲里车站海关利用"一带一路"节点海关地缘优势，主动对接西安海关、南昌海关等节点海关，建立联系人机制，全力保障中欧班列提速增效，建立健全沟通协调机制，推动"铁路快速通关"模式应用，签订邮件班列监管合作备忘录，扩大班列运载货物种类，快速验放出境冷链班列。协调铁路部门提升中欧班列查验货物吊箱效率，推动企业端、场站端、海关端各环节数据共享，重点关注进出口班列运行情况，提升中欧班列查验货物吊箱、换装、放行效率。发挥保障机制作用，设置"中欧班列"专岗、"中欧班列绿色通道"专用窗口，推行"延时、错时＋'7×24小时'预约通关"等便利化措施，实施优先审单、优先查验，提高非侵入式查验比例，确保班列快验、快通、快放。落实关长联系企业机制，开展"一家企业一份档案"服务管理，搭建关企沟通"直通车"，及时沟通解决班列舱单数据传输、快速调运等通关事宜，确保企业问题清零。2022年，经满洲里

▲2022年11月19日，满洲里车站海关关员克服天气影响开展查验　（孙超　摄）

口岸跨境班列开行线路57条，班列共开行4818列，同比增长37.6%，其中进境班列2789列，同比增长59.1%，出境班列2029列，同比增长16.0%；进出境382058标箱，同比增长38.6%，其中，进境221260标箱，同比增长64.2%，出境160798标箱，同比增长14.1%；总货值486.57亿元，同比增长36.5%，其中，进境货值278.37亿元，同比增长58.6%，出境货值208.20亿元，同比增长15.1%；验放2列冷链专列。

【服务口岸保通保畅】2022年4月23日，满洲里市因疫情，本地交付的货物如粮食、木材等，铁路无法交付、企业无法提离，只能暂停作业。满洲里车站海关第一时间启动"避堵保畅"专项行动，科学研判货物积压风险，精准制定解决方案，成立工作专班，开展多维度动态监测，建立实时监控、每日报告、定期反馈印证机制，推进各项措施落实。统筹人力资源，配齐配强查验队伍，将口岸封闭区内查验作业关员增加1/3，节假无休、加班加点，查验关员每天"不间断作业"6个小时以上，有效查验时间增加70%，实现单日作业效能最大化。优化作业流程，以进口煤炭、矿砂、板材等资源型货物为重点，以中欧班列、春耕农资、矿产品为优先级要素，实现"即到即检、快速验放"，确保货物能够从口岸快速提离。加强与关区范围政府、铁路部门沟通，推动铁路口岸进口高风险非冷链货物（简称"高非冷"）采消作业场地整改，畅通"高非冷"货物采消等口岸作业链条，解决"高非冷"货物前期因各种原因无法实施消毒作业的问题。协调各方推动形成高效通关合力，加强与地方疫情防控指挥部沟通，协调增加现场作业工人、简化海关查验人员出入封闭作业场所审批手续，确保铁路口岸通关工作有序开展。开展"防疫情、促通关"集中会战，推动铁路部门完善场所防疫设施，增建3个海关专用装备脱卸区，加强海关与铁路落地查验货物信息共享，实行顺势监管，提高装卸作业效率，缩短货物在口岸滞留时长。总结归纳避堵保畅"三个机制"，即持续深化快速报关提醒机制、强化未查验货物提醒机制、优化通关物流监测预警机制，科学查找货物积压症结，精准制订解决方案，密切跟踪口岸进出境运输工具和进出口货物通关物流情况，实时监控、每日报告、定期反馈，动态监测出口班列运行情况。加强海关与铁路落地查验货物信息共享，提高装卸作业效率，缩短货物在口岸滞留时长，建立关长联系企业机制，"点对点"联系企业，"一企一策"解决企业发展难点问题，召开关企座谈会，做到问题清零、助企纾困。

【安全生产】2022年，满洲里车站海关健全安全生产责任体系，深入学习贯彻党的二十大关于安全生产重要部署，将学习习近平总书记关于安全生产重要论述和重要指示批示精神作为"第一议题"、党委理论学习中心组及青年理论学习小组学习重要内容，压紧压实安全生产工作责任链条，加强安全生产工作的统筹协调，健全安全生产工作领导小组工作机制，优化安全生产问题清零机制，召开领导小组会议，专题研究部署安全生产重大问题，坚定履行"管行业必须管安全、管业务必须管安全、管生产经营必须管安全"责任。强化风险防控，推进重点领域专项整治，坚持举一反三，深查细排，预防为主，抓早抓小，建立预警机制，深化安全生产专项整治三年行动、"口岸危险品综合治理"百日专项行动，全面梳理卫生检疫、动植物检疫、食品安全、危险品检验等业务条线可能存在的风险，定期对监管作业现场、货运列车在线检测中心、样品留存库房等重点工作场所进行风险排查，形成风险隐患台账，加强安全自查检查抽查及隐患整改"回头看"。强化办公区域安全风险防控，开展办公区安全隐患专项整治，重点治理消防、安防、交通、房产及设备运行等方面存在的风险隐患；用好"吹哨人"机制，强化应急值班工作，完善安全制度和应急处置预案，优化关区安全生产风险隐患信息预警机制，紧盯重点环节，抓实抓细危险化学品监管安全、外勤执法作业安全、闭环人员防护安全、公车安全和用电用暖安全等各条线工作，全年开展安全生产检查及监督提醒36次。加强安全生产教育培训，创新"安全生产月"、"全国消防日"、"青年安全示范岗"创建等主题活动，推进安全生产宣传教育工作，常态化开展主题警示教育，筑牢安全生产意识红线，提升执法安全作业能力，制定监管作业安全指引，开展危险货物及其包装检验监管岗位资质考核培训，加强查验作业领域安全防护装备的配备，切实保障关员人身安全。

【队伍建设】2022年，满洲里车站海关落实新时代好干部标准，树立重政治、重品行、重基层、重担当、重实绩的鲜明用人导向，全年选拔任用副科级领导干部2名，开展职级晋升12人次。加强执法一线科

▲2022年9月8日，满洲里车站海关志愿服务队慰问封闭管理人员家属　（解弈文　摄）

长队伍建设，坚持严管与厚爱相结合，多维度发挥考核指挥棒作用，激励干部担当奉献。加强对基层一线特别是疫情防控一线干部的关心爱护，全年为闭环人员申请嘉奖41人次，开展慰问3批次，发放慰问品51人次，对闭环人员家属进行节日慰问，组织心理疏导及讲座，聚焦一线查验人员闭环生活水平与外勤监管环境，购置工作生活保障物资用品，联系协调地方政府与联检部门建成冬季查验平台，修缮增建联检大楼卫生间与淋浴室，购置床铺、被品等生活用品，做好本土疫情防控下办公楼值守人员、防疫相关物资、生活工作设施等的各项保障，提升后勤服务水平。

撰稿人

姜　波　解奔文　高明诚

满洲里十八里海关

【概况】满洲里十八里海关是隶属于满洲里海关的正处级单位，属于口岸型海关，位于满洲里公路口岸，业务关区范围为满洲里公路口岸、满洲里边民互市贸易区。2022年，内设10个科室，即办公室、人事政工科、物流监控科、查验科、综合业务科、旅检一科、旅检二科、旅检三科、旅检四科、互市贸易区监管科。

2022年，满洲里十八里海关坚持以习近平新时代中国特色社会主义思想为指导，坚决贯彻落实习近平总书记重要指示批示精神，深入学习宣传贯彻党的二十大精神，贯彻"第一议题"制度，落实"疫情要防住，经济要稳住，发展要安全"重要要求，高质量深化政治机关建设；持续提高风险布控、查验打私能力，高质量构建全链条安全监管体系；持之以恒强化口岸检疫，深化口岸公共卫生核心能力建设，健全国门生物安全监测预警体系，高质量守牢"外防输入"关口；落实落细保稳提质各项措施，持续推广"甩挂"（在公路口岸指定的监管区域，中俄、中蒙双方货车卸下载货车厢各自返回，全程无人员接触）、"接力驾驶"（中方司机将出口工程机械车辆或者出口货车开入中俄口岸中间的通道地带之后，即刻由俄方司机继续驾驶返回俄罗斯，俄方司机不进境，中俄司机全程无接触）非接触式货物交接模式，大力支持工程机械车辆、果菜扩大出口。2022年，满洲里十八里海关监管出口货物64.7万吨，同比增长61.4%，进出口贸易值167亿元，同比增长74.9%；征收税款68.8万元，同比增长2倍。

【党的建设】2022年，满洲里十八里海关扎实推进政治机关建设，把深入开展捍卫"两个确立"、做到"两个维护"、强化政治机关建设专项教育活动和"学查改"专项工作作为树牢政治机关意识的抓手，第一时间成立领导小组，制订方案、统筹推动，梳理岗位政治标准和要求153条，紧盯"重要节点"查摆发现问题14项，强化督导落实，坚持即查即改，落实整改措施28项，逐一对账销号，践行"两个维护"更加坚决。强化党委班子建设，修订党委工作规则，落实"三重一大"集体决策、"一把手"和领导班子重点事项监督自查制度，充分发挥党委把方向、管大局、保落实的领导作用，年内召开党委会26次，研究议题81项；坚持请示报告制度，重大事项和重要工作第一时间向满洲里海关党委请示报告；落实意识形态工作、保密工作责任制，党委会定期研究部署，精准研判形势，统领做好工作。

强化政治理论学习。用

习近平新时代中国特色社会主义思想武装头脑，正确理解和把握"两个确立"的必然逻辑、深刻内涵和重大意义，坚持"第一议题"制度，深入学习习近平总书记关于坚持党对一切工作的领导、加强党的政治建设的重要论述，全面把握党中央关于政治机关建设的各项要求，党委理论学习中心组围绕"强化政治机关意识"开展专题交流研讨，以迎接学习宣传贯彻党的二十大精神为主线，深化党委理论学习中心组带头学、党委委员督导学、基层支部全员学、青年理论学习小组跟进学的"1+3"学习体系，年内开展党委理论学习中心组学习研讨12次，党委书记讲授专题党课，党委委员发挥示范作用，深入分管联系科室参与集中学习，带头谈认识、谈体会。建立"每日必学、每周研讨"学习机制，全关"一盘棋"；抓好党的二十大精神学习，推进党史教育常态化，深刻领会党百年奋斗中积累的政治建设宝贵经验，通过"支部课堂"引导全体党员集中学、重点讲、用心悟。依托"实景课堂""掌上课堂"定期推送理论学习资料、在线测试比拼，提升碎片化时间利用率，强化政治意识入脑入心，用足用好满洲里红色资源，开展"走好第一方阵 我为二十大作贡献"主题党日活动，组织关员前往满洲里国门红色教育基地开展现场沉浸式学习。严格落实"三会一课"、政治例会、主题党日等组织生活制度，结合疫情形势、倒班作业等实际，灵活采取"微课堂、云研讨"等线上+线下相结合方式，抓好党员群众学习教育，针对青年关员占比较高的特点，合理划分青年理论学习小组，坚持党委理论学习中心组和青年理论学习小组"领学共进"，组织各科室及青年理论学习小组开展21项课题研究。

▲2022年10月18日，满洲里十八里海关组织开展"头雁"带"雏雁"学习党的二十大报告专题交流研讨会 （甘琳 摄）

基层党组织建设。增强党组织政治功能和组织功能，以基层党建"双提升"为契机，深化"强基提质工程"，推动党支部建设标准化、规范化，常态化开展支部自查和总支督查，严肃党的组织生活、严格党员教育管理、严明党建工作责任，深入推进"支部强在科上"，实施"书记项目"，结合年度党建述职梳理的问题清单，抓好跟进整改，提高支部书记和党务干部抓党建的意识和能力。推进支部"结对子"联学联建，通过与"职能部门、联建单位、总支下设支部"等多渠道共建的方式，实现学习资源共享、学习收获共议、为民办事共谋。深化支部党建品牌内涵，持续推进"四强"党支部创建，深化党员先锋岗建设，选树身边先进典型，广泛宣传抗疫三年先进人物、先进事迹，组织先进党支部分享交流经验，让党员干部学有榜样、行有示范、赶有目标。

坚持全面从严治党，党委书记履行全面从严治党"第一责任人"职责，严格执行民主集中制，推动党委委员严格落实"一岗双责"，明确支部书记、委员抓党建具体任务及职责。严肃党内政治生活，落实"三会一课"、民主评议党员等组织制度，扎实开展民主生活会和组织生活会，引导党员干部对照党的各项纪律规定，开展经常性批评和自我批评。召开"三实"文化建设专题研讨会，对照6方面问题开展自查，落实整改措施14项。加强与第三派驻纪检组的协作配合，深化运用监督执纪"四种形态"，开展提醒谈话、批评教育5人次。严格落实中央八项规定及其实施细则精神，坚持把党风廉政建设抓在经常、严在日常，定期分析党风廉政形势和党员思想动态，持续强化纪法教育。深入开展"海关重点项目和财物管理以权谋私"专项整治，组织开展违规事项申报，围绕"如何提高一体推进'三不腐'能力和水平"重点课题撰写课题报告8篇。深入学习近年来海关系统及关区查处的反面案例，创新警示教育形式，组织参观书法摄影展、观看警示教育片，邀请海关双职工分享清廉家风建设心得，引导干部培育廉洁家风促进廉洁从政，强化"八小时以外"廉洁自律意识，组织关员创作剪纸、绘画、短视频等廉洁文化作品。

【巡视整改与巡察整改】2022年，满洲里十八里海关召开党委会专题研究，加强组织领导，明确责任分工，推进巡视整改事项，研究整改措施，分析问题原因，举一反三，对发现的普遍性问题引以为鉴，以点见面狠抓整改，确保整改措施落实到位。抓好巡察、审计发现问题的整改落实，全面防控执法领域和非执法领域的风险，把对权力的监督制约贯彻到海关管理、执法工作、业务改革的各方面、各环节、全过程，开展中央巡视整改"回头看"，海关总署党委巡视整改任务全部完成。

【法治建设】2022年，满洲里十八里海关将法治教育列入党员教育内容，强化党员干部的法治理念、法治思维和规则意识，抓住业务改革发展，关注基层执法中的重点、难点和热点问题，组织关员参加法律知识及"海关e课堂"专题培训，开展现场法治小讲堂活动，按照"谁执法谁普法"的原则把工作落实到各一线窗口，增强运用法治思维、法治方式解决问题的能力。充分利用"12·4国家宪法日""海关法治宣传日"等活动做好现场普法宣传等工作，以"8·8"海关法治宣传日活动为契机，组织志愿者开展送法进企业、进社区、进基层等活动，关注并回应社会公众的法治需求，提高普法的针对性、实效性，创新普法形式，通过录制宣传小视频、编发微信发布文章等方式，开展民法典、反走私宣传等，被海关总署"12360服务"微信发布、"满关发布"微信公众号采编。坚持以企业和群众的需求为导向，针对企业不同业务类型、广大群众实际诉求，通过"一企一策""精准画像""菜单式服务"等方式，围绕稳外贸措施、国门生物安全、食品安全、RCEP政策享惠等开展普法宣传活动11场次，制作发放普法宣传册200份，加大对海关出台促外贸保稳提质、助企纾困降成本等各项措施的宣传力度，帮助企业用足用好政策红利。

【疫情防控】2022年，满洲里十八里海关做好口岸疫情防控工作，加强组织领导，调整优化指挥部机构设置及组成人员，开展监督检查，确保规定动作、规定程序100%落实到位。强化疫情监测预警，2022年制发编译参考18期，提炼风险信息70余条，按照"一口岸一方案"原则，更新完善口岸疫情防控方案预案22项，常态化开展专题培训演练58次，保障17名重点人员入境卫生检疫工作。做好"多病共防"，严防猴痘等重大传染病传入，严防疫情叠加，坚持"人、物、环境"同防，开展进口高风险非冷链集装箱货物监测检测和预防性消毒监督培训演练，发挥"挑毛病"专家组及三级监控指挥中心监督作用。落实封闭管理措施，持续加严人员、办公场所管理，落实"应检尽检"，做好人员排查和动态监测。强化联防联控，全年向满洲里市疫情防控工作指挥部及其成员单位递交工作建议函、联系函23份。提升口岸公共卫生核心能力建设，推进医学排查室及"智慧卫检"通道设施改造，提前做好口岸恢复通关应对准备工作。做好海关总署新冠疫情防控督查问题整改落实，确保"不贰过"。

▲2022年10月9日，满洲里十八里海关关员对"甩挂"运输车辆进行监管 （高晋楠 摄）

【国门生物安全】2022年，满洲里十八里海关开展"国门绿盾2022"行动，建立国门生物安全领导小组及专项工作组，印发《满洲里十八里海关开展严防动植物疫情疫病传入和外来物种入侵"国门绿盾2022"行动方案》，发挥动植物检疫、外语专业背景人员作用，密切关注境外重大动植物疫情、红火蚁、潜在外来入侵物种和国内外动植物疫情动态，收集信息，加强疫情监测和风险研判，完善风险预警和应急处置机制。落实岗位资质管理规定，组织参与资质考核，扩充岗位资质人员队伍，以线上＋线下多种形式开展自主培训，不断强化应急处置演练，提升关员对动植物相关疫情的应急处置能力。加强生物安全知识宣传教育，通过发放宣传手册、设立宣传板、张贴海报等多种方式对关区范围企业开展动植物疫情防控知识宣传，开展一对一答疑，增强防控意识。与属地农牧部门签订系列工作协议，完善查缉走私冻品移交工作机制，参与属地外来入侵物种防控部门间协调机制建设。2022年，开展国门生物安全监测和口岸病媒生物监测

▲2022年6月24日，满洲里十八里海关开展猴痘疫情防控知识培训　（王哲　摄）

17次，未监测到有害生物入侵和携带病媒的生物。

【智慧海关建设】2022年，满洲里十八里海关推进智能化改造，在满洲里公路口岸场区架设304个全景监控摄像头，实时采集运输工具、货物物品、作业场区等海关监管对象的实景信息，通过应用智能识别，对上述信息进行准确识别、精准定位、高效传输。强化监管设备配置，实现执法记录仪、移动作业终端以及视频监控等音像记录设备与监控指挥平台的互联互通，建立重点商品查验图库，重点收集特征明晰的危险品、固体废物、濒危生物等商品机检图像，扩大智能审图识别。依托三级监控指挥中心，以全景视角对通关、查验执法过程以及监管区域、重点区域实时监控，对作业不规范实时纠偏，对过往情况开展实景巡检、回溯，精准畅通通关堵点，提升海关数字化监管水平。应用电子栏杆等"电子卡口"智能化设施设备，实现运输工具信息提取、放行指令触发等自动化功能，在满洲里公路口岸南卡口实现系统秒读抬杆，打造货运司机"零上零下"通关新体验，整体过卡口时间由原来的3~5分钟缩短至15秒内。

【服务口岸保通保畅】2022年，满洲里十八里海关推广"甩挂""接力驾驶"非接触式货物交接模式，调配人力资源，各级领导干部靠前指挥，疏通各环节"堵点"，协调口岸联检单位、联运企业实现信息共享，提示相关部门关注口岸各环节疫情防控风险，聚焦防疫焦点，确保"甩挂"运输安全、高效运行。结合"我为群众办实事"实践活动，先后召开多次关企座谈会，了解企业实际诉求，依托三级监控指挥中心及口岸管理部门——企业间热线电话、无线调度系统，实时掌握待检货物、车辆实时情况，"零延时"指导作业人员完成机检及"智能卡口"系统申报操作，解决"甩挂"运输中存在问题8项。"接力驾驶"通过实施"分段驾驶、封闭管理、驾驶人员零接触"，压缩俄籍司机进境带来的卫生检疫等环节的时间损耗，实现"把人管住、让货通畅"。

成立工作专班解决出口工程机械车辆滞压问题，建立出口工程机械车辆监测预警机制，实时监控出口工程机械交付接运情况，及时协调处置"堵点"，强化"关、地、企"三方协作，推动属地政府优化物流模式，指导企业应用"一单多车"申报模式等快速便捷申报，运用科技设备提高查验效率，结合"即查即放、快验快放"及"查验日清"机制，助力出口工程机械车辆快速提离，提高出口工程机械通关效率。利用"企业问题清零"机制专岗为企业提供"量体裁衣"式指导，协调解决企业急难愁盼问题18个。2022年，共监管出口自行走整车工程机械车辆2.16万辆，种类涵盖自卸车、牵引车、挖掘机、起重机、装载机、大型客车等24种，同比增长220.4%。为出口农产品等重要商品开辟"绿色通道"，实行"预约查验""优先查验"，对鲜活易腐产品按要求审批后可在指定地点查验，确保货物安全高效查验，保障快速通关，关注口岸因质量原因等退运农产品情况，及时沟通属地海关，将情况报送相关业务职能部门。

【优化营商环境】2022年，满洲里十八里海关推进海关总署10条措施和满洲里海关20项细化措施落地见效，印发《满洲里十八里海关促进外贸保稳提质工作推进方案》，制定本级22条措施，建立关长联系企业机制，深入6家企业调研，与20余家企业代表进行座谈，梳理企业困难诉求4项17条，逐一制定帮扶措施，开展线上线下暖企调研和政策宣讲，推进"问题清零"。落实简化单证、许可证联网核查等惠企措施，加快单证审核，提供预约通关及延时工作，通过优化查验模式、延长提前申报运抵时限、运用通关一体化、"即查即放、快验快放"等一系列措施，提升满洲里公路口岸通关效率和便利化水平。加大对重点产业链供应链"白名单"企业、出口工程机械车辆、果蔬等特色产业服务力度，对AEO企业的进出口货物样品需送实验室检测的优先送检，对高级认证企业的进出口货物落实优先办理派单及查验。设置助企纾困专窗专岗专线，接受企业咨询近300人次，解决企业疑难问题20余个。支持跨境电商、市场采购贸易等健康发展，强化申报前指导，规范商品归类、目的国等信息填报，制订监管计划，完善业务流程，缩短跨境电商通关时间，开展业务培训，利用"钉钉自学+线下工作实操"的方式，提升业务指导的精准度和有效性，解答企业疑点难点，2022年，完成呼伦贝尔地区首批9710、9810贸易方式监管出口，共出口商品77项，贸易值337.7万元。开展新冠疫情对全球产业链、汽车产业供应链等多个专项课题研究，加大对农产品、工程机械车辆以及二手车等重点商品出口和贸易市场的监测分析，形成各类统计分析、信息22篇，被署领导批示2篇次，被《人民日报》、中新网等媒体平台采编17篇次。

【查缉走私】2022年，满洲里十八里海关开展"国门利剑2022"专项行动，加强正面监管，坚持科技赋能，发挥科技设备应用效能，进境运输工具100%机检，机检图像双人判图作业、联合研判工作，加强三级监控指挥中心巡检，不定期开展场区巡查作业。根据口岸"甩挂"作业模式，执行打击捎带夹藏"十条措施"，对重点从业人员实施风险排查，防范从业人员参与走私违法活动，召开关企座谈会开展政策宣讲和打私宣传活动，加强"甩挂"从业人员警示教育。与相关单位协调配合，健全联防联控机制，与边检、公安等部门交换信息、联合研判，形成打私合力，2022年查获办理案件22起。

【风险防控】2022年，满洲里十八里海关梳理制度流程，以问题为导向，查找监管漏洞和业务领域风险点，定期召开业务例会，汇总解决疑难问题，及时整改，举一反三，通过业务控制、岗位制约、层级审核、定期监控等措施，提升自我纠偏能力。强化布控指令运行监控，提升布控查获率，发挥风险预警先导作用，运用大数据技术加强风险信息收集共享及数据分析，通过风险分析精准移交线索，强化口岸安全风险联合防控，建立联合风险研判机制，开展风险分析，筛查制度规则缺失、制度落实不到位等情况，常态化检查业务差错，与职能部门联系配合，提高风险布控的针对性和有效性。

【安全生产】2022年，满洲里十八里海关调整安全生产专项整治三年行动工作领导小组成员，建立"两个清单"以及"视频监控+数据监控+音视频连线+实地巡查"四位一体模式，聚焦重点领域、梳理重点检查项目，对各一线监管作业现场开展全方位、多维度、全链条监控，推进安全生产专项整治三年行动。推进"口岸危险品综合治理"百日专项行动，完善细化危险品监管"四联防"机制，开展口岸危险品综合治理，研判危险品特性、存储要求等关键要素，在属地检验监管依规到位的前提下实施快检快放，确保口岸危险品"动态清零"，严厉打击危险化学品伪瞒报，加强运输工具和实货监管，全年查发危险化学品伪瞒报情事2起。对办公场所、机房等重点区域开展拉网排查，落实安全管理制度及应急处置机制，加强数据安全和保密管理，开展数据安全大检查4次，执行节假日专人值班和领导干部在岗带班、外出报备、完善应急预案。强化安全生产跨部门监管协作，联合内蒙古出入境边防检查总站、内蒙古自治区生态环境厅、公安厅等单位在满洲里公路口岸开展2022年口岸反恐应急处置演练。

【政务公开】2022年，满洲里十八里海关按照《海关领域基层政务公开标准指引》，明确主动公开的内容、主体、时限和方式，做好满洲里海关门户网站"政府信息公开"有关专栏信息公开工作，严格审查信息公开内容，做到"一事一审批"，全年未发生失密泄密情事、未接到政府信息公开申请、未出现因信息公开申请行政复议、提起行政诉讼情事。在满洲里公路口岸报关大厅公告栏对外公开办事机构信息、业务办理指南等，设立咨询综合服务窗口方便企业办事咨询，落实一次性告知、首问负责制、限时办结等阳光服务举措，利用公布投诉箱、意见簿、热线电话等方式听取管理相对人意见，提升政务公开和服务水平，按要求公开海关行政执法检查事项、结果等相关信息。

【财务与后勤保障】2022年，满洲里十八里海关落实"过紧日子"要求，严格"三公"经费管理，规范工程资金核算、固定资产清理和涉案财务处置，优化财务工作流程，推行"一站式"财务报销模式，创建"节约型"机关，建立健全节约能源资源管理制度，推行无纸化办公，做好月度用水用电统计，加强提示提醒，确保水电消耗严格控制在指标范围内。精细化管理公务用车，严格执行定点加油、定点维修、定点保险等规定，加强公车使用动态检查，整合优化通勤线路，强化派单管理，科学统筹用车。开展闲置资产清查，对计算机等设备情况进行排查及性能鉴定，进行后续维修处理，调剂存量资产，避免设备闲置浪费。在重点区域及办公场所张贴节能提示，宣传节能减排小窍门,强化节约用水用电日常教育。

【队伍建设】2022年,满洲里十八里海关加强干部队伍建设,优化干部队伍梯次结构,在疫情防控一线考察和识别干部,注重优秀年轻干部培养使用,严格按程序选拔副科级领导干部6名,选拔1名执法一线科长担任隶属海关党委委员,职级晋升5人。建立一线执法科长实绩档案,累计开展自主培训244余次,大型演练7次,鼓励关员加强跨专业、跨岗位业务学习,考取各类一线岗位资质,1名关员因获得4项一线高级(专家)岗位资质被授予个人嘉奖。开展"内务规范强化月"活动,组织全员队列训练2次,定期开展内务规范专题学习和专项检查,采取视频监控和实地检查相结合方式,对考勤纪律、人员着装、内务秩序等进行突击检查19次。疫情期间,开展驻点工作4次,参加小区值守92人,支援满洲里车站海关7轮次23人,借调支援其他部门21人次,17名在疫情防控一线有突出表现的关员获个人嘉奖。落实保护关心爱护疫情防控一线人员措施,组织"关长、科长走进封管区",解决问题8项,开展关心慰问活动,为围封区配备各类物资78项2100余件,思想动态调研7次,组织召开关心关爱专题座谈会2次,日常和特殊节日期间慰问关员及家属25次,挖掘先进典型,弘扬抗疫精神,制发相关微信推送5篇,参与"强国有我 星耀边关"评选17人。

【内控工作】2022年,满洲里十八里海关建立内控制度"监督清单",对违规违纪问题加强关注处置,对权力运行、业务流程常态化监控,实现执法风险、廉政风险"双防控"。完善内控机制建设,梳理现行制度文件,规范优化操作流程,做好内部核批事项专项监控,实现风险自控、问题自纠,防范化解风险,新增、修订制度11个、优化业务流程12个。坚持问题导向,梳理内控"节点清单",针对通关时效、工程机械出口、危险化学品监管等方面做好重点监控,强化风险分析研判,发挥内控专岗作用,建立"日查、月查、季查、年查"等核查周期,结合通关时间、舱单数据等指标动态调整内控节点,加强数据复核,提高内控专岗效能。推行内控节点岗位"落实清单",设定业务门类、内控节点,明确控制要求、运行风险和防控措施等,依托海关内部控制与监督子系统处置内控节点异常数据。制定内控绩效考核责任清单,设置考核主体、内容、标准等客观指标,运用经济责任审计和内控评价开展对照检查,融合业务管理和内控工作。

【群团工作】2022年,满洲里十八里海关关心关爱参与围封工作关员,通过视频连线互动方式,开展心理健康知识普及推广、答疑解惑,疏导一线人员心理压力。指导入区人员建立工作组,统筹管理防护物资和生活物资,集体开展防疫演练,结合业务实际组织物控、查验两条线人员互学业务操作,授予两条线业务授权同时做好岗位流程风险控制,减轻人员工作压力。利用监控指挥中心及挑毛病专家组专业力量,实时指导防护服穿脱及作业安全,发现问题立即通过音视频对讲纠正,形成情况通报集体学习,防止同样问题反复发生。做好入区人员封闭管理,科学测算轮休时间,制定封闭管理工作人员休息制度,保障口岸通关顺畅,人员休息充分。明确入区人员保障中各环节工作职责及责任人,制定任务清单，形成封管区人员餐饮类、医药类、生活必需类、工作生活保障类和其他类"5类需求"动态统计表，2022年累计为封管区工作人员配备保障用品78类1900余件，开展关心慰问26次。完善志愿服务分队组织架构，组织吸收广大青年关员参加志愿者服务队，制订志愿服务计划，开展敬老爱老、捐资助学、扶危济困等志愿服务活动。

撰稿人

吕路宽　杨　旭　朱雅娟

海拉尔海关

【概况】海拉尔海关是隶属于满洲里海关的正处级单位，属于综合偏属地型海关，位于内蒙古自治区呼伦贝尔市海拉尔区，关区范围为呼伦贝尔市所辖除满洲里市以外的海拉尔区、扎赉诺尔区、扎兰屯市、牙克石市、根河市、额尔古纳市、阿荣旗、新巴尔虎左旗、新巴尔虎右旗、陈巴尔虎旗、莫力达瓦达斡尔族自治旗、鄂伦春自治旗、鄂温克族自治旗及海拉尔航空口岸。2022年，内设5个科室，即办公室、综合业务科、查检科、旅检科、稽核查科。

2022年，海拉尔海关深入学习宣传贯彻党的二十大精神，以习近平新时代中国特色社会主义思想为指导，坚决贯彻落实习近平总书记重要指示批示精神，落实党中央、国务院决策部署，全面落实海关总署党委工作部署和满洲里海关党委工作要求，紧密结合实际，系统谋划，按照"疫情要防住、经济要稳住、发展要安全"的要求，突出抓好常态化党史学习教育、政治机关建设专项教育活动以及"海关重点项目和财物管理以权谋私"专项整治等重点工作，推动各项重点工作，努力实现"老关新貌、边关自强"的目标。

2022年，海拉尔海关受理出境检验检疫证单、签证通关1590批次，出具检验检疫证书1363份，原产地证受理、签发2296份（企业自助打印1839份），签证金额3.1亿美元；监管出口商品15种1575批，价值19.27亿元；监管进口目的地查验货物4种6批次，价值1.65亿元；监管进口粮食2.5万吨；开展实蝇监测、小火蚁监测及外来有害生物监测14次，捕获蝇类蚁类昆虫324只；办理进出口货物收发货人备案登记46家，临时进出口企业注册登记1家，注销企业14家，备案企业总数405家；受理留学生购买国产免税汽车6辆。

【党的建设】2022年，海拉尔海关落实"第一议题"制度，按照新时代党的建设总要求，健全全面从严治党体系，强化理论武装，以政治学习为根本，第一时间学习贯彻习近平总书记重要讲话和重要指示批示精神，深入学习宣传贯彻党的二十大精神，结合疫情防控要求，组织关员在值班、居家办公、小区值守等不同岗位和地点第一时间收听收看党的二十大开幕会盛况直播，开展线上学习讨论，及时传达学习中共中央解读党的二十大报告新闻发布会直播和全国海关学习宣传贯彻二十大精神视频会议精神。制订学习贯彻党的二十大精神专题学习计划、《海拉尔海关学习宣传贯彻党的二十大精神细化落实方案》，开展"青年大学习"等活动，通过抄原文、做笔记等方式开展学习，梳理汇总权威媒体发布的党的二十大精神解读和知识点，制定成册和学习卡，发放到全体干部职工，立足于实际工作撰写心得体会，检验学习效果，开展分享交流活动和优秀学习心得评选活动，推动青年关员学以致用。发挥"关键少数"的"领学共进"作用，党委委员带领党员干部深入细致解读党的二十大报告，加大学习研讨力度，增强对党的二十大精神的理解，研究制定落实措施。组织开展"结对子"活动，与其他单位党支部共同学习党的二十大精神，通过不同纬度、不同角度、不同深度的思想交流，增强对党的二十大精神的理解，做到融会贯通。组织参观呼伦贝尔历史博物馆，利用就近红色资源开展体验式学习教育，组织"薪火相传老关新貌、使命担当边关自强"等主题党日活动，与退休老党员座谈交流，创新形式建立"海拉尔海关'老关新貌、边关自强'大讲堂"，运用微信、"钉钉"、"学习强国"等平台的优质学习资源，开展"云课堂"等，以多种形式抓好学习宣传贯彻，确保"规定动作"不走样、"自选动作"有特色。

深化党委理论学习中心组和青年理论学习小组政治理论学习"领学共进"模式，2022年6月，组织青年关员开展课题研究，撰写报告《关于探讨如何实现党委理论学习中心组及青年理论读书班政治理论学习"双提升"的几点思考》；2022年7月22日，党委书记、关长黄国华参加海拉尔海关党委理论学习中心组（扩大）学习会暨青年理论学习小组"建功新时代"互动研讨交流会；2022年8月10日，海关总署党委委员、政治部主任许大纯到海拉尔海关参加党委理论学习中心组和青年理论学习小组政治理论学习同学共进活动。搭建中心组成员与青年交流互动的学习平台，推进学习向基层延伸、向党员群众延伸，通过党委与青年理论学习小组联动共学，提级引领、上下贯通、一贯到底，形成雁阵效应，打通理论武装"最后一千米"。

政治机关建设。深化党史学习教育成果，增强政治意识、强化党性锻炼，让"讲政治"成为思考问题和推动工作的首要原则。开展捍卫"两个确立"、做到"两个维护"、强化政治机关建设专项教育活动和"学查改"专项工作，对照"没有离开政治的业务，也没有离开业务的政治"要求，加强一线关员从政治层面观察处理问题，在办公区域开设"学习园地""大家谈"交流版面，组织开展"我来讲""老关新貌、边关自强"大讲堂等系列学习研讨活动10余次；深入开展"结对子"活动，实现支部共学，用活微信群、"学习强国"、"钉钉"等平台资源，通过班前知识推送、班上知识共学、班后学习交流，实现学习教育全程全员"双覆盖"；开展重要文件学习解读，通过深入学习和研究，把准文件出台背景和政治要求，悟透业务要求和关键举措，细化制定岗位政治要求清单和个人检视问题清单，梳理出岗位政治要求56项以及具体问题13个，有针对性地制定整改举措23项，引导党员干部养成从讲政治的高度来思考和谋划工作的习惯；聚焦强基提质，持续深化党组织标准化、规范化建设成果，规范开展"三会一课"、民主生活会、组织生活会、主题党日等组织生活，规范做好发展党员工作，2022年，1名预备党员按期转正,发展预备党员2名;以支部"书记项目"为切口,把支部党建工作要点和要求落实到每一项具体活动,确保支部党建工作"规定动作到位、自选动作出彩",坚持"创品牌"与"办实事"紧密融合,讲清品牌创建目标和方法,提炼支部工作法,形成有特色、有深度的品牌诠释和创建经验,按照"一支部一品牌,一品牌一特色"的要求,开展支部党建品牌分类指导,加强支部品牌创建交流,引导各支部对标先进提升品牌质量。

党风廉政建设。落实落细"一把手"第一责任人责任和班子成员"一岗双责",完善全面从严治党任务分解表,明确14项具体工作,压紧压实全面从严治党主体责任,持续传导"越来越严"的信号,完善制度机制,突出对"关键少数"的监督;配合党委第四派驻纪检组开展工作,定期召开会商通报会,共同分析研判廉政形势和风险隐患,制定防范措施,一体推进"三不腐";组织开展警示教育、纪法教育和正向激励16次,充分发挥"头雁"作用,用好"第一种形态",化解苗头性、倾向性问题,注重发挥正面典型鼓舞激励和反面典型警示警醒的作用,鼓励关员创作廉洁文化作品,形成清清爽爽的同志关系、规规矩矩的上下级关系、干干净净的关商关系,营造风清气正的政治生态。2022年,海拉尔海关1名同志在海关总署廉洁文化创意作品征集活动中获得二等奖。加强家庭家教家风建设,与关员家属签订《家庭助廉承诺书》、发放廉政提醒卡,教育干部职工提高认识,坚守行为底线。

【巡视整改】2022年,海拉尔海关学习贯彻习近平总书记关于巡视工作的重要讲话精神,成立巡视整改工作领导小组,将巡视整改工作作为重要政治任务,每周关务例会上听取巡视整改工作情况的报告,研究落实措施,制定巡视整改方案和整改清单,压紧压实主体责任,查摆自身存在的问题,结合实际制定并完善整改任务分解表,责任到岗到人,确保问题按时整改到位,将巡视整改问题纳入定期"回头看"重点内容,确保问题"不贰过",2022年,由海拉尔海关主办的3项巡视整改任务均已完成。

【专项整治工作】2022年,海拉尔海关落实"三重一大"集体决策制度和重大事项请示汇报制度,发挥关党委集体决策、科学决策的优势,将"海关重点项目和财物管理以权谋私"专项整治纳入2022年全面从严治党重点任务分解表,成立专项整治工作领导小组,对历年巡视巡察、督察审计中发现的资金管理、工程建设类问题整改情况开展全面梳理排查,建立廉政风险隐患和问题清单。对分管财务领导、办公室主任以及财务人员在财务法规、财务知识、规范流程等方面开展业务培训、纪法教育、警示教育和经常性财物管理工作自查,发现问题立行立改,完善相关制度机制。

【法治建设】2022年,海拉尔海关用习近平法治思想指导法治建设工作实践,学习《习近平法治思想学习纲要》,把习近平法治思想作为党委理论学习中心组学习、干部培训、党员学习的重要内容,加强系统内部法治教育培训,增强全体关员特别是各级领导干部依法办事的意识,落实"谁执法谁普法"责任制,学习宣传贯彻宪法和海关法律法规,开展"宪法宣传周""8·8海关法治宣传日"等集中宣传活动,推动对外普法融入执法监管和管理服务全过程,增强社会公众对海关执法的理解和配合。

【疫情防控】2022年，海拉尔海关坚持"外防输入、内防反弹"总策略和"动态清零"总方针，开展"人、物、环境"同防，以"时时放心不下"的责任感，抓好口岸疫情防控工作，优化统筹口岸疫情防控和促进外贸稳增长指挥部工作机制，发挥"挑毛病"专家组和安全防护专家组作用，开展监督检查，不断清零问题，提升疫情防控能力和水平。修订完善海拉尔海关航空口岸新冠疫情防控工作方案4次，提升口岸疫情防控工作的针对性和有效性。按照"定人定岗、按需培训"培训演练工作思路，就入境人员卫生检疫、标本采集运送、个人安全防护等方面组织培训演练18次。关注海关总署通报和满洲里海关二级监控指挥中心日常查发的各类问题，举一反三、自查自纠，做好个人安全防护，做到"零感染"。完善口岸基础设施建设，在口岸卫生检疫、监管查验、核生化监测、个人防护装备等设施设备齐全的基础上，升级改造各类功能用房，提高口岸应对重大突发公共卫生事件的处置能力

和水平。与呼伦贝尔市外事口岸办公室、呼伦贝尔市公安局、呼伦贝尔市卫生健康委员会、海拉尔出入境边防检查站、呼伦贝尔机场公司共同组成装备接收防控防疫工作组，共同研究特种航空器及入境人员监管措施，配合地方两级疫情防控指挥部工作，通达海关疫情防控最新要求，明确分工，厘清责任，提升工作合力，做好出入境人员卫生检疫，确保全流程无缝衔接和闭环管理。2022年，参加装备接收组联席会议11次，通过"文来文往、人来人往"的方式对装备接收工作提出可行性建议19条。成立应对本土新冠疫情工作领导小组，开展应急值班，实行人员梯队管理，加强对就学点防控措施和保障，配合地方防指工作，选派关员参加海拉尔区核酸检测演练，组织干部职工参与4个社区的24小时全天候应急值守，配合采样、流调等工作，服从社区管理，落实"非必要不出区""居家办公"等管控要求。开展教育提醒，督促全体干部职工克服麻痹思想和侥幸心理，遵守"非必要不出行"等纪律要求，做好个人安全防护。

【监管业务】2022年，海拉尔海关将监管放在首位，落实"7×24小时"预约查验工作机制，保证货齐人到，"零延迟"开展货物进出口查验，提升通关效率，派员深入企业监管43次、线上监管11次。按照"一机一案"工作要求，制订特种航空器监管工作方案11个，规范做好2022年度进口航空器的监管工作，收到进口航空器企业感谢信3封，均获得满洲里海关党委书记、关长黄国华同志批示肯定。加强知识产权海关保护工作，引导企业创新发展，鼓励关区范围中小微企业申请知识产权海关备案，增强中小微企业知识产权保护意识，设立维权咨询服务电话，建立关区范围企业服务微信群，及时解答企业咨询，建立点对点联系机制，为重点服务企业配备协调员，及时了解企业侵权纠纷和维权难点，为企业提供维权指导，与地方市场监督管理局的合作，建立协同配合机制，推进业务交流和信息共享，形成知识产权保护合力。

【筑牢国门安全防线】2022年，海拉尔海关树立"多病共防"国门安全意识，开展病媒生物监测、外来有害生物监测以及卫生监督，落实埃博拉病毒、

猴痘、黄热病、鼠疫、非洲猪瘟等疫病疫情防控措施，严防疫情叠加，筑牢国门安全防线，保护人民生命健康安全。按照《国境口岸病媒生物监测工作方案》和技术监测方案，制订《海拉尔海关2022年病媒生物监测方案》，加强对国境口岸区域和运输工具、旅客携带物等检疫对象的输入性病媒生物监测，维护国门生物安全。2022年，共进行口岸病媒生物监测19次，其中鼠类监测4次，捕获5只；蚊类监测10次，捕获216只；蜱类监测5次，捕获4只，均送检满洲里保健中心，经检测送检蜱类为草原革蜱，雌性2只、雄性2只，立克次体3只阳性，森林脑炎、莱姆病、新布尼亚、新疆出血热、钩端螺旋体、Q热均为阴性。按照2022年海关总署口岸食品安全抽检计划，履行口岸食品安全监管职能，防控口岸食品安全风险，坚持问题导向，重点关注高风险食品，加强对航空配餐企业、口岸餐饮等重点场所的抽检覆盖，加强对口岸食品餐饮单位监督管理，结合关区季节时令特点，合理分配各季度抽检监测任务，在任务分配上有所侧重，对风险较大的配餐企业增加抽检频次和数量，对抽检发现问题的企业、食品品种动态调整抽检数量。2022年，共完成实验室检测64批次。完成现场快速检测56批次，覆盖2个食品大类，6个食品细类，实验室检测14批次，快速检测项目数21项。

▲2022年6月8日，海拉尔海关关员开展外来有害生物监测 （白平平 摄）

【优化营商环境】2022年，海拉尔海关贯彻落实习近平总书记关于促进外贸稳增长的重要指示批示精神，研究落实海关总署和满洲里海关出台的政策措施，学习宣传海关总署促进外贸保稳提质十条措施和满洲里海关二十条措施，结合关区范围业务实际细化分解27项措施，实行台账管理，明确责任科室和责任人，结合关区范围外贸形势的变化，优化调整"三个助力"工作思路，即助力关区范围重点企业稳步发展、助力关区范围特色产业快速发展、助力关区范围小微企业焕发生机。深化"我为群众办实事"实践活动成果，落实关长联系企业、问题"清零"等工作机制，及时解决企业遇到的大小困难和问题60余个，采取"一企一策"措施，有针对性地帮助关区范围企业摆脱困境、扩大出口，同步宣传解读海关政策和帮扶措施40余项，收到企业感谢信5封。联系呼伦贝尔市发改委、商务局、农牧业局、税务局等部门沟通协作，紧跟国家政策调整导向，聚焦关区范围重点企业行业，加大政策宣讲广度深度，坚持问需于企，促进外贸

▲2022年9月19日，海拉尔海关对关区范围出口"白名单"企业的产品开展风险监测工作 （吴蕾儒 摄）

保稳提质工作专班通过采取多形式调研方式，对关区范围4家企业进行调研，及时解决企业遇到的困难和问题，同步宣传解读海关政策和帮扶措施11次。

【服务关区范围内特色产业】2022年，海拉尔海关聚焦企业出口环节"急难愁盼"问题，帮助企业提升食品安全工作水平，成立出口白砂糖风险研判小组，结合产品特点、出口地进口食品要求等，判别风险点，纳入监控范围，重点关注污染物和食品添加剂等项目，助力关区范围企业首次出口白砂糖。呼伦贝尔地区乳制品受各方因素影响已停滞长达14年无出口业务，在得知呼伦贝尔一家有限公司有出口炼乳意向和需求后，海拉尔海关抽调业务专家，成立专项小组，发挥出口食品专项小组"一对一"帮扶作用，开展出口食品政策宣传和现场业务指导，收集出口地和国内炼乳行业相关标准，及时分享风险信息，将炼乳纳入出口食品风险监测计划，按时抽样送检，保证企业产品质量，帮助企业快速完成出口食品企业备案，落实便捷通关政策措施，实现呼伦贝尔地区乳制品停滞14年后炼乳产品再出口。支持食用菌企业扩大出口，研究署关两级海关工作会议精神，结合关区范围实际调整促进外贸稳增长工作思路，完善帮扶食用菌产业发展措施，开展"云宣介"，向食用菌企业通达关区服务外贸创新发展、进出口食品安全等方面政策和要求，帮助企业分析研判食用菌行业发展情况，指导企业科学发展、扩大出口；联合地方商务部门就促进关区范围食用菌产业快速发展开展调研，共同为食用菌生产企业扩大出口、增强国际竞争力出谋划策；发挥检验检疫专业优势，为食用菌生产企业提供技术指导，实时收集国内外食用菌产业发展相关信息，为关区范围食用菌企业发展提供合理化建议。

【企业管理和稽查】2022年，海拉尔海关健全属地纳税企业管理底账，完善企业基础信息，掌握关区范围企业运营状况，多渠道研判关区范围企业税收形势深度落实减税降费政策，为外贸业务企业提供RCEP和其他贸易协定下所出口产品的关税差异清单，通过关税减免对比，手把手帮助企业选择优惠措施更大的贸易协定，降低进出口成本，提升企业竞争力。开展技术性贸易措施调查，了解企业情况，向企业提供国外限制措施信息，提供法规解读和指引，鼓励关区范围企业加入满洲里关区参与国外技术贸易壁垒交涉应对企业数据库。以信用培育为落脚点提升企业竞争力，调研外贸企业认证需求，主动开展认证培育工作，了解关区范围认证企业进出口难点、堵点，通过政策辅导、实地指导等形式，帮助培育对象逐步建立符合认证标准要求的内部管理体系和贸易安全保障体系，推进企业提高整体管理水平。

【查缉走私】2022年，海拉尔海关保持打私高压态势，履行呼伦贝尔市打击走私综合治理成员单位职责，提出合理化建议，开展"国门利剑2022""蓝天2022"专项行动，加大对走私"洋垃圾"、象牙等濒危动植物及其制品、毒品、枪支弹药、重点涉税商品走私活动的打击力度，实行"全员打私"，提升各业务科室搜集、整理、分析线索的能力，加大在检疫监管领域查发案件的力度。对出口单证的细致审核，将出口化肥作为高风险商品进行重点监控，经过对进出口信息的分析研判，将4家在短期内多批次申报非海关总署公告重点监管清单内的出口肥料，且出口货物电子底账系统无查验指令的企业列入重点关注企业名单，联合缉私部门同步开展监控分析。与风险防控分局共查发刑事案件6起，经过缉私部门侦办，立案侦办逃避商检罪案件2起，均被海关总署缉私局列为二级挂牌督办案件。

【安全生产】2022年，海拉尔海关落实安全生产责任制，完善安全生产工作领导小组工作机制，每月召开安全生产工作领导小组会议，开展分析研判，明确工作重点，制订安全生产专项工作计划，开展专项督办和检查。推进安全生产专项整治三年行动，动态更新安全生产问题隐患和整改落实"两个清单"，坚持责任到岗到人，形成风险隐患排查整治长效机制。履行安全生产监督责任，落实"管行业必须管安全"工作要求，开展"口岸危险品综合治理"专项行动，对关区范围危险品进出口情况排查，向企业和相关部门宣介相关政策，深入关区范围企业开展安全生产宣传教育6次，协助企业排除安全隐患2项。执行安全生产风险隐患信息"吹哨人"预警机制，创新"红黄蓝绿"安全生产风险等级分类管理工作机制、"干部+专家"检查模式以及安全生产台账管理方法，通过学习警示案例、观看安全生产宣传视频、更换安全生产展板等方式开展教育提醒，引导全体干部职工树牢"安全生产人人有责"意识，增强"时时放心不下"的责任感。

【政务管理】2022年海拉尔海关强化督促检查，推动作决策、抓督查、保落实一体部署一体推进，完善日常督办工作

▲2022年8月18日，海拉尔海关缉私分局开展打击走私巡查　（邹秉言　摄）

机制，对满洲里海关工作会议确定的重点工作任务、各级领导的指示批示、重要文件明确的工作安排，细化分解、压实责任，对各项工作推进情况跟踪问效，逐项逐条抓好落实。以"科学、精准、即时"为工作原则，紧跟工作热点、难点、敏感点，聚焦海拉尔海关坚决贯彻落实习近平总书记重要指示批示精神的举措成效，围绕中央经济工作会议部署和《政府工作报告》安排的重点任务完成情况组织信息报送，及时报送工作进展、分析问题、提出建议，为服务科学决策提供坚强信息保障。完善信息宣传工作机制，定期分析、定期总结、定期通报、定期研究，提升信息宣传工作质量，培树全员"大宣传"意识，和"第一时间"信息意识，组织信息宣传工作专题会4次，加强信息选题会商研判，推动开展信息调查研究，加强信息审核把关，提升信息工作质量。推进海关领域基层政务公开标准化规范化建设，严格落实海关总署《办公厅关于做好2022年政府信息公开和信访年终有关工作的通知》和《满洲里海关关于推进落实〈海关领域基层政务公开标准指引〉实施方案》要求，履行政务公开义务，加强工作规范，提高公开质量，发挥政务公开作用，推动海关事业发展，2022年，新收政府信息公开申请数量3份，均为自然人申请，已全部予以公开。落实全年"7×24小时"值班工作要求，遵守值班报告制度，定期对参加应急值守人员进行应知应会内容及值班信息报送等相关培训，学习传达海关总署关于值班工作情况的通报，针对其他单位发现的问题，举一反三进行自查；完善值班应急处置流程、查岗规范应答提纲、政务公开规范应答提纲、值班信息报告流程等，不定期抽查值班工作情况，督促行政值班人员规范履行职责，提升值班工作规范化水平。落实保密工作领导责任制，加强保密管理，开展保密工作自查，加强保密监督检查，压实保密主体责任，覆盖全体干部职工，开展保密警示教育，增强海关系统工作人员保密责任意识，提升保密技能。

【内控机制建设】2022年，海拉尔海关制定党建工作责任清单，树牢"以党建带内控，以内控促管理"的理念，细化分解全面从严治党工作任务把管党治党责任清晰化、台账化，对账销号；召开专题会议，听取内控工作情况汇报，组织各科室开展分析研判，聚焦"责任明晰、运行规范、风险可控"的工作目标，梳理工作职责，细致厘清重点领域责任链条；以开展专项教育活动和"学查改"专项工作为契机，对照"没有离开政治的业务，也没有离开业务的政治"要求，梳理岗位职责，划清科室人员职责界限，动态更新内控节点，坚持目标、问题导向，筛选高风险内控节点，实行动态更新，指定专人定期开展监控和分析研判，对照《督察审计自查要点及风险清单（2022年）》开展内控节点梳理工作，形成内控节点清单，明确需要实时关注的事项和问题，结合工作实际，把职能监控重点、巡视发现问题、常见错误等纳入重点管理范围，关注重要业务环节、高风险业务节点可能存在的风险；总结优秀经验和做法，完善内控工作机制1项、总结提炼优秀经验做法4项，定期开展内控专题学习和培训，提升关员的内控意识和内控能力。

【财务与后勤保障】2022年，海拉尔海关把"过紧日子"作为政治机关建设的重要内容，从严从紧安排预算，加强支出审核把关，压缩一般性支出，加快建章立制，立规矩、堵漏洞、严管理，开展节约型机关建设工作，厉行勤俭节约、反对铺张浪费，推动完善"过紧日子"的长效机制。对公务车辆进行细致检修，保证关员出行安全，对公车使用情况开展自查，发现问题并及时整改，强化节日期间公车管理，所有公务车辆按要求封存入库，定期对驾驶员开展安全驾驶教育。建立健全固定资产管理长效机制，加强重点资产管理，组织开展固定资产清查盘点，摸清资产底数和资产使用状况，完善和明确资产信息要素，确保账实相符，对固定资产实施标签信息化管理，将固定资产管理落实责任到人，设立固定资产管理台账，科学配置资产，结合实际推进资产优化，提升固定资产整体使用效益。

【队伍建设】2022年，海拉尔海关从严管理队伍，对现场关员工作纪律、执法规范性等情况进行监督，运用"好差评"系统强化政风建设，落实满洲里海关"永葆政治本色、强化纪律作风"准军事化纪律部队建设专项治理工作方案要求，排查并整改问题5个。开展"内务规范强化月"活动，邀请教官开展全员队列训练和小教员训练，组织观看内务规范示范教育片，加大日常内务督察力度，及时发现并整改问题，在问题不断清零的过程中，锤炼工作作风。践行"求实、扎实、朴实"的海关文化，挖掘身边先进典型，用身边事鼓舞、激励、带动身边人，培树宣传"老骥伏枥志存高远的敬业奉献之星"王作林同志，坚定铸牢中华民族共同体意识，发挥蒙古族关员语言优势，选派包小萍同志向草原腹地牧民宣讲党的方针政策。把关心关爱疫情防控一线干部职工工作列入党委重要议事日程，做好人财物等各方面保障，及时了解、帮助解决家庭遇到的困难，加强心理疏导，加大激励力度，结合关员诉求，解决困难，2022年，海拉尔海关共有38人次被集中封闭管理。做好离退休老干部工作，做到政治上尊重、生活上照顾、精神上关怀，开展慰问活动，及时解决老干部反馈的实际问题4项。把青年工作作为战略性工作来抓，海拉尔海关青年理论学习小组深化"勤学""多思""善用"学习品牌，培养一支有理想、敢担当、能吃苦、肯奋斗的新时代海关青年队伍，通过强化政治理论学习、加大调查研究力度、投身志愿服务等方式，锚定"老关新貌，边关自强"目标贡献青春力量，为推动开放型经济高质量发展作出新的贡献。2022年，海拉尔海关青年理论学习小组1名成员荣获内蒙古自治区民族团结进步模范个人、2名成员因勤学精研业务荣获满洲里海关个人嘉奖。强化"三应"机制，在"响应"中提高执行力，对满洲里海关的工作部署、关领导的批示要求第一时间作出响应，做到"对账销号"；在"呼应"中提升凝聚力，强化与满洲里海关职能部门的沟通对接，抓好工作落实；在"反应"中提升贯通力，对地方政府、企业的诉求快速反应，多出解决问题的"硬招""实招"。加强干部队伍管理，开展个人有关事项报告工作，如实报告相关情况，抓好执法一线科长队伍建设，注重提升"四种能力"，按照满洲里海关要求开展工作人员违规投资企业及在企业兼（任）职整治工作，经全面自查，海拉尔海关无相关情况。

【精神文明建设】2022年，海拉尔海关开展精神文明单位创建工作，重在创建、抓在日常，按照海关总署新修订的《海关系统全国文明单位测评体系》和内蒙古自治区关于文明单位创建的工作要求，做好自治区级精神文明标兵单位复核工作，与呼伦贝尔市、海拉尔区两级文明办对接，学习工作经验、收集意见建议、查纠问题，夯实创建基础工作。开展志愿服务活动，多次组织志愿服务队员深入物业弃管老旧小区和背街小巷，帮助清理垃圾和杂物，维修公共设施，助力呼伦贝尔市创建全国文明城市，将精神文明单位创建工作与"我为群众办实事"实践活动相结合，细化落实促进外贸保稳提质各项有效措施，解决企业实际问题30余项，开展各类宣传教育活动4次。推进窗口作风建设，通过提升业务能力、规范窗口设置、完善制度流程等方式，提升窗口服务质效。

撰稿人

张广春　吴翥儒　闫佳彤

额尔古纳海关

【概况】额尔古纳海关是隶属于满洲里海关的正处级单位，属于口岸型海关，位于内蒙古自治区额尔古纳市，关区范围为黑山头口岸和室韦口岸。黑山头口岸隔额尔古纳河与俄罗斯联邦旧粗鲁海图口岸毗连，口岸客货双通；室韦口岸隔额尔古纳河与俄罗斯联邦奥洛契口岸毗连，因俄方口岸条件所限仅允许进出口货物，上述2个口岸均为对俄罗斯贸易的国家一类陆路口岸。2022年，内设4个科室，即办公室、综合业务科、监管一科、监管二科。2022年，黑山头口岸、室韦口岸临时关闭。

2022年，额尔古纳海关深入学习贯彻习近平新时代中国特色社会主义思想，学习贯彻党的十九大和十九届历次全会精神，学习贯彻党的二十大精神，坚定拥护"两个确立"、坚决做到"两个维护"，完整、准确、全面贯彻党中央和国务院重大决策部署，落实海关总署党委工作安排、满洲里海关党委工作要求，持续加强政治机关建设，统筹落实疫情防控和促进外贸保稳提质，强化安全生产，着力防范重大、系统性风险，深入推进"求实、扎实、朴实"海关文化建设和清廉海关建设，各项工作有序推进。

【党的建设】2022年，额尔古纳海关将学习贯彻习近平总书记重要讲话和重要指示批示精神作为各类学习会议"第一议题"，跟进学习习近平总书记重要讲话和重要指示批示精神96篇，召开党委理论学习中心组（扩大）学习会15次，与青年理论学习小组联动学习8次，累计学习理论文章108篇，党委班子坚持民主集中制，召开党委会24次，坚持"第一议题"制度，学习习近平总书记重要讲话和重要指示批示精神30篇，坚持民主集中制及书记末位表态，研究事项82个。

深入学习宣传贯彻党的二十大精神。党委理论学习中心组发挥"头雁"作用，组织4个党支部全体党员以多种形式收听收看党的二十大开幕会，做到全覆盖，灵活运用"集中+分散""线上+线下""学习+研究"方式，第一时间组织副科级以上领导干部、青年理论学习小组开展学、研、思、讲一体化学习，开展交流研讨，对标看齐谈认识，结合实际谈落实，以党支部为单位召开政治例会，组织全体党员撰写心得体会，把党的二十大作出的部署要求、目标任务落实到具体工作中，以实干实绩践行党的二十大精神。党委理论学习中心组开展专题学习研讨2次，青年理论学习小组开展集中学习2次，各党支部开展集中学习12次，参加海关总署、总关举办的专题学习班70人次，全员撰写学习心得共计33篇，开展主题党日活动3次。

党风廉政建设。对"海关重点项目和财物管理以权谋私"专项整治工作进行动员和部署，制订工作方案，组建工作专班，编制专项整治学习材料汇编，组织相关人员开展集中学习25次，召开专项整治工作推进会21次，调阅资料5000余份，梳理出重点项目79个，排查出廉政风险3个，对发现的廉政风险举一反三，对照"整改任务清单""问题及廉政风险整改清单"梳理认领整改事项10项，制定整改措施16项，已全部完成整改，以开展专项整治工作为契机，常态化开展警示教育和廉政提醒，开展以"铸牢中华民族共同体意识，将全面从严治党推向深入"为主题的党日活动，通过观看警示教育视频、座谈讨论的方式，增强人员法纪意识；利用微信群，推送廉政信息、党纪法规，做到时时有提醒教育，组织全员签订廉政承诺书，发放家庭助廉信，跟进学习驻署纪检监察组通报的典型案例，党总支书记、各党支部书记讲授廉政党课10次，每季度召开党建暨党风廉政建设工作例会，定期与派驻纪检组召开会商通报会研究全面从严治党工作；常态化开展酒驾醉驾警示教育，集中学习法律法规、剖析反面案例、观看教育视频，通过微信群线上推送警示教育学习内容，不断提醒"隔夜酒""酒后挪车""共同犯罪"等易忽视问题，紧盯节假日、干部职工8小时外生活等问题高发时间点，经常性开展谈心谈话，充分发挥好个人自律和组织提醒"双保险"作用。

【巡视整改】2022年，额尔古纳海关召开党委理论学习中心组学习会，学习习近平总书记关于巡视工作的重要论述，召开专题关务会议，研究整改任务分解表，认领4个问题，制定12项具体整改措施，逐项开展整改，建立整改档案，确保整改到位。与专项教育活动和专项整治工作有机结合，坚持每周开展理论学习、更新整改台账、总结整改措施落实情况，修订公务用车管理制度，制定职级晋升工作流程图，从制度机制层面深入整改，确定整改监督工作机制，主动接受职能部门和纪检部门监督、"一把手"靠前监督、各科室接受群众监督，确保整改工作落地见效。

【法治建设】2022年，额尔古纳海关利用党委、党委理论学习中心组、党委党史专题读书班、党史学习研讨专班、青年理论学习小组、各党支部"三会一课"等学习途径，将习近平法治思想与党的二十大精神有机结合，强化关员法律素养，开展法治宣传活动、知识产权、食品安全、宪法、打击毒品走私等宣传活动，提升关员法治思想及普法意识，将习近平法治思想与党的二十大精神贯彻落实到海关法治宣传教育的全过程、各环节，通过在微信群推送习近平法治思想核心等文章，学习习近平法治思想、宪法及党章等知识，增强关员法治理念，强化制度意识。充分利用"钉钉""学习强国"等平台开展海关业务法律法规、规章制度、操作流程的学习，鼓励关员利用业余时间开展自学，增强法治意识和法治观念，形成自觉学法、讲法、用法、普法的良好氛围，提升关员法律知识储备量，注重业务能力与执法能力共同提升，组织业务骨干，开展"关员小讲堂"活动，针对关区范围业务特点，开展相关法律法规讲读，完成对《中华人民共和国海关行政许可管理办法》和《中华人民共和国生物安全法》等7项重要法律法规解读、学习、培训共计20次，对RCEP原产地规则和关税减让政策开展内部培训4次。落实"谁执法谁普法"普法责任制，采取制作宣传条幅、发放宣传单、利用办公大厅电子显示屏滚动播放普法内容等形式，加大宣传力度，提升宣传效果，进行现场大型宣传活动3次，制作宣传横幅5块，宣传展板9块，发放宣传手册600余册，法治宣传效果显著，在关区范围社会营造出浓厚的法治氛围。利用驻地法治广场内容，对关员进行宪法宣讲，组织全体关员利用"北疆普法"等微信公众号进行宪法知识竞答活动，参与率达到100%。2022年9月，围绕"共创食安新发展，共享美好新生活"宣传主题，到社区、广场进行全方位、多视角的宣传，开展线上进口冷链食品安全宣传2次，线下设立食品安全宣传点3个，悬挂宣传横幅3条，制作宣传展板2块，发放宣传材料210份，宣传、咨询、服务群众达200多人次。2022年12月，开展以"学习宣传贯彻党的二十大精神，推动全面贯彻实施宪法"为主题的宪法宣传周活动，与兄弟海关和地方相关部门开展行政许可法和统计法等法律法规宣传、国家安全教育日密码安全宣传、知识产权周宣传、"诚信兴商宣传月"宣传、"6·14信用记录关爱日"宣传、"6·16安全宣传咨询日"宣传等活动10次。

【疫情防控】2022年，额尔古纳海关抓实抓细各项防控措施，动态调整"一线、预备、应急"三支队伍名单和"挑毛病"专家组，增强工作人员新冠防控安全防护能力。全员传达全国海关疫情防控工作专题视频会、满洲里海关指挥部会议精神，组织干部职工深入学习《新型冠状病毒防控方案（第九版）》，对全体人员进行疫情防控知识培训；修订完善疫情内部防控方案和预案，制订《新型冠状病毒疫情防控应急处置预案》《额尔古纳海关新冠疫情防控工作人员安全防护管理办法》《后勤人员疫情期间内部管理制度》。时刻关注国内疫情动态，加强职工日常健康监测，更新因公出差、因私出行管理台账，疫苗接种人员登记台账，收集国内外疫情整理台账，以及"日报告、零报告"管理台账共4个台账，严格落实核酸检测、疫苗接种工作，做到"应检尽检""应接尽接"，编写疫情防控大事记，做好档案留存。对支援其他口岸工作的关员严格落实的封闭管理制度，按照3个月所需物资标准储备防疫物资，规范设置留观室、与医院签订疫情防控技术支持合作协议、指定2名公共卫生监督员、常态化开展办公场所预防性消毒、加强防疫物资管理。提升口岸防控能力，完善口岸突发公共卫生事件应急处置预案，修订口岸常态化疫情防控工作方案，对重点内容反复解读，开展"实战化"口岸疫情防控演练，结合当前疫情防控形势开展协查线索处置、来访人员追溯及内部人员感染桌面推演，组织关员常态化开展防护用品穿脱、鼻咽拭子采集等各种技能培训30余人次，特别针对应对口岸拥堵、一线关员职业暴露、样品溢洒等突发事件组织应急演练，按照一练一总结的工作模式，召开演练总结会，纠正穿脱过程中易犯的细节错误，查找口岸疫情防控工作中安全防护方面存在的漏洞和不足，规范处置程序，提升应急处置能力和个人防护能力。强化属地联防联控，落实联防联控责任，建立相关入境人员转运移交闭环管理、信息通报等长效机制，对口岸疫情防控"三道防线"开展自查，给口岸办发函3次，及时提出海关的意见建议，在严格执行满洲里海关疫情防控各项规定的同时，按照"属地管理"原则落实好地方疫情防控工作指挥部的各项要求，作为成员单位参加口岸城市工作专班会、地方联防联控机制调度会、口岸现场会等会议，协调促进口岸疫情防控改造升级，报送相关数据，为口岸恢复通关做好准备工作。

【监管业务】2022年，额尔古纳海关提升口岸监管业务能力，组织全体一线关员开展专项业务培训10次，对口岸监管作业环节规章制度、操作流程和应急处置进行重点梳理，有针对性地讲解货物现场查验作业要求和抽采样作业流程，提升关员口岸现场查验能力。组织业务骨干到口岸实地学习CT机、X光机和车检系统的操作使用及智能审图应用，持续提升关员机检判图能力，学习打私通报中的各类典型案件和先进打私经验，结合关区范围实际开展分析研判。

【国门生物安全】2022年，额尔古纳海关织牢边境线生物安全网，利用好线上学习平台，采用线上学习线下实操的模式，对病媒生物及外来入侵有害生物理论基础知识及监测技能进行再学习，提升监测人员综合能力。组建多支监测小组，沿中俄边境线及中俄界河中方沿岸开展监测，监测范围最远深入内蒙古自治区最北端恩和哈达，实现关区范围监测全覆盖，及时准确掌握关区范围口岸及周边区域病媒生物种类、数量、分布、季节消长及携带病原体情况，科学预警虫媒传染病的发生、发展、流行趋势，为口岸公共卫生风险控制提供参考依据，开展病媒生物监测技术和个人安全防护培训2次。开展外来入侵物种普查，按照海关总署关于国门生物安全监测与外来入侵物种普查工作的部署和满洲里海关有关工作要求，结合黑山头口岸、室韦口岸实际情况，制订《额尔古纳海关2022年国门生物安全监测方案》和《额尔古纳海关2022年外来入侵物种普查工作方案》，成立由分管关长任组长、业务骨干为成员的2022年国门生物安全监测与外来入侵物种普查工作小组，按照境外动植物疫情信息收集工作要求，指派一名植检专业人员负责收集毗邻国家动植物疫情动态，以黑山头口岸、室韦口岸区域为重点，沿边境线开展国门生物安全监测与外来入侵物种普查工作，在黑山头、室韦口岸采用灯诱法、人工样线调查等方法，开展沙漠蝗、草地贪夜蛾等有害生物常规监测，并将部分昆虫标本送至满洲里海关技术中心鉴定，经鉴定，未发现草地贪夜蛾、沙漠蝗等监测有害生物；在黑山头口岸、室韦口岸以及沿中俄界河中方沿岸周边的马铃薯、番茄种植地选取7个监测点，从苗期开始到秋季收获共开展5次马铃薯甲虫种植地块田间踏查，踏查马铃薯200余株，未发现马铃薯甲虫活动踪迹；在黑山头口岸、室韦口岸区域内开展2轮次外来入侵物种普查工作，采用人工样线法，共采集到植物样本144株，昆虫样本132只，并将部分有代表性的昆虫和植物标本送满洲里海关技术中心进行物种鉴定，经鉴定未发现外来入侵生物；遵循"定人员、定时间、定生境、定方法"的"四定"原则，在黑山头口岸、室韦口岸以及沿边境线与满洲

▲2022年8月23日，额尔古纳海关关员开展进出境动植物疫情疫病监测防控工作（赵亮 摄）

里海关国际旅行保健中心共同开展病媒生物监测工作，共开展鼠类监测23次，捕获五趾跳鼠、蒙古旱獭、鼹鼠、褐家鼠、狭颅田鼠、小家鼠、布氏田鼠共7种鼠类101只；开展成蚊监测26次，捕获刺扰伊蚊、凶小库蚊共343只；开展蜱类监测14次，捕获草原革蜱、森林革蜱、全沟硬蜱、嗜群血蜱4种蜱共101只，蜱中检出立克次体阳性26例、新疆出血热阳性2例。

加强国门生物安全宣传，组织开展以"树牢总体国家安全观，感悟新时代国家安全成就，为迎接党的二十大胜利召开营造良好氛围"为主题的全民国家安全教育日系列活动，联合额尔古纳市国家安全局共同开展国家安全教育日宣传，向过往群众普及生物安全、国门安全和反恐等知识，与额尔古纳市国家安全委员会成员单位在广场共同开展"4·15全民国家安全教育日"宣传活动，做到将国门生物安全理念深入人心，在开展外来有害生物监测过程中向边境居民宣传马铃薯甲虫危害和保护国门生物安全知识，发放宣传册200余份，60余户边境居民接受宣传教育。

【口岸卫生监督】2022年，额尔古纳海关做好年度卫生监督工作，组建卫生监督工作小组，制订年度卫生监督计划，对有卫生监督资质人员开展监督前集中业务培训，重点对监督项目、监测仪器及使用方法进行系统性讲解和实操，提升关员卫生监督工作能力。对黑山头口岸旅检大厅的许可管理、卫生管理、档案管理、环境卫生、设施配备、卫生检测、病媒生物控制等事项每季度进行1次日常卫生监督，加强公共场所微小气候监测，完成公共场所微小气候及空气中细菌菌落总数监测，采集空气样品送满洲里技术中心进行检测。落实"双随机、一公开"和执法记录仪记录全过程的工作要求，做好执法记录和监督笔录，确保检查结果的合法性、准确性、真实性和可追溯性，及时将卫生监督结果在满洲里海关门户网站和旅检大厅公示栏进行公示，确保监督结果公平公正，发现问题及时以书面形式要求相关单位进行整改，并对后续整改情况进行跟踪，保证口岸公共卫生安全。

【口岸恢复通关准备工作】2022年，额尔古纳海关制订关区范围口岸恢复通关计划，统筹人力资源配置，做好人员轮换上岗安排，加强监管设备日常检查与维护，定期开展设备校准、开机检查与保养，确保设备设施正常运转。开展工作方案、卫生检疫标准作业手册等业务知识线上培训，明确通关作业流程及操作规范，对照海关总署口岸疫情防控现场作业监控检查工作简报中通报的问题有针对性开展培训，每月对一线关员及协勤人员开展防护装备穿脱演练，增强一线人员业务本领，按照"一口岸一方案"原则，及时修订完善各类工作方案及应急预案，组织业务骨干研讨口岸恢复通关后可能面临的风险及现存的不足，与地方口岸运营单位对接，提出海关疫情防控需求，及时协调推进口岸恢复通关改造事宜。

【优化营商环境】2022年，额尔古纳海关组织学习海关总署促进外贸保稳提质十条措施、满洲里海关促进外贸保稳提质二十条措施，制定额尔古纳海关促进外贸保稳提质十一条具体措施，促进关区范围外贸保稳提质工作。撰写额尔古纳海关促进外贸保稳提质推进情况报告24篇，放管服举措6篇，建立关长联系企业机制，关长、副关长带队到关区范围企业走访，了解企业生产经营状况，收集企业在进出口环节存在的困难以及对海关工作的意见建议，撰写关于关长联系企业机制落实情况的报告5篇；成立额尔古纳海关企业问题清零机制领导小组，由分管综合业务的副关长任组长，各科主要负责人为成员，领导小组办公室设在综合业务科，通过微信、电话调研、线上座谈实时征集等方式及时收集企业问题，了解关区范围企业生产经营情况，收集企业难点，建立问题台账，对于能解决的当场予以解答，超出权限的及时上报请示并反馈企业，解决企业问题并反馈销账，做好企业"问题清零"工作，助企纾困，解答企业问题15次；发挥专业人才优势，将政策文件分类汇总并向企业进行宣传，开展"送政策上门"服务4次、惠企政策宣讲20余次，参加座谈会、培训会2次。开展"我为群众办实事"实践活动，针对进出口企业需求，为企业讲解《中华人民共和国行政处罚法》《中华人民共和国海关进出口货物减免税管理办法》等多部法律法规，组织业务骨干到关区范围企业"送教上门"，开展深化"放管服"改革优化口岸营商环境相关政策措施宣讲，内容涵盖进口货物、出口货物原产地规则、进口货物减免税管理规定、通关一体化政策，推广"两步申报""两段准入"等通关便利化改革措施，利用微信、QQ、公告栏等平台共享RCEP协定文本，履行普法主体责任，释放海关改革红利，引导企业用足用好相关政策法规；有针对性地做好企业个性化帮扶服务，在业务办理大厅设立RCEP政策咨询服务窗口、AEO优先办理业务窗口，向进出口企业提供一站式服务指导，营造良好营商环境。

【安全生产】2022年，额尔古纳海关学习领会习近平总书记关于安全生产的重要指示批示精神，认识安全生产工作的重大意义，增强安全生产意识，聚焦疫情防控、安全生产、舆情应对处置等风险领域，开展全覆盖式排查，防范化解风险隐患，开展"迎接党的二十大安全生产百日行动"和"口岸危险品综合治理百日专项行动"，在黑山头、室韦两个口岸实行"两固定+多随机"安全检查模式，口岸暂时关闭期间，安全检查不放松，坚持预防为主、科学管理、突出实效的方针，每半个月开展一次口岸安全检查，重要节假日前后各进行一次安全检查，两种检查长期坚持，实行问题隐患清单、整改清单及安全检查记录清单"三个清单"管理模式和销号管理制度，每月召开安全生产工作领导小组会，推进安全生产专项整治三年行动，提升全关安全综合治理能力，防范化解重大安全风险，制定安全生产"吹哨人"预警机制，开展安全生产月活动，以"遵守安全生产法 当好第一责任人"为主题开展党日活动。

【政务管理】2022年，额尔古纳海关开展保密自查自评工作，推进保密工作规范化，组织拍摄保密宣传教育微视频《保守国家秘密，从你我做起》，于2022年5月30日发布在"满关发布"微信公共号，结合当前保密工作形势指定专人解读《数据安全法》，教育干部职工牢固树立数据安全意识，针对近期人员变化情况再次组织排查清理各系统人员授权，动态更新各业务数据应用系统授权底账。强化应急值班，开展培训，确保人人掌握三级在岗值带班、值班信息报送、应急事件处置等要求，细化应急预案，开展疫情内部防控应急处置桌面推演，提高突发事件应急处置能力。加强档案管理工作，召开专题会议学习习近平总书记关于档案管理工作的重要指示批示精神，研究部署档案管理工作，明确责任分工，聘请档案管理专家开展培训，指定专人梳理档案管理制度，规范开展收集、整理、归档、保管各项工作，定期开展档案室安全巡检，重点针对档案室防火防盗防高温等设施排查安全隐患，安装消防报警设备，及时更换干粉灭火器、放置湿温度计、驱虫驱鼠药品等，确保档案安全。

【财务管理】2022年，额尔古纳海关落实中央八项规定及其实施细则精神，精简会议、减少发文数量，树牢"过紧日子"思想，降低一般性支出。加强固定资产管理，结合关区实际修订固定资产管理制度，明确固定资产管理人和使用人职责，建立健全固定资产采购、报销审批流程，确保固定资产及时入账，完善固定资产管理台账，对固定资产的使用实施动态管理，每季度对固定资产开展清点盘查，确保账实相符。

【内控机制建设】2022年，额尔古纳海关动态修订完善岗位职责、操作规范、业务流程，坚持问题导向，定期开展内控节点落实情况自查，完善防错、查错、纠错的自控机制，及时发现问题并予以纠正，明确高风险内控节点和风险评估要求，防范风险隐患，提高内控针对性和有效性。加强海关内部控制与监督子系统等数据监控系统应用培训，举办业务知识"小讲堂"，解读新出台的政策法规，分析业务风险点，提升关员对业务的理解能力、系统应用能力、应对和处置疑难问题的能力。开展"内控示范科室"创设工作，召开专题会议，明确创设职责，对照满洲里海关"内控示范科室"创设标准开展检查自评，将创设工作与提升海关内部控制与监督子系统应用能力相结合。加强各科室之间协作配合，将内控机制建设与管理制度有机结合、协调推进，针对各科室重点岗位职责，加强征税、审价、归类、安全管理等执法环节内控工作。

【队伍建设】2022年，额尔古纳海关助力青年干部成长，夯实青年干部政治思想基础，发挥党委理论学习中心组引领作用，采取专题学习、书记讲党课、开展具有特色的党建活动和业务培训相结合的方式培养提升队伍理论素养，加大党委班子与青年理论学习小组研讨交流力度，坚持"头雁"带"雏雁"，推动党委理论学习中心组和青年理论学习小组政治理论学习"双提升"。成立青年业务骨干组成的工作专班，开展一线科室所有工作人员的业务技能培训，扩大青年关员在业务改革、政策研究、培训调研等方面工作参与度，激发青年关员学习钻研业务的干劲，组织3人参加内蒙古自治区辐射安全防护资质考试、4人参加快开门式压力容器资质考试、3人次参加危险货物及其包装检验资质考试，参加关区课题调研小组，撰写相关重点课题研究，撰写统计分析文章11篇，被各级媒体采用15次。挖掘青年关员手工、绘画、视频制作等方面技能，开展读书会交流活动、"三实"文化建设交流研讨会，学习理解"三实"文化的具体要求，制定推进"三实"文化建设的落实措施，自查梳理出存在问题10个，制定整改措施28项，明确责任人和整改时限，推进问题整改。加强纪律作风建设，学习党章党纪党规，教育引导干部职工严于律己，筑牢思想防线，对关员仪容仪表、行为规范、工作纪律等开展不定期监督检查，发现问题立行立改，强化纪律作风养成。

▲2022年5月9日，额尔古纳海关关员参加"全民义务植树 共创文明城市"志愿活动 （邹秉言 摄）

【精神文明建设】2022年，额尔古纳海关以"三实"文化建设推动精神文明建设，开展每月"道德讲堂——向伟人学习"活动，在办公楼前设置宣传栏，完善图书阅览室建设，加强干部职工社会公德、职业道德、家庭美德教育，提倡勤俭节约，在职工食堂粘贴节约标语，放置节约警示桌牌。每季度开展"一对一、面对面"谈心和建言献策活动，迎接文明办有关工作检查1次，得到好评。推进文明单位创建，专题研究制定创建工作方案，成立创建工作专班，细化责任分工，树牢全员创建意识，与额尔古纳市委宣传部、市文明办等部门联系沟通，介绍文明单位创建工作情况，争取指导和支持。将文明单位创建与党建、业务融合推进，结合"大爱额关"党建品牌精神内涵，开展"线上祭英烈""学雷锋"等丰富多彩的活动，营造浓厚的文明单位创建氛围。

撰稿人

任德辉　赵　亮　赵一鸣

额布都格海关

【概况】额布都格海关是隶属于满洲里海关的正处级单位，属于口岸型海关，位于内蒙古自治区呼伦贝尔市新巴尔虎左旗，关区范围为额布都格口岸，所辖额布都格口岸位于内蒙古自治区呼伦贝尔市新巴尔虎左旗阿木古郎镇，与蒙古国巴彦呼舒口岸隔哈拉哈河相对应。2022年，内设4个科室，即办公室、综合业务科、监管一科、监管二科。

2022年，额布都格海关坚持以习近平新时代中国特色社会主义思想为指导，深入学习贯彻习近平总书记重要讲话和重要指示批示精神，深刻领悟"两个确立"的决定性意义，增强"四个意识"、坚定"四个自信"、做到"两个维护"，落实党中央、国务院重大决策部署，贯彻落实海关总署工作部署和满洲里海关工作安排，坚持把政治建设放在首位，深入学习宣传贯彻党的二十大精神，统筹抓好疫情防控和促进外贸保稳提质，持续推进党建业务深度融合，发挥中蒙俄经济走廊节点海关的重要作用，圆满完成年度各项工作任务。

2022年，额布都格口岸共受理进出口报关单1368份，同比增长50.16%；监管进出口货物35.2万吨，同比下降26.66%；进出口贸易总值17.88亿元，同比增长40.46%；监管进出境运输工具20961辆次，同比下降6.47%；征收税款1.93亿元，同比增长22.37%。

【党的建设】2022年，额布都格海关强化理论武装，提高政治站位，把学习习近平新时代中国特色社会主义思想融入日常、形成常态，坚持用习近平新时代中国特色社会主义思想武装头脑、指导实践、推动工作。牢记海关政治属性，将贯彻落实习近平总书记重要讲话和重要指示批示精神作为首要议题，结合满洲里海关工作部署和要求，研究具体落实措施。严格落实"第一议题"要求，党委班子带头开展集中学习和日常自学，全年累计通过党委会集中学习和党委理论中心组学习等方式开展集中学习研讨24次。落实总关党委部署，持续推进党委理论学习中心组与青年理论学习小组"领学共进"，督促班子成员先学一步、学深一层、多悟一分，带动青年关员及时跟进学、深入思考学、联系实际学。强化对重要文件的学习解读，每周由党委班子成员带领业务骨干集中开展重要文件的学习解读，开展"每日一课"常态化学习活动，各科在工作日每天通过集中学习或网络"微课堂"方式开展学习累计开展政治理论学习研讨140余次，持续打通理论学习的"最后一米"。

提高政治站位，把学习宣传贯彻党的二十大精神作为头等大事来抓，组织全体党员以不同方式收听收看党的二十大开幕会，召开党委理论学习中心组（扩大）学习会研学报告原文，针对报告关键章节、重点内容，深入开展学习研讨，引领全员深化认识、学深悟透。召开党委会，专题传达学习党的二十大精神，研究部署贯彻落实的具体措施，结合海关总署、满洲里海关学习贯彻方案，制定本关学习宣传具体措施12条。党委理论中心学习组、各党支部、青年理论学习小组以"向中心聚焦"为目标，围绕党的二十大报告原原本本学习，开展线上学习研讨和交流学习体会，组织全体关员通过"学习强国"、《人民日报》、"钉钉"等媒体平台开展集中学习和个人自学，各支部以"云座谈"方式召开线上学习交流会，通过重点解读、书记领学、集中讨论方式，结合海关工作开展交流研讨，畅谈学习体会，强化理论认同、情感认同、价值认同。培树"红色讲堂"等学习品牌，发布资料和动态70余篇，开展活动，依托党委理论学习中心组学习、"三会一课"、政治例会、主题党日等活动开展专题学习20余次，采用集中学+分散学的方式，先后开展党委中心组"领学共进"专题学习、党员课堂、"学习感受大家谈""每日打卡"等活动7次，组织撰写心得体会18篇。结合口岸海关实际，把党的二十大精神转化为科学精准做好疫情防控、促外贸稳增长实际成效，聚焦"着力提升产业链供应链韧性和安全水平"等重大部署，紧盯"保通保畅"任务，以"关企直通车"为支点，优化服务模式，促进学习成果转化。

深入开展捍卫"两个确立"、做到"两个维护"、强化政治机关建设专项教育活动和"学习研讨、查摆问题、改进提高"专项工作（"两个专项"），以学习教育为抓手，做到"学研一体促落实"，成立专项教育活动领导小组，党委书记为"第一责任人"，统筹谋划、深入研究、压茬推进，先后15次召开会议审定方案清单、研究推进措施、解决具体问题，坚持动态查摆，全面检视剖析。梳理提炼涉及海关工作的政治要求，及时动态更新、调整完善，形成包含81条具体内容的政治要求清单，从思想认识上、政策把握上、具体措施上、实际落实上逐一对照检查，查摆具体问题18个，有针对性地制定整改措施46项。健全优化"抓落实"机制，以每周例会为抓手，做到"三学三研三落实"，即每次例会要深入学习习近平总书记重要讲话精神和党中央、国务院决策部署，研究形势任务，落实政治要求；学习海关总署领导讲话和海关总署各类文件，研究解读政策，落实部署要求；学习总关领导讲话及总关有关会议精神，研究细化措施，落实工作要求。引导广大党员干部立足本职岗位，把讲政治的要求落实到每项工作中、每个岗位上。丰富一线学习教育形式，结合疫情防控、口岸监管、人员倒班作业等特点，建立"政治例会及时学、对标看齐跟进学、网络平台辅导学"联学机制，完善"线上学习、书记领学、线下研讨"的学习模式，用好身边红色资源，组织参观呼伦贝尔市乌兰牧骑展厅，开展红色文化寻访活动，以体验式教学提升学习教育效果。

夯实党建基础，抓好党建引领，推进"强基提质工程"，发挥各级党组织的政治功能，提升队伍凝聚力战斗力，利用智慧党建平台抓好基础工作，提高党务干部专业化素质。组织青年党员开展"感悟先辈初心·红色剧本杀""红色精神接力讲"活动、"讲红色历史、述边关新貌"座谈会、线上知识测试答题，引导党员以考促学、以学促干，"感悟先辈初心·红色剧本杀"作为优秀主题党日活动报送内蒙古自治区直属工委。发挥"每日一课"线上课堂作用，每日推送习近平新时代中国特色社会主义思想、党史学习等相关内容，引导党员"掌上学""随时学"，累计通过集中学习或网络"微课堂"等方式，开展学习交流研讨100多次。加强"四强"党支部创建，培树"草原党员先锋队""连心桥"等支部品牌，发挥党员先锋模范作用，把"党员带头争做先锋"评价机制作为重要抓手，发挥"口岸联合党建"优势开展研讨交流，激发党员学习热情，使青年关员有所思、有所悟。以党建促团建，推动青年党员、团员在党建活动中相互促进、共同提高，提升团队合作意识。巩固"我为群众办实事"实践活动成功，细化具体措施清单，立足"办实事、开新局"，建立关长联系企业机制，关党委班子成员深入能源进口企业、口岸联检单位、地方共建部门调研12次，多角度征求意见建议，及时解决加严口岸疫情防控措施、规范出口危险品合规申报等实际问题。

组织全体干部职工学习贯彻习近平总书记关于全面从严治党的重要论述，坚持以习近平新时代中国特色社会主义思想武装头脑、指导实践、推进工作，持续筑牢思想根基，运用海关总署、满洲里海关通报案例开展反面警示教育，组织全员观看警示教育片，让广大干部职工从中深刻吸取教训。开展签署廉政承诺书、讲一堂廉政党课，向全体干部职工家属发送廉洁倡议书，以良好家风促成良好党风政风，共筑反腐倡廉防线。召开特约监督员座谈会，不定期一对一听取特约监督员意见，在关企微信群宣传法纪要求，构建关地企联动廉洁体系。结合"现场监管与外勤执法权力寻租"专项整治工作，紧盯中秋、国庆假期节点，排查各类风险，开展落实中央八项规定精神情况等监督检查，一体推进"三不腐"能力和水平。加大对"一把手"、领导班子、党员干部的监督力度，深化行风政风建设，规范领导干部配偶、子女及其配偶从业行为，建立领导干部近亲属存在利益冲突从业行为备案机制，用好监督执纪"第一种形态"，推进全面从严治党和党风廉政建设。

【疫情防控】2022年，额布都格海关落实"外防输入、内防反弹"总策略和"动态清零"总方针，筑牢口岸疫情防控防线，成立口岸疫情防控和促进外贸稳增长工作专班、专项工作组，加强风险研判，成立毗邻国家疫情形势分析小组，每日收集口岸疫情信息，编撰口岸疫情动态，分析研判口岸疫情形势变化，编发疫情动态。党委班子成员靠前指挥，每日开展视频巡查，每周进行风险研判，每月开展分析总结，强化研判分析成果运用，及时调整疫情防控的具体方案和细化措施，先后通过关务例会、指挥部会议研究具体工作21次。落实口岸一线人员个人安全防护和集中封闭管理要求，从严就高开展防护，科长、安全防护监督员全程督导，加强日常培训演练，针对人员卫生检疫岗位安全防护、货运查验领域安全防护等疫情防控各环节技能要求开展培训解读授课，强化对口岸卫生检疫、消毒监督、重点岗位实操培训，采取"线下+线上"培训方式，分批次组织一线和梯队人员围绕健康申明卡核验、流行病学调查、医学巡查排查、采样、红外体温检测、规范案例报送等开展培训，做到全领域、全员、全链条覆盖。结合疫情防控各阶段新要求，研究找准工作中已发现、易忽视、需强调的操作误区和知识盲点，优化培训方向。协调相关领域、现场有针对性地开展无预案演练，组织开展内部突发事件应急处置推演，参与属地疫情防控指挥部、卫健委、公安等部门模拟多场景、全流程演练，组织开展采样过程中人员防护服破损、口罩脱落、人员晕倒等职业暴露突发事件防控应急处置演练，全年参加培训演练510余人次。推进口岸进境运输工具"甩挂"模式，对入境车辆100%开展车体检查。与地方指挥部加强沟通，及时提出意见建议，做到"疫情疫病零输入、关员零感染、操作零失误、通关零延误"。严抓内部疫情防控，及时根据海关总署、满洲里海关及地方防疫最新要求，更新相关方案、预案，严格人员管理，将口岸一

▲2022年11月12日，额布都格海关助力出口防疫物资顺利通关　（孙启越　摄）

线人员、协勤人员、临聘人员纳入健康监测范围，落实"日报告、零报告"要求，做好办公区域、监管场所的消毒通风和外来人员管理工作。2022年，9人因在口岸闭环管理工作中表现突出，被满洲里海关授予个人嘉奖。

【监管业务】2022年，额布都格海关强化正面监管，组织开展对进境运输工具100%车体检查，加强与缉私、边检等部门沟通联系，强化源头管控，坚决杜绝夹藏夹带违禁品的情况发生，运用远程视频监控手段，加强运输工具消毒监督工作，确保消毒过程到位、精准，消毒效果安全可靠。落实各项业务改革措施，优化进出口货物通关流程，推进查验领域内控机制建设，实施随机派单，随机组合查验人员，严格"选查分离"。加强口岸科技化监管手段应用，运用科技手段指导口岸现场查验人员规范使用音视频执法记录仪和单兵查验装备，规范人工查验执法录证工作、移动查验作业终端、单兵音视频等录证设备使用，严格按照海关总署和总关布控指令开展作业并上传照片和储存执法录证资料，完善查验资料、查验照片、音视频执法记录仪录证资料、监管场所固定摄像头实时监控体系。开展口岸监管领域风险防控工作，

加强监管作业场所（场地）规范管理和对海关监管作业场所的巡查力度，开展监管作业场所（场地）安全作业巡查和视频监控检查，做好巡查记录，对发现问题责令经营企业限期整改。梳理业务运行情况评估突发事件风险，完善暴力抗法、核生化、群体性事件等5方面应急预案，通过桌面推演等梳理优化应急响应机制，保障应急指挥体系始终处于激活状态，开展口岸反恐安全检查，维护反恐防护安全装备，开展暴力抗法应对、核生化有害因子监测等专项培训，联合边检开展反恐防暴巡边专题演练，强化口岸单位安全执法协作，筑牢口岸反恐安全防线。

【口岸恢复通关准备工作】2022年6月20日，额布都格口岸恢复通关，额布都格海关结合口岸实际优化完善"甩挂"监管流程，针对通关流程变化，细化现场监管方案，理顺监管流程，强化视频监控提醒，发现问题及时督促整改落实。合理确定安全防护等级和监管作业人员配置，同时保障好疫情防控和进出口货物通关，引导企业以"无接触"方式，安全办结口岸通关手续，提高通关时效。

【国门生物安全】2022年，额布都格海关坚持"多病同防"，专人收集口岸邻国新冠、鼠疫、猴痘、非洲猪瘟等疫情疫病的相关信息，参照相关通报，及时动态调整防控措施，严防疫情叠加，筑牢国门生物安全防线。开展"国门绿盾2022"行动，加大对境外动植物疫情疫病传入和外来物种入侵防控力度，结合口岸实际，做好口岸病媒生物监测，制订《额布都格海关病媒生物监测方案》，组织专业人员成立监测小组，制订监测方案，遵循"定人员、定时间、定生境、定方法"的原则，明确监测目的、范围、对象及时间，累计开展口岸病媒生物本底调查6次，捕获老鼠4种150只、游离蜱36只，在游离蜱上检出立克次体阳性20例，首次检出新疆出血热3例。密切关注口岸邻国疫情信息，严防鼠疫疫情传入，加强与地方卫生、疾控、外事等部门的联防联控和信息共享力度，向企业和口岸运营者制发警示函，提醒企业和口岸运营者做好防范措施，开展运输工具卫生检疫，对发现鼠类、蚤类活动痕迹的，严格依照规定监督运输工具运营者进行除虫、除鼠等检疫处理措施，并及时上报有关信息；重点开展鼠类监测工作，加大鼠类监测频次，对口岸内部发现的孳生地及时清除，指导口岸运营者采取有效措施除鼠除虫，降低鼠密度。开展口岸外来入侵物种普查工作，加强口岸检疫检查，严厉打击非法携带、夹带外来物种进境行为，严防动植物疫病疫情和外来入侵物种通口岸传入。开展口岸病媒生物监测培训，提升口岸病媒生物监测控制能力，联合海拉尔海关缉私分局和边防部队开展国门生物安全主题宣传教育，科普外来有害生物知识，向口岸周边居民发放国门生物安全宣传资料。密切跟踪境内外重大动植物疫情动态，收集境内外重大动植物疫情及人畜共患病疫情信息，严防非洲猪瘟、高致病性禽流感、牛结节性皮肤病等重大动植物疫情疫病传入传出，防止疫情叠加。与地方相关部门建立外来入侵物种联防联控机制，共享疫情信息和监测结果。2022年10月21日，额布都格海关疫情形势分析小组收集到口岸邻国发生牛结节皮肤病疫情，将疫情情况及时通报地方政府，与地方政府联合开展疫情防控工作。强化冬春季高致病性禽流感疫情口岸防控，持续关注口岸邻国高致病性禽流感疫情最新动态，及时了解掌握相关信息，主动对接地方畜牧部门共享信息，与地方主管部门完善联防联控机制，做好重大疫情疫病应急处置演练工作。

【优化营商环境】2022年，额布都格海关推进"放管服"（简政放权、放管结合、优化服务）改革、"两步申报"等海关业务改革，系统梳理促进外贸保稳提质工作8方面20项具体任务，在此基础上细化制定便民利企业16条措施，优化口岸营商环境。建立"关长联系企业"机制，主动做好定点联系服务，班子成员与重点企业强化"点对点"联系，开展线上咨询答疑和关企交流6次，深入开展企业问题"清零"专项行动，利用关企座谈、入企调研、关企政策交流群等多种方式做好政策解读、政策推介，指导企业用惠享惠，加强关地企工作对接，深入地方政府、重点企业开展专题座谈9次，针对企业计划进口煤炭、粮食等实际需求，"送政策上门"加强指导，提出针对性的建议。创新开展进口原油"两步申报+先放后验+汇总征税"通关模式，推行"证照分离"改革，精简进出口环节监管证件，推动"无纸化通关"改革，推广使用电子版《入境货物检验检疫证明》，提高通关效率，降低企业运营成本。完善口岸基础设施，提升监管智能化水平，巩固压缩通关时间成果，与相关单位密切配合协作，主动研究建立完善口岸通关时间监测会商机制，推进行政许可事项清单管理改革，严格高效办理行政许可审批，确保办理"零超时"。

【查缉走私】2022年，额布都格海关保持打击走私高压态势，总结打私经验，汇总分析查发案件，举一反三，提升关员查缉能力。强化对运输工具登临检查、重点区域视频监控和重点现场人工巡查，对进出境车辆构造进行细致研究，要求所有进出境车辆打开其工具箱盖和灭火器箱盖，在疫情期间实现关员不与车体接触，完成车辆检查，严防通过运输工具非法夹藏运输冻品，加强打击冬季冻品走私。发挥海关大数据平台，分析口岸走私特点，与所在关区范围公安、边检等单位加强执法合作，推动部门间数据共享，加强跨部门联合分析、联合研判和联合行动。与海拉尔海关缉私分局、边防部队联合开展打击整治走私犯罪"百日行动"巡边活动，在额布都格口岸周边边境线开展巡查，重点巡查非设关地、监控盲区、边境围网等部位，通过部门协作，精准打击走私犯罪和疫情输入风险。加大打击固体废物走私进境力度，通过实时监控和视频回放、风险布控联系处置、实货复核，强化对进口货物的全流程监管，完善固体废物退运处置机制，严格规范退运查获的固体废物，专人专岗催办完成提离，做到应退尽退，与新巴尔虎左旗生态环境局签订合作协议，建立工作联系制度，做好口岸"双无"固体废物的组织处理工作；组织开展固体废物表观特征、典型图像和现场查发案例培训，提高现场关员商品鉴别能力，掌握常见固体废物共性特点和查发经验，加强疑似商品取样送检力度。开展"网盾行动"，组织开展乘用车检查系统、底盘检查镜、X光机等科技设备实操培训，集中业务骨干研讨"甩挂"模式下车辆、货物海关监管重点，严厉打击夹藏夹带野生动物进境。加强与缉私部门沟通，明晰"两简"案件办理程序、文书使用，深化与口岸联检单位合作，签订打击夹藏夹带合作协议，构建口岸打私防控机制。印发保护野生动植物宣传材料，召开关企座谈会，逐步树立生态保护意识，营造保护野生动植物良好氛围。

【口岸卫生监督】2022年，额布都格海关成立疫情防控工作专班，定期开展针对口岸疫情防控重点场所、重点人群的风险研判，及时进行风险提醒，成立"挑毛病"专家组，通过视频监控、实地检查等方式，对工作中可能存在的风险隐患、漏洞及薄弱环节进行拉网式全面排查，发现一线执法过程中存在的问题和困难并采取有效措施加以解决，严格监督检查，实施岗前检查、工作巡查、全程督察，对个人防护和穿脱过程进行全程视频监控和语音提醒，确保操作严格规范。紧密结合疫情防控形势、年度工作任务和口岸业务实际，先后制定完善疫情防控、安全防护等方案、预案，结合卫生检疫领域内控节点组织开展内控培训，确保卫生检疫各项工作制度完善、职责清晰，结合海关总署、总关通报督查发现问题，立行立改，举一反三，完善常态化监督管理措施。

【安全生产】2022年，额布都格海关狠抓安全生产工作，强化"时时放心不下"的责任感，加强组织领导，建立"党委靠前指挥、领导小组定期研判、各科室严抓落实、各领域排查整改"工作机制，将安全生产领导小组组长调整为主要负责同志，召开安全生产领导小组会议，严格落实"一把手"安全生产责任，带头研究列出任务清单，排查风险隐患，制定风险防范措施，有针对性地建立加强危险品安全监管、执法作业安全、疫情防控安全防护、项目维修改造安全管理等工作方案，每半个月开展1次专项检查，口岸一线每日开展视频巡查，动态更新安全生产隐患问题整改台账，及时掌握情况、指出存在问题。开展安全生产教育培训，组织观看学习《生命重于泰山》电视专题片，严格落实安全生产"三管三必须"（管行业必须管安全、管业务必须管安全、管生产经营必须管安全）要求，排查危险品监管和日常运行中存在的风险隐患及薄弱环节，建立安全生产每日巡查机制，采取"视频监控+实地巡查"相结合的方式，加大对进出境车辆和货物口岸巡查力度，在口岸重点部位、重点环节加装摄像头，实现对"一道防线"区域的非接触式远程有效监控，明确安全责任人，及时消除安全隐患。组织危险货物包装资质考试，成立危险货物包装线上学习小组，采取"日培训+周测试"的方式提高资质考试通过率。建立"吹哨人"预警机制，以"双随机、一公开"为抓手，对关区范围内3家监管场所开展巡查，规范场地日常管理，推进监管作业场所滞留运输工具排查和清理工作。加强原油进口通关现场安全巡查，对发现罐体受损、漏油的进境原油车辆办理快速通关并及时通知企业修缮。对口岸货检楼门窗、外墙等易损坏区域开展细致排查，在重点区域张贴"高空坠物危险""有电危险"等警示标识，更换干粉灭火器12个、加装烟雾报警器15个。梳理完善安全生产协议，加强与地方政府、口岸单位、相关企业的协作配合，建立突发事件应急处置机制，形成安全生产工作齐抓共管格局。

【知识产权保护】2022年，额

▲2022年8月25日，额布都格海关邀请消防救援大队开展消防知识培训并进行消防演练 （李明 摄）

布都格海关开展"龙腾2022"专项行动，紧盯重点渠道、重点商品、重点领域，组建信息收集分析小组，强化风险研判力度，密切与地方主管部门联系配合，推进与新巴尔虎左旗市场监督局签署《加强知识产权保护合作协议》，健全知识产权信息共享机制，加强关地知识产权保护合作。打通关企政策沟通和业务指导渠道，建立关企政策沟通业务指导微信群，提供有针对性的建议与政策服务，鼓励企业申请知识产权海关保护备案。加强知识产权执法培训，规范侵权货物处置流程，通过参加"钉钉"线上培训提升关员执法能力，组织关区范围内企业开展线上政策宣讲会，提供有针对性的政策服务，运用新媒体推送典型案例、召开关企座谈会等多种方式，提升关区范围内企业知识产权海关保护意识，通过悬挂横幅、发放宣传册等方式向公众开展宣传，营造知识产权保护良好氛围。加强冬奥会、残奥会知识产权保护工作，开展对冬奥会、冬残奥标志标识侵权假冒鉴别、知识产权法律法规、执法实践等内容的学习培训，收集侵权高风险商品信息。

【危险化学品监管】2022年，额布都格海关强化危险化学品监管，落实海关安全生产职责，开展"口岸危险品综合治理"百日专项行动、"迎接党的二十大安全生产百日行动"，成立专项行动领导小组，深入学习习近平总书记关于安全生产工作的重要指示批示精神，开展口岸危险品风险隐患大排查，制定《额布都格海关"口岸危险品综合治理"百日专项行动推进表》，明确责任科室、责任人、完成时限，逐项挂账销号，落实"批批验核+抽批检测"检验监管模式要求，严防危险品"伪瞒报"风险。加强危险品监管专业队伍建设，通过微学堂、岗位练兵等方式，分层次开展危险品监管技能和应急处置能力培训，结合进出口危险化学品主要品种、危险特性实际，模拟场景开展危险化学品事故应急处置演练，及时总结经验做法，常态化做好口岸危险品综合治理工作，提升一线人员监管能力水平和应急处置能力。加强源头管控，组织进出口危险品企业开展政策宣讲，引导企业守法经营，督促企业落实安全生产主体责任。综合运用公路舱单系统、新一代查验管理系统对危险品通关状态开展监测，采取"视频监控+实地巡查"相结合的方式加大监管作业场所巡查力度，督促企业及时提离海关已放行危险品，缩短放行后提离时长，降低口岸积聚风险。

▲2022年10月15日，额布都格海关关员对进口原油罐车开展车体检查　（侯宇航　摄）

【海关统计】2022年，额布都格海关严格把好数据审核"第一道关口"，对重点商品进出口数据开展日常监控。利用贸易统计系统、内控平台、CSD系统和日报系统等科技手段，开展统计数据监督检查工作和精准化业务培训，对标《中华人民共和国数据安全法》，规范业务数据使用安全审核，排查清理各系统人员授权，加强授权介质及密钥管理，严格机房出入审批，动态清理监控系统授权，定期更新系统密码，及时调整内控节点，严格按照海关统计数据公布时间节点做好数据发布，提升数据安全管理水平，规范统计数据服务。

【队伍建设】2022年，额布都格海关深化边关队伍建设，加强科长队伍建设，加强执法一线科长的政治素质、业务能力、管理水平提升，为执法一线科长"量身定制"专项任务、研究课题和考核措施，加强工作历练和谈话引导。加强日常学习，坚持"每日一课"学习制度，各科室每天集中学理论、学政策、学文件，深入掌握中央精神和上级工作要求，提高政策水平和业务能力。加强资质人员队伍建设，组织关员参加卫生检疫、动植物检疫、进出口食品安全监管、商品检验及危险品等监管人员资质培训和考试，取得各类资质人员的数量提升。加强青年干部培养，组织建立"青年学习班"，以青年干部为主体成立6个专项任务工作专班，鼓励青年干部发挥专长，参与重点工作及基层党组织工作，为青年干部成长搭建平台。加强纪律作风建设，强化日常养成，严肃考勤、着装、办公秩序等方面工作纪律，推进"三实"文化建设，组织全员学习，提升认识，通过"三会一课"、主题党日等方式围绕实现习近平总书记重要讲话精神的新理念、新思想、新战略交流学习体会，讲读学习心得。落实关心关爱措施，累计谈话60余人次，及时掌握广大关员思想动态，解决实际困难和问题12项，做好应对突发情况饮食保障，建立一线人员"一对一"帮扶机制，发挥正面激励引导作用，为满足条件的一线人员申报奖励，申报关区嘉奖1人。

【精神文明建设】2022年，额布都格海关推进精神文明建设，增强政治机关意识，按照"全面创建、重点培育、持续提升"的工作思路，把精神文明建设与落实社会主义核心价值观紧密结合起来，与推动民族团结进步紧密结合起来，与优化营商环境紧密结合起来，开展"文明单位"提档升级、

"青年文明号"培育创建工作努力培树海关志愿服务品牌。加强窗口作风建设,规范海关对外办事窗口标识,组织关员熟悉业务要求、使用文明用语,提升监管服务综合素质。组建志愿服务分队帮扶助困,巩固"我为群众办实事"实践活动成果,增强社会责任感,组织成立"微光"志愿服务队,深入包联社区开展"关爱困境儿童"等志愿主题活动,共开展资助困难学生、环保宣传、文明城市共建、慰问自闭症儿童等活动10次。

撰稿人

刘 雁　胡海军　崔新跃　孙启越　辛 强
李琳娜　韩红军　叶进凯　胡 浩　花 尔
侯宇航　王一枫

阿日哈沙特海关

【概况】阿日哈沙特海关是隶属于满洲里海关的正处级海关单位,属于口岸型海关,位于内蒙古自治区呼伦贝尔市新巴尔虎右旗阿日哈沙特镇,关区范围为阿日哈沙特口岸,所辖阿日哈沙特口岸与蒙古国哈比日嘎口岸相对应。2022年,内设4个科室,即办公室、综合业务科、监管一科、监管二科。2022年,阿日哈沙特口岸临时关闭。

2022年,阿日哈沙特海关在守护国门安全、"促外贸、稳增长"、兴边富民上担当作为,牢固树立"人民海关为人民"的理念,叫响"口岸兴旗""口岸活旗"的口号,围绕关区范围重点贸易,结合"我为群众办实事"实践活动和关长联系企业机制,重点对关区范围内进口煤炭、矿石情况开展调研5次,推动口岸互市贸易区达标验收、口岸煤炭换装场地建设、科学谋划口岸"三区两通道"建设,完成进境医学排查室负压环境改造,利用阿日哈沙特口岸暂时关闭的"窗口期",梳理完善检疫监管工作方案、制度、预案30余项,探索制订口岸货物吊装"甩挂"运输作业方案,开展各类业务培训、应急演练100余次,为阿日哈沙特口岸2023年1月19日货线恢复通关、2023年2月27日客线恢复通关做好准备。

【党的建设】2022年,阿日哈沙特海关深入学习宣传贯彻党的二十大精神,加强理论学习,党委领头学,发挥"头雁"示范引领作用,党委委员、党总支委员和支部书记申领学习课题,制订党的二十大学习方案,党委理论学习中心组发挥"领学共进"作用,组织党委、总支学习研讨30余

▲2022年3月3日,阿日哈沙特海关开展青年主题座谈会 (沈圣智 摄)

次，党总支书记讲授党课6次，3个支部书记讲授党课15次。全员覆盖学，参加海关总署、关区组织的"线上+线下"学习培训，利用新媒体平台、"学习强国"App、"钉钉"网课、腾讯会议等途径，采用"三会一课"、主题党日、书记宣讲等方式，抓实3个党支部全面学习氛围，利用"学习宣传贯彻党的二十大"学习专栏，打造"线上+线下""集中+分散""规定+创新"学习机制，聚焦群团活动，精选自选动作，开展"小讨论、小辨析"，开展支部书记"二十大专题党课"、青年理论学习小组每周讨论、党的二十大精神知识竞赛活动，组织青年理论学习小组成员撰写心得体会20余篇，与3个结对共建党支部开展党建交流。

做好贯彻落实党的二十大精神宣传工作，成立3个工作小组，定期召开专题会议，通报信息宣传情况、研究确定重点宣传方向，明确职责分工，分配具体任务。在口岸显著位置悬挂张贴党的二十大宣传标语和条幅，旅检进境大厅循环展播有关二十大的宣传视频，在办公区摆设展板，开展"党的二十大精神"大家谈、"寄语二十大、礼赞新时代"感言征集活动、线上学习心得分享会、评选先进典型和先进事迹等。运用微信公众号等平台载体，聚焦工作实际，挖掘特色亮点，强化信息报送，加大宣传力度，做好总结提炼，报送有关图片新闻5期、简报1期、新媒体作品3期和10余篇相关动态信息。

开展捍卫"两个确立"、做到"两个维护"、强化政治机关建设专项教育活动和"学习研讨、查摆问题、改进提高"专项工作，加强组织领导，坚持以上率下，主要负责人第一时间传达研究专项教育活动方案，成立专项教育活动领导小组，专题研究部署，把准活动方向，组织集体学习6次，开展专题研讨3次。拓展党史学习教育成果，把专项教育活动与党史学习教育专题民主生活会、组织生活会深度融合、一体推进，结合海关总署印发的学习资料，常态化开展纪法教育、警示教育、政治机关意识教育，把深入学习贯彻党的十九届六中全会精神纳入党委中心组理论学习、"三会一课"、主题党日重要内容，组织开展专题座谈会畅谈感想体会和主题演讲等系列活动，将专项教育活动的各项要求细化为具体工作举措，对照政治要求和政治标准，统筹推进"学查改"，形成问题清单，明确责任主体，建立整改台账。

加强支部工作，巩固"强基提质工程"成果，发挥基层党组织战斗堡垒作用，以"持续深化廉洁文化建设，打造新时代廉政海关"等为主题讲授党课，3个支部书记围绕"走好第一方阵，我为二十大作贡献"讲授党课，通过书记带头、支委示范、党员跟进、群众参与的全员互动方式，提升"三会一课"、主题党日等组织生活质量。推进完善基层党组织架构，根据人员调整，总支委员会补选1名生活委员，组织清明祭英烈、捡拾白色垃圾、宣传民法典等主题党日活动。深化"我为群众办实事"实践活动，走进地方政府、服务对象、基层一线，听取意见，找准突出问题，实施国门安全、便民利企、凝心聚力"三项工程"。2022年，1个党支部获评关区"先进基层党组织"，2名同志获评"优秀共产党员"，1名同志获评"优秀党务工作者"。

加强党建品牌创建，突出驻地特色、业务特点、工作亮点，深化"碱蓬草""草原雄鹰""红雁"等党建品牌内涵，提炼升华"阿关人的五种精神"，以《以"三个抓手"促支部全面发展，叫响"碱蓬草"党建品牌》为题的政务信息被海关总署相关载体采用，微信宣传作品《碱蓬草：卿本红苗、扎根盐碱、向阳而生》被海关总署"金钥匙"载体采用。2022年，阿日哈沙特海关联合党支部将"碱蓬草"品牌内涵丰富为："红"，卿本苗红、"红"心向党；"碱"，踔厉奋发、"碱"苦奋斗；"蓬"，簪盍良"蓬"、勠力同心；"草"，疾风劲"草"，坚韧不拔；"根"，扎"根"边疆，建设边关。将党建品牌标识设计为：以碱蓬草"根正苗红"的红色作为主基调，以党徽、克尔伦河、碱蓬草及"阿日哈沙特海关联合党支部"汉字作为主元素，象征支部全体党员像"碱蓬草"一样忠诚坚守在党徽照耀下的克尔伦河畔。蜿蜒贯穿的"克尔伦河"既是"黄金水道"，也是"康庄大路"，象征着该支部一路有党的光辉照耀和指引，不忘初心担使命，砥砺奋进再出发。

加强党风廉政建设，组织全员观看警示教育片，学习违纪违法典型案例，开展专题讨论，用身边事警示身边人，剖析执法风险，树立拒腐防变意识；党委委员和支部书记讲授专题廉政党课，开展主题党日等活动，围绕正反面典型事例进行讨论，抓好党风党纪及法规制度教育培训，开展廉政知识应知应会测试，及时了解全体关员家庭情况及"八小时之外"的情况；加强内部监督、日常作风检查，发挥党员干部带头作用，紧盯关键节点，做好国庆节期间前廉政提醒，严禁酒驾醉驾，组织关员家属签订家庭助廉书。

【巡察工作】2022年，阿日哈沙特海关配合满洲里海关第一巡察组对本单位开展的巡察工作，完全接受巡察指出的3方面12项28个具体问题，在此基础上勘定方案、细化措施、明确责任、逐项剖析、逐人训导、逐条整改，由"一把手"诘责过问、督导推动、检查落实，制定整改措施，按照"三个不放过"（问题查找原因不准确、不透彻的不放过；整改责任不明确、不清晰的不放过；整改措施不切实际，针对性不强的不放过）标准，做好巡察整改"后半篇文章"，对反馈意见中涉及的问题，逐条梳理、逐项研究，履行整改主体责任，限定整改时间，确定整改标准，按照"当下改、长久立"的原则，举一反三，形成长效机制，不定期再研究推动、再自查补缺，常态化交流举措落实情况，动态形成切实可行、针对性好、操作性强的举措，确保整改任务落实到位。

【专项整治工作】2022年，阿日哈沙特海关成立"海关重点项目和财物管理以权谋私"专项整治工作推进小组，多次召开专题会议研究部署，围绕重点项目清单深入开展自查整改工作，制订工作计划方案，明确时间表、路线图，倒排工期，压茬推进，强化压力传导和责任落实，形成主要负责人总体抓，班子其他成员结合分管领域协助抓，各科室负责人各司其职，全关上下共同落实的责任体系。把学习教育作为专项整治的一项重要基础性工作，按照专项整治学习教育方案，结合捍卫"两个确立"、做到"两个维护"、强化政治机关建设专项教育活动，开展政治教育、纪法教育、警示教育，增强明法纪、存戒惧、守底线的政治自觉、思想自觉和行动自觉，组织集中学习27

次、考试1次。梳理财务预算、档案库房、公务车辆等非执法领域制度规范，健全管理制度体系。加强专项整治外部宣传，通过电话通知、视频连线等方式与相关企业开展线上政策宣讲并及时公开问题线索举报途径，开展个人违规事项申报，做好"专项整治个人剖析材料"撰写工作，明确撰写内容、时限等要求，逐级审核把关。

【法治建设】2022年，阿日哈沙特海关将普法工作与实践工作紧密结合，发挥普法对规范海关执法和营造法治化通关环境的促进作用，推动海关法律法规全面准确实施，落实"谁执法谁普法""谁管理谁普法""谁服务谁普法"原则，通过集中学习、法治研讨等形式宣讲，利用"4·15"全民国家安全教育日、"4·26"世界知识产权日、5月"美好生活·民法典相伴"主题宣传月等时间节点，开展宣传教育活动，累计开展普法宣传活动4次。开展民法典宣传活动，组织专题学习习近平法治思想和民法典，深刻理解民法典与海关法的关系，在业务现场滚动播放民法典宣讲视频，组织全体关员参与民法典知识线上答

▲2022年5月16日，阿日哈沙特海关开展法治宣传活动　（袁文泉　摄）

题，开展民法典宣传"送法上门"活动，深入口岸企业和群众，发放普法宣传资料300余册，接受法律咨询20人次，提高企业依法治企、依法经营意识。

【疫情防控】2022年，阿日哈沙特海关密切关注国内外疫情发展趋势，指派专人负责收集相关信息，准确分析、科学研判，及时调整口岸疫情防控工作策略，关党委第一时间组织召开专题会议应对新巴尔虎右旗本土疫情，成立疫情防控应对小组，做好疫情内部防控和应急处置，落实属地疫情防控要求，与旗政府相关部门沟通协调，关注区域风险等级变化，全体干部职工配合核酸检测、风险排查。指定专人负责人员健康监测、风险排查、信息报告等工作，落实"日报告、零报告"制度，加强编外人员管理，将家属、共同居住人员纳入"日报告、零报告"范围，明确报告内容、报告时限、报告程序。加强口岸值班人员管理，视频连线慰问口岸值班人员，组织开展线上安全意识教育，严肃值班工作纪律，做好口岸宿舍消毒和后勤保障，将口岸生活区1栋宿舍楼提供给地方政府用作高风险人员集中隔离场所，通过电话、微信等形式同步开展对被隔离管控海关职工的慰问、健康监测、政策宣讲等工作。加强联防联控，与新巴尔虎右旗

卫健委、农牧科技局、口岸办和边检等单位签署应对突发公共卫生事件合作协议，建立定期会晤工作机制，开展形势分析，商定联防举措。强化口岸疫情防控实操性，平均每月组织2次以上口岸疫情应急演练，完善操作流程和工作机制，注重对健康申报、医学巡查、流行病调查、医学排查和转运移送各岗位、各环节业务进行现场实操练习，组织33名关员、16名协管员及2名司机开展防护服穿脱、卫生消毒训练，全年达300余人次。抽调18名关员到其他部门和疫情防控专班支援工作，6人参加闭环超过42天，1名获得海关总署通报表扬，1名同志获得满洲里海关嘉奖表彰。

【监管业务】2022年，阿日哈沙特海关结合口岸实际，优化实际监管模式，完善口岸通关监管工作指引，规范业务操作，每周由一名关领导带队到口岸值守，常态化开展业务能力培训、岗位练兵、应急演练，提升监管业务能力。加强口岸监管设备台账管理，落实管理责任和使用责任，每周开展设备检查，测试红外测温设备、核辐射探测设备、CT机、乘用车检测系统的运行情况，每年按时对监管设备进行校验，确保设备高效稳定运行，定期对负压隔离单元、消毒车、执法记录仪、对讲机、音视频单兵等设备进行运维，发现问题及时处置。

【口岸恢复通关准备工作】2022年，阿日哈沙特海关根据内蒙古自治区《关于做好近期口岸相关工作的通知》要求，研究部署推动口岸恢复通关准备工作，结合口岸实际，做好口岸疫情防控和恢复正常通关前期准备，确保阿日哈沙特口岸按照计划和要求于2023年1月19日顺利通关过货。完善确定口岸恢复通关工作方案，更新确定阿日哈沙特口岸恢复通关工作方案、口岸应对突发公共卫生事件处置预案，落实落细海关各项优化调整工作部署，密切关注落实情况的跟踪检查和动态更新。开展通关各环节理论学习、实操培训、应急演练，通过"以干代训"方式选派业务骨干赴满洲里公路口岸、铁路口岸及职能部门学习锻炼，提升队伍能力，结合各项文件规定，做好开关前期全体关员、协勤人员全方位系统培训。加强沟通联络，与职能部门沟通协调，在职能部门的指导下做好口岸恢复通关前业务能力准备、设施设备准备、业务系统调试和培训，对外筹备与邻国海关就口岸恢复通关、进口煤炭运输方式等事宜的线上会谈准备工作。与地方政府联络配合，参加新巴尔右旗人民政府关于口岸恢复通关工作相关研究部署会议，向地方政府行函《阿日哈沙特海关关于口岸恢复通关前岗位风险隐患排查情况的报告》，就通关方案、保障措施、基础设施建设等方面做好协调准备工作。调试系统设备，保障设施设备正常运行，强化监管设备管理工作，指派专人对口岸门户式车辆辐射探测门、口岸货场地磅、红外体温监测系统、进境智能闸机系统、新旅通系统及扫码枪、查验单兵等设施设备和内部系统做好开关前系统调试，开展运行检查，排查故障，及时维修，保障所有设施设备和内部系统运行正常。

【检验检疫】2022年，阿日哈沙特海关应对重大动植物疫情疫病跨境传播风险，开展国门生物安全教育，密切关注国内外传染病疫情形势，常态化开展监测，关注猴痘疫情流行趋势变化和疫情发生国家、地区采取的公共卫生应对措施，严防鼠类等重大传染病叠加。结合口岸实际，完善监测方案，精细化管理，建立工作专班，成立口岸监测小组，组建工作动态信息群，落实个人防护要求，配足、备齐监测装备，在阿日哈沙特口岸附近进行蜱、鼠和实蝇等生物监测，及时向新巴尔虎右旗人民政府外事办公室送达《卫生监督意见书》。2022年，开展鼠类监测11次，布鼠夹3300个，捕鼠431只，开展游离蜱监测4次，捕蜱虫32只，进行成蚊监测7次，捕获10只，对口岸周边发现不明死因的苍鹰尸体进行实验送检，未发现明显隐患。

开展专业队伍培训和应急演练，与沈阳农业大学联系配合，提高口岸一线工作人员安全意识和监测水平，及时配发防护服、乳胶手套、消毒液等，做好个人防护工作。开展健康宣教，利用宣传册、显示屏和新媒体等多种形式，在口岸和其他场所做好健康提示。与地方外事、商务、卫生健康等部门沟通联系，及时通报信息线索，多部门联防联控，防止疫情传入，严防疫情叠加风险，与呼伦贝尔市新巴尔虎右旗农牧局等主管部门沟通合作，签订防控外来物种入侵合作备忘录，科学预警口岸虫媒、

▲2022年7月7日，阿日哈沙特海关组织开展马铃薯甲虫监测和防治宣传　（王晓宇　摄）

植媒传染病的发生、流行，截断跨境传播链条。加强国境卫生监督，严格有关行政许可管理，指派专人在口岸食堂对相关食材和器皿定期采样抽检。

【优化营商环境】2022年，阿日哈沙特海关推进"放管服"改革，落实"六保""六稳"工作目标，立足实际制定《阿日哈沙特海关促进外贸保稳提质八条措施》，对接新巴尔虎右旗政府，关注关区范围内重大外贸项目，助推口岸互市贸易区、新国门通道、煤炭换装场所建设等，优化整合口岸通关作业模式，探索压缩通关时间、提高通关实效的工作方案和业务流程。落实"关长联系企业机制"，关长深入口岸调研，密切关注口岸煤炭换装场地建设情况，重点对进口煤炭、矿石情况开展调研5次，建立关企沟通机制，完善企业问题收集反馈机制，制定《阿日哈沙特海关企业问题清零机制运行管理措施》，建立健全"收集—研判—处置—评估"企业问题清零机制，推行关区范围内重点企业问题"一对一"快速解决。结合关区范围内企业特点，围绕"企业信用管理""主动披露""综合治税"等方面开展政策宣传，"一企一策"为口岸重点企业提供"点菜式"服务，召开"关企座谈会"，围绕企业"急难愁盼"问题，针对企业信用管理、减税降费等方面开

展政策宣传，以科室为单位建立项目清单，明确任务10余项。开展"民族团结一家亲"主题活动，组织"筑牢中华民族共同体意识 共建美好家园"实践活动，深入"北疆红色堡垒户"互动交流，宣讲海关兴边富民政策。阿日哈沙特口岸煤炭换装场建设完毕，利用关长联系企业工作制度和企业问题清零制度，开展关区范围内企业煤炭进口业务调研，全链条优化煤炭进口监管服务，邀请关区业务专家通过视频教学的方式为地方各相关部门领导宣讲进口煤炭监管和边民互市贸易相关政策，通过培训学习、桌面推演，全流程模拟口岸恢复通关后煤炭进口监管工作，规范查验、采样、制样、送检，为口岸恢复通关后首次开通煤炭进口业务做好准备。推动口岸互市贸易区建设，配合地方政府做好阿日哈沙特口岸互市贸易区封管运营筹备工作，专题研究部署封关运营后的海关监管工作方案，及时根据要求报告和反馈封关运营意见，将阿日哈沙特边民互市贸易区封关运营列入《内蒙古自治区建设国家向北开放重要桥头堡实施方案》中推动落实的重点工作任务。

【查缉走私】2022年，阿日哈沙特海关保持打击走私高压态势，深入贯彻习近平总书记关于严禁"洋垃圾"进境、严厉打击象牙及其制品走私等重要指示批示精神，将打击珍贵动植物制品走私，打击"洋垃圾"、象牙等濒危物种及其制品走私作为联合专项行动重点任务，开展"国门利剑2022"联合专项行动，制订《阿日哈沙特海关打击走私"国门利剑2022"行动方案》，成立阿日哈沙特海关"国门利剑2022"行动领导小组，明确将严厉打击"洋垃圾"走私、象牙等濒危物种及其制品走私、涉枪涉毒走私、农产品和食品走私、重点涉税商品走私作为专项行动重点任务，紧盯人身夹藏、车体夹藏、货物藏匿、伪报品名归类等走私违法活动，将风险信息、正面监管、后续稽查、专项行动全链条紧密结合，关注走私动向，加强风险分析研判，多部门联动，严打重点涉税商品走私，紧盯阿日哈沙特口岸重点、敏感涉税商品，加强对价格、原产地、商品归类相关信息、数据分析研判，开展涉税走私风险集中分析。协同阿日哈沙特边检站，开展专项打击和综合整治，与新巴尔虎右旗公安、市场监管、农牧林草等部门开展联查联控、联防联动，加强与相关执法单位的信息互通和执法协作。定期召开打私专题会议，动态研究口岸走私形势。加强冻品等口岸高风险走私案例分析，以案为例，开展风险分析，密切关注货运、旅检渠道伪报、藏匿等走私风险，加大口岸监管查缉力度，与满洲里海关缉私局的沟通协调，学习培训"两简案件"相关流程，调整做好案件线索移交反馈系统使用授权。

【口岸能力建设】2022年，阿日哈沙特海关加强口岸公共卫生核心能力动态管理，成立阿日哈沙特口岸公共卫生核心能力工作领导小组和自查工作专班，对照《〈国际卫生条例(2005)〉口岸核心能力建设考核工作指引手册》，对口岸沟通协调能力、常规核心能力（传染病监测与防控能力、入出境交通工具检疫查验能力、货物物品的检疫查验能力、卫生监督能力、口岸病媒生物监测与控制能力、卫生处理能力、入出境特殊物品的卫生检疫监管能力、出入境尸体棺柩骸骨卫生检疫监管能力、口岸核生化有害因子监测与排查能力、评估诊治隔离受感染动物能力)、应对突发公共卫生事件应急核心能力三大方面185项内容开展自查,形成自查报告、达标打分表、印证材料准备。按照海关总署和满洲里海关口岸公共卫生核心能力动态管理实施工作方案,推进口岸核心能力自查,逐条对照考核表进行查缺补漏,整理验证材料。协调新巴尔虎右旗人民政府,与卫健委、移民局、口岸办等单位沟通联系,动态更新相关联络机制,共同推进阿日哈沙特口岸公共卫生核心能力建设工作。定期组织和参与相关培训演练,提升口岸应对突发公共卫生事件协同配合能力,梳理口岸检疫查验相关工作规程、作业规范,定期组织对相关检疫查验设备进行梳理、使用和维护,提升队伍业务能力。加强口岸核生化监测,对4台手持式监测设备集中实施校准,将2台门户式辐射探测设备联网运行,定期进行维护和检查,提升口岸核生化监测设备应用效能,强化核生化监测岗位培训,组织开展应急演练,组织执法一线关员参加业务培训和技能考核,组织集中观看《满洲里航空口岸核辐射涉恐事件应急演练》,学习运用典型案例,优化监测流程、改进监管手段、提升查发能力。

【**安全生产**】2022年,阿日哈沙特海关学习贯彻习近平总书记关于安全生产工作重要指示批示精神,开展"口岸危险品综合治理"百日专项行动和"迎接党的二十大安全生产百日行动",组织全体干部职工学习习近平总书记关于安全生产的重要论述,观看《生命重于泰山》电视专题片,提升全员安全意识。完善安全生产领导小组机制,成立以主要负责同志为组长的安全生产领导小组,将安全生产与其他业务工作同步部署、同步推动、同步落实,梳理修订值班管理制度和口岸安全管理制度,全部上墙入册,对照"7+21"项重大、系统性风险,在口岸和湖北办公区对办公场所、计算机机房、档案室、大型监管设备、员工生活区等重点区域"水电暖"进行排查,实施视频巡查和实地检查,查找安全隐患,制定整改措施3项。落实口岸危险品综合治理常态化工作要求,梳理关区危险品存放情况,加强危险品存放监管,完善口岸安全生产机制和突发事件应急预案、危险化学品及易燃易爆品安全管理处突预案,组织各类应急演练5次,加强危包资质管理,开展危险化学品监管技能和应急处置能力培训,提升有资质人员上岗实操能力。

【**政务管理**】2022,阿日哈沙特海关加强精细化管理,梳理完善基层党建制度、内部管理制度、业务工作制度等,建立健全各类规章制度20余项。突出"以文辅政"作用,指定AB角负责办公系统文电收发工作,完善档案管理,建立完善档案管理机制4项,记录阿日哈沙特海关发展历程,对档案室实施改造,组建档案整理工作专班,开展档案资料收集整理,逐年逐类逐项分拣梳理资料,完成自2019年阿日哈沙特海关筹建以来2000余份档案分类归档。重视新闻宣传工作,开展信息宣传工作培训、动态成果经验总结,加强每日动态、调研文章、外宣稿件报送,年内报送各类信息200余条,撰写调研文章4篇。以新媒体作为宣传抓手,关注新闻稿件数量和质量,其中党的二十大精神宣传、"碱蓬草"党建品牌宣传等稿件被海关总署"金钥匙"、满洲里海关"青春满关"等微信公众号刊载。

【财务与后勤保障】2022年，阿日哈沙特海关推进财务独立工作，建立财务工作人员AB角制度，完成阿日哈沙特海关财务账户开通、财务专用章、相关工作人员个人名章篆刻工作，指派财务人员到满洲里海关财务处"以干代训"形式进行学习培训。规范公务用车管理，建立公务用车管理台账，加强相关证照档案的保存和管理，详细记录公务用车使用时间、事由、地点、里程、油耗、费用等信息，定期公示，严格执行指定地点停放管理要求，落实除工作需要外车辆封存停驶制度，加强监督，安排专人严格把关，定期核实相关记录、公示使用和油耗等情况，切实确保行车安全。加强车辆驾驶人员的管理，定期开展驾驶员安全教育培训，严禁酒驾醉驾。落实"过紧日子"要求，加大宣传力度，张贴提示标语，提高全员节约意识，科学规划采购需求，严格日常采购审批，建立资产台账，加强资产管理，倡导无纸化办公，鼓励双面打印，精简打印数量，提高办公耗材使用效能。定期开展巡查监督，规范办公区域用水、用电，严格要求全员下班关电源、随手关紧水龙头，形成厉行节约、崇尚节俭的良好氛围。加强固定资产管理，制定固定资产管理制度，细化固定资产订购审批和报销流程，明确各个环节负责人，开展固定资产清点，明确固定资产具体使用情况，结合关区实际合理配置固定资产，优化资产使用效果，建立固定资产台账，设置资产联络员及时更新变动资产，做到账实相符。

【队伍建设】2022年，阿日哈沙特海关加强干部队伍管理，定期召开思想动态分析例会，建立健全班子成员与普通关员的沟通对话渠道，及时掌握队伍思想动态。加强队伍检验检疫能力建设，推进卫生监督员、卫生检疫医师、动植物检疫资质人员培养，优化人员资质培养计划，摸排动植检、危险化学品、卫生检疫等15类岗位资质，完善人员资质台账，专人负责资质管理统筹，督促全员应考尽考。加大培训力度，组织开展卫生监督员、动植检专家岗位资质、进出口危险货物及其包装检验岗位资质及新冠病毒采样资质等相关培训10余次，采用"线上+线下"相结合的模式，增强理论基础、提升实操能力。截至2022年，培养卫生监督员6人、卫生检疫医师资质6人、签证兽医官资质1人、高级签证兽医官资质1人、签证植物检疫官资质3人、加工食品签证官资质1人、动物检疫查验资质23人以及植物检疫查验资质22人。

撰稿人

宋福振　朱卫东　鲁焕新　王汝汝

阿尔山海关

【概况】阿尔山海关是隶属于满洲里海关的正处级单位，属于综合偏口岸型海关，位于内蒙古自治区兴安盟乌兰浩特市，关区范围为乌兰浩特市、阿尔山市、突泉县、扎赉特旗、科尔沁右翼前旗、科尔沁右翼中旗和阿尔山口岸，所辖阿尔山口岸为国家一类口岸，与蒙古国松贝尔口岸相对应。2022年，内设4个科室，即办公室、综合业务科、查检科、监管科。2022年，阿尔山口岸临时关闭。

2022年，阿尔山海关坚持以习近平新时代中国特色社会主义思想为指导，深入学习宣传贯彻党的二十大精神，深刻领会"两个确立"的决定性意义，落实海关总署党委"铸忠诚、担使命、守国门、促发展、齐奋斗"的工作要求，在满洲里海关党委的坚强领导下，围绕"老关新貌、边关自强"目标，统筹推进疫情防控、促外贸保稳提质和安全生产各项工作。

【党的建设】2022年，阿尔山海关推进政治机关建设，发挥党建引领作用，将深入开展捍卫"两个确立"、做到"两个维护"、强化政治机关建设专项教育活动和"学习研讨、查摆问题、改进提高"专项工作作为树牢政治机关意识的抓手，第一时间成立领导小组，结合实际细化落实方案，制定专项工作推进表，学习领会习近平总书记关于加强党的政治建设的重要讲话重要指示批示精神，做到"人人学、全覆盖"，聚焦"四个是否"和"六对照六看六查"，与习近平总书记重要指示批示精神和党中央经济工作决策部署对标对表，系统检视问题差距和排查风险隐患，引导教育党员干部开展业务工作"从政治上看、从政治上办"，组织关区干部职工开展4轮次梳理，汇总岗位政治标准和政治要求47条，把讲政治要求落实到关区各项工作中、每个岗位上。将捍卫"两个确立"、做到"两个维护"、强化政治机关建设专项教育活动和"学习研讨、查摆问题、改进提高"专项工作与巡视整改、"海关重点项目和财物管理以权谋私"专项整治、推进党史学习教育常态化长效化等工作一体推进，明确整改时间表、路线图、责任人和阶段性目标，坚持边学边查、边查边改，推动16项问题和对应的33项整改措施挂号销账，促进成果转化，推动习近平总书记重要指示批示精神和党中央经济工作决策部署在关区落地落实。

深入学习宣传贯彻党的二十大精神，落实关区深入学习宣传贯彻党的二十大精神工作方案要求，制定细化措施，掀起学习热潮，以"全文读、全员学、全覆盖"为目标，以书记讲学、支部研学、全员共学，打造"云"学习、"云"分享的学习新生态，实现理论学习线上线下同频共振，开展"党的二十大报告金句分享""专题知识竞赛""建功二十大、青年有担当"座谈研讨等主题活动。发挥党委理论学习中心组"头雁"作用，深化"1+3"全覆盖理论学习模式，开展党委理论学习中心组和青年理论学习小组"领学共进"学习模式学习，开展学习2次，党委委员带头宣讲、督学9次，各支部通过"三会一课"、主题党日等形式开展学习交流研讨14次，撰写心得体会23篇，组织开展专题知识竞赛1次，整理"学习重点"小贴士24个，编发学习材料3份，制作宣传展板8块，将党的二十大精神落实到关区工作各领域全过程。

强化政治理论学习，把深入学习贯彻习近平新时代中国特色社会主义思想作为首要政治任务，学懂弄通做实，运用习近平新时代中国特色社会主义思想武装头脑、指导实践、推动工作，落实"第一议题"制度，组织集中学习研讨56次，开展民族工作、安全生产、廉政建设及廉洁文化建设学习，学习党的二十大报告、《习近平谈治国理政》、《习近平新时代中国特色社会主义思想学习纲要》等内容，累计学习习近平总书记重要讲话80余篇次，对"第一议题"涉及的重点工作开展"清单式"督办，形成"学习、部署、落实、反馈"闭环。发挥关党委理论学习中心组示范效应，中心组成员带头讲专题党课，推动青年理论学习小组和各科室、支部及时跟进学习习近平总书记重要指示批示精神，注重学习成果转化。

基层党组织建设。加强党组织政治功能和组织功能，推进基层党建"双提升"行动，持续推动支部标准化、规范化建设，坚持学思践悟、知行合一，党委书记带头参加双重组织生活，为党员干部讲授党课，参加支部书记大讲堂、党务知识大练兵活动，规范做好年度发展党员工作，2名预备党员按期转正，推进"四强"党支部创建，4个基层党支部深挖党建热源，总结特色亮点，深化贴近基层实际、能够传承延续的党建品牌；深化支部共建"结对子"活动，开展结对共建活动10次，发挥支部战斗堡垒和党员先锋模范作用，践行"三实"文化，选树身边先进典型，发挥党员干部打头阵、当标兵的表率作用，8人报名参加"青年突击队"，3名同志因取得6项以上执法一线岗位资质而荣获个人嘉奖。

党风廉政建设。深入推进全面从严治党，"一把手"履行"第一责任人"责任，实行清单化管理，落实"三重一大"事项集体决策制、重要事项请示报告制、意识形态责任制，党委委员带头遵守各项廉政纪律规定，主动如实向组织报告个人重大事项，配偶、子女及其配偶从业情况，接受监督，履行"一岗双责"，按照"权责统一、职责清晰、逐级负责"的原则，构建党委、党总支、党支部责任层层担当、层层分解、层层落实的责任体系，督促、指导分管科室支部书记履行全面从严治党责任；常态化开展警示教育，组织干部职工集体观看警示教育片，学习满洲里海关编发的警示教材，开展典型案例剖析、谈体会活动，用身边事教育身边人，严格执行外出执法廉政告知单制度，坚持节前廉政教育，杜绝酒驾醉驾，全员签订承诺书，定期开展配偶、子女及其配偶从业情况自查；落实中央八项规定及其实施细则精神，深化纠治"四风"，树立"过紧日子"思想，严格"三公经费"、差旅费支出、公务用车管理；开展"海关重点项目和财物管理以权谋私"专项整治工作，贯穿开展政治教育、纪法教育、警示教育，累计召开领导小组会议18次，查阅资料1200余份，实地核实4次，撰写个人剖析材料11份，梳理汇总重点项目52个，发现问题8个，已全部完成整改。

【巡察整改】2022年1月9日至18日，满洲里海关党委第一巡察组对阿尔山海关开展常规巡察，并于2022年3月23日向阿尔山海关党委反馈巡察意见，阿尔山海关党委重视巡察整改工作，全员传达巡察反馈意见和巡察工作领导小组关于巡察整改的工作要求，对照巡察反馈意见，逐条逐项分析，明确整改目标，研究整改措施，细化整改分工，明确责任领导、主办科室和整改时限，制订阿尔山海关党委对满洲里海关党委第一巡察组巡察反馈意见的整改方案、阿尔山海关党委对满洲里海关党委第一巡察组巡察反馈意见整改清单，围绕巡察反馈意见指出的3方面14项27个问题以及提出的四方面整改意见建议，紧盯"三重一大"事项和内部管理短板弱项，研究制定60条整改措施，推动整改工作有序进行。截至2022年底，所有问题已全部整改完毕。

【法治建设】2022年，阿尔山海关根据满洲里海关法治宣传教育工作实施方案，制订《阿尔山海关十四五法治建设工作方案》，推动法治建设和普法宣传教育工作，制定《2022年阿尔山海关普法责任清单》，明确主协办科室，推动各科按照清单开展普法宣传教育活动，组织全体人员参加海关在线学习平台、海关e课堂、"钉钉"App等普法释法课程学习，强化关员法治意识和法治思维，提高关员自身法律素养，做到严格规范公正文明执法。落实"谁执法谁普法"责任制，丰富法治宣传教育形式、内容，面向企业、群众开展普法宣传，开展形式灵活、内容丰富的"民法典主题宣传周"活动，通过悬挂条幅、发放宣传资料、民法典线上答题活动，增强全体关员学法用法遵法懂法的良好氛围，聚焦企业需求开展"靶向式"普法，围绕国门生物安全、口岸疫情防控、外贸保稳提质等重点，设置业务咨询台、派发海关普法宣传资料，依托关企联络群，打造线上线下普法服务平台。

【疫情防控】2022年，阿尔山海关坚持"外防输入、内防反弹"总策略和"动态清零"总方针，强化组织建设，狠抓工作落实，发挥统筹口岸疫情防控和促进外贸稳增长工作指挥部及疫情防控安全防护领导小组作用，落实"一把手"责任制，加强对口岸疫情防控和关区范围内促进外贸稳增长工作统筹协调，形成由党委书记负总责、关党委委员对分管领域负责、各科室各司其职抓落实的良好局面，推进各项工作的落地见效。坚持疫情防控工作重大问题党委集体研究制度，定期召开疫情防控工作会议，落实满洲里海关统筹口岸疫情防控和促进外贸稳增长工作指挥部工作要求，及时研判形势、部署工作、解决问题。完善疫情防控各类制度机制和监管场所设施配置，落实海关总署、满洲里海关疫情防控各项要求，结合阿尔山口岸工作实际，制订防控预案、方案11个，开展集中学习，针对重点文件组织解读与研讨 36 次，结合工作实际抓好相关防控措施的落实。完成科技化装备配备，实施口岸应对重大疫情卫生检疫设备购置计划，提升口岸疫情防控现场查验、疑似筛查、隔离转运等能力。强化人员梯队建设和人力资源保障，整合现有人力资源，根据医学背景、从业资质、身体情况建立 3 个人员梯队，确保人力资源保障充足，发挥各自优势，全部一线关员均取得《入境人员新冠病毒采样岗位能力及防护技能培训合格证书》，15 人通过安全防护监督员考试，13 人取得卫生检疫医师资质。做好人员安全防护，成立安全防护领导小组，明确各工作环节、各工作岗位的防护要求，建立三级专兼职安全防护监督员队伍，遵守不同工作岗位的"岗前检查、工作巡查、全程督查"和"双人作业、互相监督"规定，保证制度要求有效落实，根据人员防护要求的不断调整，紧跟修订相关防护制度和现场布设，按时开展人员安全防护自查排查。制定疫情防控教育培训制度，设立疫情防控学习及演练工作台账，定期开展学习培训、文件解读、集体学习和应急演练，学习掌握疫情防控最新要求，开展模拟核酸采样、进口冷链货物采样等各类场景演练，邀请兴安盟疾控中心专家来阿尔山海关开展个人安全防护培训。2022 年，开展各类培训 46 次，实操培训演练 11 次。强化内部监督检查，设立卫生监督小组，每周随机对内部疫情防控情况进行检查，保证规定动作 100% 做到位，2022 年，卫生监督小组共开展内部疫情防控检查 87 次，发现问题 5 条，均已整改完毕。发挥安全防护专家组和"挑毛病"专家组的作用，定期、不定期开展全面检查，对发现的问题立查立改；配合督察审计、纪检监察等部门的监督工作，并对监督检查中发现的问题对照自身、举一反三，制定整改落实台账，及时向相关部门反馈整改落实情况，确保问题"不贰过"。落实关心关爱措施，主要负责人通过电话、微信等方式了解借调隔离人员思想、工作、心理状况，组建帮扶小组，为居家健康监测人员提供一对一帮扶，保障食品、防护用品充足，协调解决干部职工家庭实际困难，做到"一线防疫用心，后方保障无忧"，年度考核评优、先进推荐等向防控一线倾斜。

抓好内部疫情防控，建立健全内部疫情防控制度，落实"五有三加强"防控要求，强化内部疫情防控制度建设，先

▲2022 年 10 月 18 日，阿尔山海关开展货物监管模拟演练　（何洪滨　摄）

后制订23项内部疫情防控制度,根据防控要求,及时修订完善相关制度,累计更新内部疫情防控职责清单13版。做好干部职工健康管理,执行"日报告、零报告"制度,组建微信排查群覆盖临聘和后勤服务人员,排查内容涵盖全员核酸检测情况、封控管控区隔离报备等情况,指派专人每天汇总排查,按时报送满洲里海关办公室和人教处。加强健康安全教育,对全体干部职工持续开展疫情防控和个人安全防护教育培训,提升个人安全防护意识和能力,提倡大家相互提醒、相互监督,共同养成良好的卫生习惯,克服麻痹思想、厌战情绪、侥幸心理和松劲心态,降低染疫的概率。加强人员出入办公区管理,全体干部职工签订个人安全防护承诺书,落实进入办公区测温、岗前申报本人及共同居住人的绿码及健康状况,对外来人员进入办公区采取测温、验核健康码、行程码,严格执行"谁审批、谁负责"。落实办公区消毒要求,制定《疫情防控公共场所预防性消毒工作制度》,对一楼大厅、餐厅、楼梯间等公共区域每天至少完成2次消毒,并登记台账,加强快递包裹消毒,制定《疫情防控公共场所快递包裹管理制度》,建立消毒台账,严禁把私人快递包裹带入办公区,公务包裹带入严格登记,做到时间、人员可追溯。严格人员外出审批,制定出差出行人员管理措施,外出人员出发前完成审批手续、扫码登记出行台账、按属地要求开展核酸检测等工作,外出返回人员严格遵照管控措施,落实核酸检测要求,返岗后及时履行销假手续。严格防疫物资管理,修订完善防疫物资采购管理办法,由办公室负责统一管理,设置防控物资三级管理台账,指定专人负责清点、统计、收发,做好入出库登记,确保防护物资准备充足,满足疫情防控需要。

加强联防联控,与兴安盟行署、阿尔山市政府以及公安、卫健委、口岸、边检等部门进行沟通座谈,通达海关疫情防控要求,厘清职责边界,及时提醒建议地方疫情防控指挥部落实相关防控要求,就高风险人员进出境信息通报、通关现场秩序维护、检疫隔离区设置、人员转运、样本采集、信息共享等工作交流沟通,形成协作机制。开展监测预警,提升分析研判能力,成立疫情监测预警小组,针对国内外疫情,强化收集邻国疫情形势和防控政策变化,每日汇总信息情况,与卫生健康部门的信息共享,根据国内外疫情发展形势,分析研判,及时调整相关防控措施。与兄弟海关沟通,交流学习防控经验,增强工作的预见性和敏感性,保持高度警惕,确保口岸防控履职到位。针对口岸开关事宜,按照海关总署、满洲里海关疫情防控要求,向地方口岸部门提出改造要求,就内蒙古自治区"三道防线"验收工作提出海关相关意见建议。提升本土疫情应对能力,第一时间启动应对本土新冠疫情应急处置预案和人力资源保障预案,召开线上党委会,分析本土疫情形势,对疫情防控工作进行研究部署,确保疫情防控各项工作有序开展。疫情期间,全体干部职工及家属严格遵守属地各项防控要求,在做好个人防护前提下,组建14人的志愿服务队,派遣12名关员配合社区人员开展管控工作,得到兴安盟、乌兰浩特市、各社区的一致好评。

【监管业务】2022年，阿尔山口岸处于闭关状态，阿尔山海关以"强基提质"为目标，把学习作为提升能力的重要手段，增加执法知识储备，强化一线监管能力，推动口岸围封整改，以强边固防、疫情防控相关工作要求为契机，现场调研口岸现状，推动兴安盟行署和阿尔山市两级政府单位履行主体责任，加大口岸基础建设投入，完善口岸监控设施。加强知识产权保护，开展知识产权"龙腾行动2022"，学习贯彻《2022年满洲里海关知识产权保护专项行动方案》，制订完善《2022年阿尔山海关知识产权保护专项行动方案》《2022年阿尔山海关知识产权保护专项行动量化考核任务分解表》，与地方知识产权主管部门加强协作沟通，共同推动知识产权保护工作取得实效。

【国门生物安全】2022年，阿尔山海关开展国门生物安全监测，结合口岸现状和进出境业务特点，科学制订阿尔山海关国门生物安全监测实施方案，细化职责分工，提升监测效果，扩大监测范围，新增监测点6处，按照不同种类病媒季节消长特点有针对性地开展工作，全年共开展监测19次，捕获各类病媒100余只。在入境口岸及口岸周边开展植物普查工作，共采挖植物样本59株，在普查区域发现外来物种植物小白酒草80多株、大麻35株和凹头苋12株，开展外来入侵昆虫监测，开展小火蚁、沙漠蝗、马铃薯甲虫监测工作，共捕捉昆虫15只。加强查验人员培训，利用线上线下方式，组织岗位技能练兵、岗位资质和能力提升培训，开展病媒生物监测理论知识和实操培训，组织2人参加动植检普通查验岗位资质考试，1人参加动植检专家岗位资质考试，在口岸现场组织非洲猪瘟疫情防控演练1次，提高一线人员查发能力。强化数据汇总分析，撰写分析报告，提升监测预警作用，督促口岸运营单位做好环境综合防治，完善检疫处理设施建设，确保快速预警、应急处置及时，与农业农村部、自然资源部、生态环境部、林业部等部门沟通协作联动，共同开展打击非法引进外来物种和种子苗木工作。开展国门生物安全宣传，向联检单位、口岸周边农户宣传外来生物的种类、入侵途径、给生产生活带来的危害、防范措施以及相关法律法规等知识，主动对接出入境管理局，在办证大厅投放宣传册，开展现场宣传活动，引导民众关注全球其他疫情情况，提高群众维护国门生物安全意识，实现国门生物安全防控工作与群众生活有机融合。开展"多病共防"，关注猴痘、不明原因儿童急性重型肝炎疫情流行趋势，结合毗邻国家疫情形势，及时调整应急工作方案。

【优化营商环境】2022年，阿尔山海关发挥海关职责优势，推进落实《内蒙古自治区以更优营商环境服务市场主体行动方案》和《关于推进跨境贸易便利化改革优化口岸营商环境的实施意见》，根据满洲里海关制定下发的《满洲里海关关于推进跨境贸易便利化改革优化口岸营商环境实施意见的任务分解表》《满洲里海关关于推进〈自治区以更优营商环境服务主体行动方案〉落实工作的任务分解表》，主动认领任务，压实压紧责任，制定具体工作举措，结合海关总署促进外贸保稳提质十条措施、总关二十条细化措施，出台阿尔山海关十三条具体细化措施，提升跨境贸易便利化水平。

发挥"一把手"为组长的

▲2022年9月16日，阿尔山海关收到企业赠送的锦旗　（何洪滨　摄）

营商环境专班功效，关党委委员深入重点企业、业务一线开展调研，收集企业意见建议，结合海关工作逐一研究，找准企业诉求，强化责任意识，持续推进跨境贸易便利化改革，从激发市场活力和社会创造力的大局出发，推动兴安盟、满洲里海关实施方案的各项举措落地见效。宣传各项外贸促进政策，指导行政相对人用好用足相关政策，确保政策落到实处，加强调研，及时征求意见建议，持续优化营商环境，2022年，解答企业咨询、指导备案50余家次。组织关员赴兴安盟经济技术开发区开展政策指导，赴五岔沟组织相关企业进行出口种苗花卉注册登记专题宣讲，赴阿尔山口岸现场宣讲海关监管作业场所建设注意事项等，让企业了解海关政策措施。支持阿尔山边民互市贸易区海关监管作业场所建设工作，将互市贸易区海关监管作业场所申建工作列为重点工作任务，做好互市贸易区海关监管作业场所申建指导。支持关区范围内龙头企业出口，开展"一企一策"精准服务调研工作，结合企业出口计划，提前做好安排，指定专人对接，发挥协调员制度作用，指导企业享受认证企业各项便利措施，采取提前处置、优先查验、即报即放措施，及时检验和出证放行。发挥满洲里海关及阿尔山海关两级关长联系企业机制作用，问需于企，及时了解外贸企业进出口需求与难题，保障外贸企业货物在疫情期间有序出口。依规做好行政审批工作，梳理阿尔山海关行政审批事项，根据相关文件要求及时调整行政审批权限，完善更新本关行政审批权限目录清单、服务指南，开展行政审批事项业务学习，明确岗位职责，对审批权限在直属关的事项，指定专人对接，确保及时受理、审批。深化"多证合一"改革，提升企业备案便利度，发挥企业协调员作用，办理新设立报关企业商事主体备案申请时可以同时办理海关报关单位备案申请，提升窗口服务水平，严格落实一次性告知、首问首办负责制，持续保持业务办理"零超时""零差评"。

【稽核查工作】2022年，阿尔山海关高度加强稽核查业务技能学习，夯实业务基础，增强风险防控本领，落实后续监管职责，提升后续监管效能，全面排查梳理关区范围内企业，研判稽查重点企业，通过海关稽核查业务管理系统完成执法人员的"双随机"工作，利用满洲里海关互联网官网及时完成"一公开"工作，开展稽查作业1起，查发问题1起，稽查有效率100%,开展核查作业4起,开展贸易调查3起。开展部门间联合检查,与兴安盟市场监督管理局配合制定、印发《阿尔山海关 兴安盟市场监督管理局关于印发〈兴安盟2022年出口商品生产企业"双随机、一公开"联合检查工作方案〉的通知》,并通过内蒙古自治区协同监管平台录入相关随机事项清单库、任务库,完善企业库及人员库,充分运用"双随机"功能,随机确认检查企业及执法人员,强化部门间沟通协调,与市场监管部门就监管机制、检查方式、作业流程等各个环节多次会商探讨,形成规范化流程。

【查缉走私】2022年,阿尔山海关保持打击走私高压态势,根据《满洲里海关打击走私"国门利剑2022"联合行动方案》要求,制订阿尔山海关专项行动实施方案,成立工作专班,明确工作目标和任务,强化责任担当,主要负责人履行打击走私"第一责任人"职责,靠前指挥,统筹安排,推进严厉打击"洋垃圾",打击野生动物、象牙等濒危物种及其制品,打击防疫物资和疫苗非法出境,打击涉枪涉爆涉毒走私,打击食品农产品走私,以及打击涉税商品走私工作,把打私工作作为践行"两个维护"的具体体现。加强口岸走私风险研判,提升查缉技能,提高处置违法违规行为的能力,重点关注部分口岸城市新冠疫情形势和走私情事,及时收集邻国公开信息,综合分析关区以往发生的案例,研判阿尔山口岸可能存在的走私风险,加强同满洲里海关缉私局、海拉尔海关缉私分局、口岸监管处、风险防控中心、阿尔山边检站等单位、部门的协调联系,指定专人多方收集走私风险信息,及时交换信息,提高风险信息有效性和准确度。组织法规制度、典型案例培训5次,参加总关缉私局"送法上门"培训,加强关员风险研判、快速办理行政处罚案件能力。开展打击走私宣传教育,紧紧围绕打击走私的重点、热点,主动对外宣传,扩大宣传受众覆盖面,走进口岸2次、走进社区5次、走进校园1次,向大众普及海关法律法规和进出境相关知识,普及识毒防毒知识,引导群众提高法治意识,动员广大群众参与,形成全面打私的良好局面。

【安全生产】2022年,阿尔山海关贯彻落实习近平总书记关于安全生产的重要论述,树牢安全发展理念,从源头上防范化解重大安全风险,完善安全生产小组工作机制,明确职责任务,定期组织召开安全生产

▲2022年9月5日,阿尔山海关开展出口食品备案种植场核查工作 (贾一赫 摄)

工作会议，开展专题教育培训，把习近平总书记关于安全生产的重要论述作为学习重点，发挥党委理论学习中心组带头作用，形成全面学习的局面，组织全体关员观看《生命重于泰山》等安全生产教育片，派员参加地方政府组织的安全生产专题培训班，学习安全防范知识。加大安全生产公益宣传力度，开展"遵守安全生产法 当好第一责任人"安全生产月主题宣传活动，聚焦活动主题，以学习宣传贯彻落实国务院安全生产委员会部署的安全生产十五条硬措施为主线，组织开展特色活动，推进安全生产责任意识教育走深走实。加强安全检查，排除安全隐患，强化口岸卫生检疫领域安全风险防控，按照海关总署最新版防控技术方案、操作指南和有关工作要求，完善更新相关预案、方案，组织培训、演练工作，强化各条线安全风险防控。坚持月度自查、条线核查、定期集中检查、节假日专项提示的安全生产风险隐患排查整治长效工作机制，按照《满洲里海关安全生产大检查工作方案》要求，2022年上半年重点围绕危险品检验领域、口岸卫生检疫领域、动植物检疫领域、食品安全监管领域、执法作业安全领域、计算机机房安全领域、办公场所安全领域，开展风险隐患排查，形成阿尔山海关安全生产问题隐患及整改台账，2022年下半年结合《满洲里海关安全生产工作领导小组关于切实做好"防风险、保稳定、迎二十大"有关工作的通知》要求，开展安全生产隐患互查自查、对照检查，发现6方面问题，均已完成立行立改。根据《海关总署关于开展"口岸危险品综合治理"百日专项行动的通知》及《满洲里海关关于开展"迎接党的二十大安全生产百日行动"的通知》要求，召开专题会议，组织学习通知精神，制订两个"百日专项行动"工作方案，细化分解"百日行动"实施清单，推动工作落实。

加强安全生产联防联控，与地方政府、应急管理部、交通运输部等有关部门重新签订相关协议与备忘录，梳理明确责任分工，明晰监管职责，参与并推动安全生产跨部门监管协作，配合相关部门开展安全生产检查、应急处置，形成安全监管合力。规范阿尔山海关通关监管作业现场防范和处置恐怖袭击事件和有关应急准备工作，维护社会稳定，保护现场人员生命财产安全，开展应急处置演练，组织口岸反恐实战演练1次、核与辐射突发事件应急处置演练2次，健全完善口岸反恐防爆的快速反应和协调机制，提升口岸安保应急处置能力。

【队伍建设】2022年，阿尔山海关建立岗位资质人才库，对关员岗位资质取得情况、培训考试情况、人才培养使用管理等情况进行调研，实施动态管理机制，制订"个人能力培养计划"，支持鼓励"一岗多能，一人多专"，参加各类培训70余人次。截至2022年年底，平均每名关员获得3项岗位资质，3人获得6项及以上岗位资质。树立鲜明用人导向，规范开展副科级领导干部选拔、晋升工作，选派15人次先后到海关总署、满洲里海关、业务现场学习锻炼，培树青年业务专家，成立各类课题小组3个，参与报送党建、政研、监管等课题调研工作。

【精神文明建设】2022年，阿尔山海关落实意识形态工作责任制，持续推进理想信念教育，践行社会主义核心价值观，弘扬"扎根边疆、建设边关、把关服务、无私奉献"边关精神,在盟、市两级文明办的指导帮助下,推进精神文明创建工作,把巩固和扩大文明单位创建成果与党建工作统筹谋划、共同部署、一体推进,贯穿各项工作的始终。党委书记听取专题工作汇报,研究部署精神文明建设工作,制订2022年度阿尔山海关精神文明建设工作计划,结合盟、市文明办创建工作要求,落实12个方面共计30项工作任务,明确目标、分解步骤、落实责任,形成关党委负总责、办公室具体推动、其他科室合力共建的创建格局。

撰稿人

冯　强　辛传亮

通辽海关

【概况】通辽海关是隶属于满洲里海关的正处级单位，属于属地型海关，位于内蒙古自治区通辽市，关区范围为科尔沁区、霍林郭勒市、开鲁县、科尔沁左翼中旗、科尔沁左翼后旗、奈曼旗、库伦旗、扎鲁特旗和通辽经济技术开发区。2022年，内设4个科室，即办公室、综合业务科、查检科、稽核查科。

2022年，通辽海关在满洲里海关党委的坚强领导下，坚持以习近平新时代中国特色社会主义思想为指导，深入学习宣传贯彻党的二十大精神，严格按照海关总署党委工作部署、满洲里海关党委工作要求，立足新发展阶段、贯彻新发展理念、构建新发展格局，恪尽职守、担当作为，"铸忠诚、担使命、守国门、促发展、齐奋斗"，完成各项工作任务。2022年，进出口贸易总额53.2亿元，同比下降3.8%；受理报关单5984票，同比增长25.85%；监管进出口货物38.61万吨，同比增长27.47%；征收税款2505.41万元，同比增长35.64%；受理检验检疫申请3971批次；审核签发各类证书3975份。

【党的建设】2022年，通辽海关党总支下设办公室党支部、综合业务科党支部、查检科党支部、稽核查科党支部共计4个支部，坚持把政治建设摆在首位，加强政治机关建设。把学习宣传贯彻党的二十大精神作为首要政治任务，全体党员干部原原本本、逐字逐句学习党的二十大报告和党章，参加海关总署党委和满洲里海关党委组织的学习培训，联系实际、深入思考，做到学深悟透、入脑入心，制定下发《通辽海关关于学习宣传贯彻党的二十大精神的通知》，发挥党委班子和领导干部"头雁"效应，开展"双组双促、共学共进"专题研讨、"我学、我讲、我做"等活动，通过"三会一课"、主题党日等形式开展学习，结合通辽海关实际，围绕铸忠诚、担使命、守国门、促发展、齐奋斗，深入开展调查研究，形成课题报告，被《内蒙古工作》杂志刊载。严格落实"第一议题"制度，将贯彻落实习近平总书记重要讲话和重要指示批示精神作为党委会首要议题，完善学习、传达、督促、落实习近平总书记重要指示批示精神闭环链条，坚持重要文件解读制度，建立贯彻落实重大决策部署台账，强化跟踪问效。推进巡视整改，建立巡视整改工作台账，按照时间节点重点推进各项整改措施落实，结合工作进度适时开展整改措施落实情况"回头看"，做到查缺补漏，配合开展巡视整改满意度测评。落实意识形态工作责任制，构建党委统一领导，党总支、各支部三位一体意识形态工作机制，结合关员思想动态和建党、国庆等重要时间节点、政治节点，加强意识形态工作，牢牢把握意识形态工作的领导权和主动权，党委专题研究部署意识形态工作2次。

抓好理论武装，发挥党委理论学习中心组的龙头作用，深化党委理论学习中心组和青年理论学习小组"领学共进"成果，坚持"全面自学、会上领学、交流研讨、书记小结"的学习模式，坚持先学一步、学深一层，始终用习近平新时代中国特色社会主义思想凝心铸魂，组织党委理论学习中心组集中学习13次，学习习近平总书记重要讲话59篇，交流研讨13次，中心组成员上党课6次，青年关员阶段性成果汇报交流6次，撰写调研报告1篇。营造良好政治生态，严守政治纪律和政治规矩，组织学习《中国共产党党内监督条例》《中国共产党纪律处分条例》等党内法规，落实《中共中央关于加强对"一把手"和领导班子监督的意见》，党委委员以身作则，强化纪律意识，坚决贯彻落实中央八项规定精神，严格遵守各项制度，增强规则意识，落实民主集中制，完善议事决策程序，重新修订《通辽海关党委"三重一大"事项集体决策制度》，执行重大事项请示报告制度。2022年，召开党委会13次，研究议题62项。

强化政治机关意识，开展捍卫"两个确立"、做到"两个维护"、强化政治机关建设专项教育活动和"学习研讨、查摆问题、改进提高"专项工作，构建党委理论学习中心组、党总支、党支部三位一体学习体系及党委理论学习中心组与青年理论小组"领学共进"机制，开展学习研讨105次，形成示范领学、督学、导学、研学的良好氛围。梳理不同岗位政治标准和要求19项，排查风险隐患9项，制定并完成整改措施30条，党员干部在"实践、认识、再实践、再认识"的往复循环中，增进捍卫"两个确立"、做到"两个维护"的政治认同、思想认同、理论认同、情感认同。推进"强基提质工程"，落实满洲里海关党委"抓党建、促业务、转作风、强管理、防风险"的党建工作思路，坚持做到党建、业务工作同谋划、同部署、同落实、同检查，深度融合，深化"四强"党支部建设，落实"三会一课"、政治例会、主题党日等制度。建立互助机制，开展党支部"结对子"活动，不定期开展会议交流、线上研讨等活动，推进"一品牌一特色"工作，对下设4个党支部党建品牌进行全面升级，开展品牌交流展示，丰富品牌内涵，发挥党建品牌示范引领作用。

推进全面从严治党，始终保持严的主基调，一体推进"不敢腐、不能腐、不想腐"，打造清廉海关，完善廉政教育常态化工作机制，把学习贯彻习近平总书记关于全面从严治党、党风廉政建设和反腐败工作的重要论述纳入理论学习重要内容，以"警示教育月"活动为契机，开展正反面典型教育，以"身边事"教育警醒"身边人"，强化监督制约机制，坚持与派驻纪检组会商通报制度，加强内控机制建设，靶向监督重点部门、重点岗位、重点人员，规范权力运行，运用好监督执纪"四种形态"，特别是"第一种形态"，针对苗头性倾向性问题，及时开展谈话提醒。

【专项整治工作】2022年，通辽海关组织成立"海关重点项目和财物管理以权谋私"专项整治工作领导小组，召开领导小组会议12次、专题推进会议5次，压紧压实责任，开展政治教育、纪法教育、警示教育学习55次，支部书记讲授廉政党课6次，开展个人违规事项申报及逐一谈话15人次，组织撰写专项整治工作个人剖析材料，对照重点问题参考提纲开展全面自查自纠，梳理出重点项目79个，排查问题10个、廉政风险3条，制定防控措施29项，完善财务制度12项，规范财务管理，建立健全廉政风险防控长效机制。

【法治建设】2022年，通辽海关把民法典列入理论学习中心组、支部集体学习重要内容，引导关员学习《民法典权威解读》等公众号内容，利用关企微信群、办公群推送辅助学习资料，以图文、案例、短视频等多种形式学习民法典知识，结合涉检案件办理等实际工作，组织一线关员深入学习研讨相关法律法规。开展"送法进企业"活动，利用外勤执法等机会"送法上门"，实施"嵌入式"法制宣传，发放宣传材料，在海关办事大厅集中摆放法制宣传资料，利用多媒体平台进行以RCEP、AEO企业认证等为主要内容的专题宣传活动，有针对性地回应企业需求，以"8·8"海关法治宣传日为契机，组织志愿者集中开展现场宣传活动，交流民法典知识，提高普法实效性，加深企业对民法典的认识。

【税收征管】2022年，通辽海关强化进口审价作业，提升税收征管水平，持续关注税收重点企业、税源商品，实时开展监控分析，采取价格咨询与市场调查相结合方式，全面掌握商品价格信息，紧跟地方重点项目，加强与满洲里海关关税处的联系沟通，结合新管理办法为关区范围重点内资项目建设企业开展政策辅导，做好政策宣讲。做好减免税工作，释放政策红利，指定专人提供减免税审批全过程指导，快速高效为企业办理相关审批手续，组织业务骨干研究减免税新政策，指导企业更正提交资料中设备商品名称翻译不规范等问题，避免企业在后续监管中遇到问题，提前做好应对工作，确保企业充分享受国家优惠政策。推进原产地证书无纸化申报和自助打印，开展RCEP宣传工作，全年共审核签发原产地证书1861份，签证金额11.62亿元。

【疫情防控】2022年，通辽海关强化责任意识，压紧压实疫情防控主体责任，坚持周例会工作机制，及时研判形势，跟进完善各类应急处置预案，制定疫情防控责任清单，全力做好常态化疫情防控工作。加强个人安全防护，严格职工每日健康监测、工作人员"出差、出行双报备"管理，对重点人群定期进行核酸检测，协调地方主管部门开展加强针疫苗接种，确保"应检尽检、应接尽接"，抓好疫情防控措施有效落实，强化办公区域日常消毒、信息登记等8项制度执行，制定突发情况应急处置程序，完善预防性消毒、应急演练程序。组建"预备、应急"队伍，强化防护技能专业培训和演练，开展疫情防控应急处置演练6次。加强监督检查，严格落实每月自查、随时检查、安全监督员每周巡察、派驻纪检组督查工作机制，及时发现问题、堵塞漏洞。落实联防联控工作要求，与通辽市卫健委、疾控中心、内蒙古民族大学附属医院等建立协作配合及发热转运机制。保障疫情期间企业顺畅通关，选派业务骨干值守，帮助企业解决因疫情产生的实际问题，收到企业感谢信1封、锦旗

1面。

【检验检疫】2022年,通辽海关开展动物疫病疫情监测,完善非洲猪瘟等重大动植物疫病应急预案,防范猴痘等各类疫情叠加风险,制订供港澳活牛疫病监测计划并组织实施,开展牛布鲁氏菌病、牛结核病、牛口蹄疫、牛结节性皮肤病等6类传染病监测,开展供港澳活牛企业检疫处理监督工作,制定进出境动物检疫工作人员安全防护管理制度,明确供港澳活牛检疫及采样环节个人安全防护要求,检验监管活牛2211头,货值5748.25万港元。开展饲料及饲料添加剂安全监管,按照布控指令开展查验,规范取样送样检验。严格进境粮食初审及后续监管,采用现场监管、视频监控及动态表单相结合方式进行,及时解决发现问题,确保进境粮食安全,指导进境粮食加工企业严格落实运输、接卸、存储、加工、下脚料处理等环节防疫制度,按要求开展有害生物监测,对进境粮食加工企业资质进行核定,督促企业完善质量安全体系建设,开展业务关区范围进境粮食加工企业资质核定工作。强化国门生物安全疫情监测,科学制订监测计划实施方案,开展进境粮食外来杂草监测、实蝇监测,共踏察杂草监测区域5个,设置地中海实蝇、橘小实蝇、瓜实蝇等监测点共15个,进行进境玉米杂草监测4次,监测并防除杂草45种,严格落实冷冻辣椒、萝卜干等安全风险监测计划,累计采集362个样品,开展775项有毒有害物质监测,检验检疫首次出口梅花酱油21.7吨,货值14.5万元。结合关区范围实际,制定"跨境电商寄递'异宠'综合治理"专项行动实施方案,全面调研业务关区范围内"异宠"进出口企业情况,建立台账。

▲2022年8月22日,通辽海关关员开展杂草监测　(谭娟娟　摄)

【特殊监管区域管理】2022年,通辽海关支持通辽保税物流中心(B型)建设,开展政策研究及市场调研,帮助通辽市政府完善通辽保税物流中心(B型)项目近期、远期发展规划,为本地外向型加工制造业服务,推动融入本地物流体系和市场体系。协调保税物流中心运营主体自建物流管理系统接入内蒙古自治区口岸管理办公室"单一窗口"平台、智能卡口企业端与海关"金关二期"系统海关端对接等事宜,提前对海关管理网专线与视频监控专线接入等问题给予规划和指导,为下一步申报、验收及运营打好基础。

【加工贸易管理】2022年,通辽海关加强对企业加工贸易资质能力审核,重点审核禁限类商品，对单耗申报、内销料件、副产品、边角料等加强审价，确保税款应收尽收，严格监管边角废料销毁过程，优化监管流程，防范逃税风险。开展对加工贸易业务的监控分析，根据风险情况及时下达核查指令或要求企业开展自查，提升加工贸易手册设立、变更、核销核准效率，简化企业申请手续，对关区范围内加工贸易业务发生变更进行快速核准。提高加工贸易内销便利化水平，设立业务咨询服务窗口，运用关企协调员制度，对重点加工贸易企业实施"一企一策"帮助指导，切实帮助加工贸易企业解决办理内销业务遇到的难题。2022年，核发加工贸易手册15本，合同备案金额7.98亿元，办理回国留学人员购买免税车辆手续12笔。

【危险化学品监管】2022年，通辽海关加强打击进出口危险品伪瞒报相关工作，严格危险化学品监管个人安全防护及采制样和样品管理标准操作规程，梳理进出口危险化学品监管工作流程，规范现场查验及采样安全操作，通过业务文件学习解读、参与危险化学品监管知识测试、网络平台学习等方式，加强危险化学品监管人员知识培训，提高出口危险化学品监管业务水平。严格落实双人双资质上岗、岗前检查、工作巡查、全程督查、互相监督等制度，督促关员涉危作业个人安全防护到位。梳理关区范围内危险品进出口状况，依据重点企业具体情况以及危险品危险特性，结合属地查检安全作业指引，落实危险品执法作业相关规范，对进出口危险品优先安排取样送检，快速监管放行。

【服务关区范围内特色产业】2022年，通辽海关鼓励优质玉米深加工产品出口创汇，帮助企业应对原料补充难题，支持龙头企业和支柱产业稳住外贸大盘，对进口玉米调运、加工、下脚料等"快审快放"，降低企业原料成本，保障关区范围玉米深加工出口产业链畅通，加强与口岸海关的信息沟通和协作配合，为企业加快办理进境含湿损玉米调运事项，为"白名单"企业通关保畅发挥作用，保障出口玉米蛋白粉快速通关，坚持主动服务，深入关区范围内企业开展"送教上门"，解读海关出口政策，通

▲2022年2月14日，通辽海关关员对出口糠醛开展查验　（姜宇　摄）

报出口国（地区）饲料技贸措施信息，引导企业提升质量管控水平，坚持严格监管，开展出口饲料安全风险监控，抽取6个玉米蛋白粉样品进行15项有毒有害物质监测，严把出口产品质量。助力红辣椒、荞麦等地标优势农食产品扩大出口份额，加强对出口辣椒农药残留、重金属含量等情况的监控，引导企业和种植户构建辣椒质量安全管理体系。保障供港澳活牛安全稳定出口，深入研究活牛的商品特点，指导帮扶企业完善落实养殖场疫病防控、无害化处理及溯源管理各项制度，针对供港澳活牛在监管、监装、运输等方面标准高、要求严的特点，实行"一对一"检疫指导，探索推广智慧监管，采取"视频+现场"模式提高验放效率，开辟绿色通道，实施"一车多证"模式，降低企业运营成本。建立完善进境粮食后续监管"口岸+属地"快速响应机制、"职能处室+属地海关"上下联动机制，建立进境粮食后续监管绿色通道，优先审核调运联系单，及时跟进货物通关，加强与口岸海关、铁路运输部门联系，做好"堵点"监测与异常处置，及时研究解决问题，高效服务企业进境粮食调运。

【知识产权保护】2022年，通辽海关强化风险分析，对重点企业、优势企业的进出口数据进行全面梳理，结合地方进出口特点开展风险研判，对从事知识产权海关保护岗位人员开展侵权商品辨别、知识产权海关保护相关文件培训，提升知识产权保护的针对性和有效性。加大宣传培训力度，营造知识产权保护氛围，开展知识产权宣传周活动，发放《知识产权海关保护（企业版）》宣传手册，向关区范围内重点培育企业宣传海关知识产权保护措施，普及知识产权保护法律法规，向社会公布知识产权海关保护热线，为进出口企业提供咨询服务。加强与地方知识产权主管部门协作配合，与通辽市市场监管局签署合作协议，建立信息共享、联合执法工作机制，形成打击知识产权侵权行为合力。

【企业管理和稽查】2022年，通辽海关加快AEO企业培育进度，发放调查问卷20余份，对于5家重点培育的高级认证企业指派专人进行"一对一""面对面"指导。聚焦重点进口涉税商品，加强对价格、原产地、商品归类、检验检疫等相关信息、数据的分析，深入研判走私风险，开展稽查，查获1起误报原产地案件、1起遗传物质转移存放地案件。从简从快办理行政处罚各项措施，开展"简快"案件岗位技能培训、实战演练，承办1起加工贸易企业经营海关监管货物记录不真实快办案件。科学开展分类核查，针对企业质量体系运行的薄弱环节提出整改建议，帮助企业提升自我管控能力，对高级认证企业采取合并核查，完成27万吨共计23.8亿元进口玉米加工贸易单耗核查和进境粮食国内生产加工存放单位核查，引导企业自律合规经营，年内开展管理类核查13家、风险类核查作业8家，开展备案信息核查1起，完成2022年关区首笔核查补税作业，形成稽查、核查互补监管。强化专业人才队伍建设，破解涉检案件稽查难题，年内办理涉检稽查作业2起，实现关区范围内自侦涉检案件"零"的突破，加强数据分析，"摸排、风控、调查、稽查"分步开展，稽查查发的某公司走私普通货物案在2022年一审宣判，是满洲里关区首起经稽查查发对嫌疑人作出有期徒刑判决的刑事案件。

【优化营商环境】2022年，通辽海关推行"证照分离""多证合一"改革，4项行政许可实现全流程网上办理，对6家"白名单"企业进行调研，"一企一策"解决困难，对2家AEO企业落实便利措施，新增4家重点培育企业。助力企业高质量发展，降低进出口企业通关成本，落实节假日预约通关工作机制，与口岸海关建立协作配合机制，提高查验效率，扩展"单一窗口"应用范围，在全国通关一体化模式下，允许企业自主选择在口岸海关或属地海关办理货物通关手续，持续巩固通关时效，压缩整体通关时间。加强进出口货物通关时间监控，以目标为导向，建立日监控、周分析、月总结的工作机制，定岗定责，压紧压实主体责任，与报关公司建立常态化沟通机制，指派专人每天定期发送报关单数据至报关公司进行核查，发现异常情况及时处置，建立形成日常可追溯监控台账。2022年，通辽海关通关一体化海运出口整体通关时间为0.53小时，低于全国平均水平。推广应用"提前申报"通关模式，非布控查验货物抵达口岸后即可提离。2022年，通辽海关关区范围内95%以上出口业务采取"提前申报"模式通关。精简进出口环节监管证件和随附单证，加大互联网核查力度，推广无纸化单证备案，除安全保密原因外，关区范围内涉及7种监管证件已实现联网核查。开展营商环境宣传解读月活动，制订包联企业宣传工作方案，指派专人深入企业进行惠企政策宣讲解读，通过送教上门、送策上门、实地调研、关企微信群等形式，广泛宣传RCEP、AEO和通关业务改革等新规新策，支持企业用好用足高级认证企业政策，细化全流程咨询指导，让企业了解、享受政策红利及海关便利措施。采取一对一辅导等方式，指导企业规范管理，提升专业化管理水平，减少申报差错，避免发生程序性违规，为低风险出口货物开辟网络"绿色通道"，实施远程视频查验作业，便利企业通关。加强与通辽市农牧局合作，推进通辽市企业加入粤港澳大湾区"菜篮子工程"，组织专人参与2022年度优化营商环境评估工作。

【行政审批窗口建设】2022年，通辽海关整合办事大厅各项对外业务岗位，实现"一站式"对外服务，在办公楼办事大厅入口设立指示路牌，配备标识标语，通过电子屏公布"一个窗口"服务规范，通过电子显示屏公布本关受理场所的地址、受理的事项种类、办公时间、咨询电话、行政审批流程，在受理窗口公布投诉电话，在窗口提供行政审批事项服务指南、申请人满意度评价表供申请人查阅使用，设置业务咨询专岗进行疑难解答，严格执行"首问负责制"和"一次性告知"制度。

【查缉走私】2022年，通辽海关开展打击走私"国门利剑2022"联合行动，结合属地海关特点和区域走私新形势，推动成立通辽市打击走私综合治理领导小组，形成多部门打击走私合力，提升关区范围内缉私整体效能。持续关注寄递渠道走私国家禁止精神类药品的新态势，落实与地方邮政等部门合作机制，加大线索经营、信息共享和案件查发力度。定期开展重点税源商品、重点行业、归类、价格等涉税风险监控，重点关注进口价格风险，开展联合分析研判，提升关区打击价格瞒骗水平。强化进出口货物查验和检验检疫监管，利用海关风控部门进出口数据优势开展涉检案件专项联合分析,严防进出口货物夹藏夹带涉黄涉非物品、野生动物及其制品等,加大涉枪、涉毒、反宣品打击力度,严防外来有害生物入侵,严把国门生物安全关口。建立"清风行动"部门协调机制,联合林草、农牧、政法等部门下发文件,共同部署打击野生动物非法贸易专项工作。

【助力乡村振兴】2022年,通辽海关建立与通辽市乡村振兴局沟通联系机制,加强对海关派出的驻村第一书记工作指导和日常管理,党委班子定期到帮扶村嘎查调研,全年帮助群众解决各类困难6个,慰问困难户2次,协调黄牛养殖专项资金98万元,支持村民发展合作社养殖,巩固脱贫攻坚成果,争取专项扶持资金27万元,推动嘎查人畜分离项目建设,优化人居环境。驻村干部履职尽责,全年走访村民300余户,为2户严重困难户申请专项资金6万元,挖掘乡村文化潜力,组织节日茶话会和"民俗馆"观摩活动,宣传民俗村规,促进文化振兴。组织帮扶嘎查人员参加天津第二协作区海关2022年"美好生活·民法典相伴"主题宣传活动,张贴宣传标语,为村民发放民法典宣传资料,通过现场案例讲解和互动交流强化村民法治观念,为加强农村法治建设,推进乡村治理体系和治理能力现代化营造健康的法治环境。2022年,通辽海关帮扶嘎查人均收入达到13000元,户均存款达到5万元,全年无村民违纪违法问题发生,被表彰为"自治区文明村"。

【安全生产】2022年,通辽海关党委理论学习中心组开展集体学习研讨,专题研究部署推进安全生产各项工作,学习近平总书记关于安全生产重要指示批示精神,组织观看《生命重于泰山》《焦点访谈——安全生产 不可逾越的红线》等专题片,吸取教训、举一反三,组织开展安全生产"大讲堂""大家谈",主要负责人做安全生产讲解,各科室负责同志结合业务职责交流安全生产工作经验。研究制定《通辽海关2022年安全生产月工作推进表》,细化职责分工,明确时限要求,挂账销号推进工作任务落实,从严传导压力,明晰安全生产权责,安全责任到科室、到个人。明确关区范围企业安全生产主体责任,厘清与地方安全监管部门的监管职责分工,完善与地方安监部门信息线索通报机制,联合地方应急管理部门组织开展安全生产应急演练,进行安全生产知识

▲2022年6月16日,通辽海关开展安全生产普法宣传活动　(谭娟娟　摄)

讲解，现场演练消防器材使用方法，模拟应急演练逃生。常态化开展办公区域安全风险隐患排查并及时落实各项整改措施，开展安全风险隐患排查12次，排查风险隐患6项，坚持立行立改和跟踪问效，鼓励人人都做"吹哨人"，建立全员参与预警机制，营造人人负责的工作氛围。

【政务管理】2022年，通辽海关加强业务数据安全管理，完善业务数据使用安全规范、应急预案，定期排查业务系统使用和人员授权情况，梳理业务应用系统底账，形成动态更新业务数据应用系统授权管理机制，加强业务数据导出硬件建设，落实数据下载导出双人作业制度，严格重大关键时间节点的网络安全和数据安全管理，组织开展数据安全专项行动"回头看"自查，完善业务书籍内部使用、对外提供及数据交换等方面内控管理措施，增加各应用系统登录密码修改频次，保障账号密码安全。制定《通辽海关行政值班管理制度》，实行"7×24小时"值班制度，规范填写值班日志，内容包括值班人员、值班时间、事项处理、交接班情况等。加强政务信息和新闻宣传工作，报送政务信息410条，新闻宣传稿件25篇，其中央视17套新闻采编1篇、《中国国门时报》刊登2篇、《内蒙古日报》刊登8篇、《通辽日报》刊登11篇、通辽电视台报道3篇。严格档案管理，选派专人负责，组织开展《保密法》学习培训，不断提高保密意识，强化机要管理，严格控制知密范围，对密件登记、归档等实行专人负责，完善进出保密室人员登记台账，离开后确认做到"清桌锁柜，人走门锁"，常态化开展保密自查自评和社交媒体使用风险排查，及时消除风险隐患，按照"内外有别、严格把关、严防泄密"原则，严格执行对外宣传审批流程，防范失泄密风险。2022年，开展保密自查4次，整理文书档案6卷83件。

【财务管理】2022年，通辽海关落实"过紧日子"要求，结合"海关重点项目和财物管理以权谋私"专项整治工作，提升财务管理，合理压缩行政费用支出，通过合并派车降低公务用车出行频次，节约人力物力，要求全体人员下班后及时关闭电脑、打印机等用电设备电源、双面使用打印纸，养成节能低碳工作习惯。强化预算执行管理，优化完善财务管理制度，修订《通辽海关经费财务报销管理暂行办法》《通辽海关差旅费报销管理制度》《通辽海关公务卡管理实施细则》等制度。

【内控机制建设】2022年，通辽海关加强内控自主学习和培训力度，提升关员内控意识和能力，落实行政执法的"三项制度"，加强执法领域、非执法领域规范性建设，制定相关制度规定及规范54项。开展自查自纠，梳理清查2017年以来巡视巡察、专项整治、审计及自查发现的问题和隐患，确保及时整改到位。发挥与派驻纪检组会商制度作用，落实监督的再监督，开好廉政风险分析例会、海关特约监督员座谈会，发挥内外监督作用。

【队伍建设】2022年，通辽海关党委理论学习中心组与青年理论小组建立联学共促机制，组建"预备、应急"两支队伍，强化专业培训和应急操作演练，增强干部实战本领，组织学雷锋志愿服务等行动。开展内务督察，突出考勤、工作纪律要求，对发现的问题责任到人、限期整改，发挥思想动态分析例会机制作用,及时了解掌握、分析研判关员思想动态和工作表现,有针对性地开展谈心谈话,解决关员思想问题与实际困难。开展业务学习交流、岗位练兵活动,组织法律法规、稽查条例等专业培训,7人参加稽查岗位练兵及测试,合格率达到100%,4人获得植检签证官、高级植检签证官,以及动检、植检专家查验岗位资质。

撰稿人

孙　哲　于　洋

赤峰海关

【概况】赤峰海关是隶属于满洲里海关的正处级海关单位，属于属地型海关，位于内蒙古自治区赤峰市，业务管辖范围为红山区、松山区、元宝山区、林西县、宁城县、阿鲁科尔沁旗、巴林左旗、巴林右旗、克什克腾旗、翁牛特旗、喀喇沁旗、敖汉旗。2022年，内设5个科室，即办公室、综合业务科、查检科、稽核查科、保税物流园区监管科，以及1个所属事业单位，即赤峰海关综合技术服务中心。

2022年，赤峰海关深入贯彻学习习近平新时代中国特色社会主义思想和党的二十大精神，坚决把习近平总书记重要指示批示精神落实到位，深刻领悟"两个确立"的决定性意义，增强"四个意识"、坚定"四个自信"、做到"两个维护"，提高政治站位，强化政治机关建设，自信自强，勇毅前行，切实将思想和行动统一到党中央、海关总署党委、满洲里海关党委工作要求上来，紧紧围绕关区工作会议精神和关区重点工作开展各项工作，贯彻新发展理念，强化监管优化服务，统筹做好新冠疫情防控和促进外贸稳增长等各项工作，推动全关干部职工以良好的精神风貌和务实的工作作风落实各项部署任务，凝心聚力实现"老关新貌、边关自强"的奋斗目标。

2022年，赤峰外贸进出口总值再创历史新高，达154.2亿元，同比增长25.3%。其中，出口40.3亿元，同比增长30%，进口113.9亿，同比增长23.7%；完成41.9万吨货物出口前监管工作，货值33.6亿元。

【党的建设】2022年，赤峰海关把深入学习宣传贯彻党的二十大精神作为首要政治任务，持续深化"1+3"全覆盖理论学习模式，学习领会精神实质、核心要义，领悟"两个确立"的决定性意义，推动全体干部职工树牢政治意识。关党委以上率下带头学，强化中心组理论学习，党委、各支部、青年政治理论学习小组层层联动系统学，以"线上+线下""集中+分散"等方式，将中央电视台《新闻联播》、"学习强国"平台、"钉钉"平台与《习近平谈治国理政》结合起来，各支部将海关"三实"文化、海关"12个必"工作要求与二十大报告的九个专题结合开展主题研讨，及时更新学习专栏，办公区显示屏滚动播放报告金句，通过微信群共享各类网络学习资源，确保学习"全覆盖"。将习近平总书记依规治党重要论述列入党委理论学习中心组学习内容，围绕贯彻落实党的二十大精神，开展捍卫"两个确立"、做到"两个维护"、强化政治机关建设专项教育活动和"学习研讨、查摆问题、改进提高"专项工作,党委理论学习中心组和青年理论学习小组"领学共进"集体学习3次,各支部学习研讨100余次,讲专题党课25次,撰写心得体会46篇,开展知识测试6次,编制形成赤峰海关2022年度学习材料汇编,各支部和全体干部职工按要求开展学习和交流研讨,发挥青年理论学习小组作用,定期开展学习及研讨交流,累计开展集体学习2次。

加强基层组织建设,开展支部"结对子"共建活动,发挥"四强"党支部引领示范作用,以精细化管理推进支部规范化建设,推进6个党支部补短板、强弱项、争优先,围绕主责主业发挥政治功能和组织功能。加强廉政警示教育,组织全员观看警示教育片,专题学习海关总署10起违纪违法典型案例通报和关区2012年以来查处的违纪违法典型案例,开展"用身边事教育身边人"警示教育活动,组织党员干部职工更为全面地剖析原因,从中汲取深刻教训,加强正面引领,以正反典型事例增强警示教育的实效性,累计谈体会44人次,撰写心得体会23篇。党总支和各支部书记累计讲述廉政党课7次,通过讲解政治认识、纪律规矩、边界底线和廉政形势,强化关员规矩意识。结合"海关重点项目和财务管理以权谋私"专项整治工作,利用集体学习、座谈研讨、交流分享、"三会一课"等形式,安排部署党风廉政建设和反腐败工作,要求全体干部职工忠诚履职、严守纪律,树牢廉洁奉公的底线思维和意志品质。

【专项整治工作】2022年,赤峰海关组织召开专题会议,传达《满洲里海关"海关重点项目和财物管理以权谋私"专项整治学习教育工作方案》要求,将专项整治学习教育与捍卫"两个确立"、做到"两个维护"、强化政治机关建设专项教育活动和"学习研讨、查摆问题、改进提高"专项工作紧密结合,通过党委会、理论学习中心组和党支部"三会一课"等形式,推进政治教育、纪法教育、警示教育相互贯通。通过学习教育,提高涉及重点项目和财物管理相关人员对"海关重点项目和财物管理以权谋私"专项整治工作必要性和重要性的认识,对2012年以来的重点项目进行全面深入的梳理和风险排查,对照5大类项目标准,排查梳理重点项目102项。

【法治建设】2022年,赤峰海关组织关员参加海关在线学习、海关e课堂、"钉钉"等普法释法课程学习,深入学习党内重要法规、重要法律法规、海关廉洁从政重要制度等文件,加大对一线执法关员的法治培训,累计开展学习培训41次,累计学习相关文件23个,利用微信小程序开展线上测试2次,纸质答题开展线下测试44人次,提高关员法律知识水平素养。以企业座谈会和联合社区开展宣传的形式针对性开展疫情防控宣传、进出口食品安全宣传、国门生物安全宣传、RCEP政策培训宣传、减免税政策宣讲,推动法治思维深入人心,营造懂法守法的良好氛围。开展"宪法宣传周"宣传活动,组织召开关区公职律师宪法宣讲会,推动党的二十大精神进机关、进社区、进企业,在办公区域LED大屏幕滚动播放宪法宣传片和优秀法治微视频,在服务窗口放置宪法文本和宪法宣传资料,供群众免费取阅学习。开展以"美好生活 民法典相伴"为主题的企业宣讲会和社区宣讲活动,采用在人流密集区域悬挂条幅、电子屏滚动字幕、微信群发宣传画册、现场发放宣传单等形式开展宣传，以企业和民众常遇到的法律问题案例为出发点，向参与活动的人员耐心解读民法典，现场答疑解惑并公布法律咨询电话，强化与属地法治部门联系，依托内蒙古智慧普法依法治理云平台对民法典等法律知识课程开展全员学习。

【税收征管】2022年，赤峰海关支持企业"走出去"和"引进来"，结合关区范围企业实际，采取提前介入、主动对接的方式，组织企业参加座谈，进行政策法规宣讲，联系关税职能部门，组织专家研究减免税政策，为企业落实优惠政策和减税降费措施、出具征免税证明，指定专人跟进，及时了解企业通关难点并解决企业申报过程中存在的问题，帮助企业用好RCEP关税减让政策，有针对性地对进出口企业指导，帮助企业掌握操作规范和细则，推广原产地证书"智能审核+自助打印"智慧审签。2022年1月4日，赤峰海关为企业签发满洲里关区首份RCEP原产地证书，RCEP关税减让政策在满洲里关区正式落地，全年签发原产地证书3043份，货值18.44亿元，办理64台高端设备进口手续，货值3370万元，减免税款449.1万元。推动加工贸易发展，为2家企业办理加工贸易手册核销结案，进出口备案金额10.31亿元。

【疫情防控】2022年，赤峰海关落实各项防控措施应对本土疫情，完善内部防控制度，组织开展应急演练，严格人员出差出行管理，坚持绿码上岗制，实施"一备案、两打卡"措施，落实"应接尽接""应检尽检"要求，实行防疫物资动态管理。强化联防联控，派员参加市疫情防控指挥部集中办公，与市疾控中心等部门建立应急处置机制，根据市指挥部统一部署，启动疫情防控应急预案，安排4个办公区应急值守，对各办公区全面开展消毒消杀，每日统计干部职工参加全员核酸检测情况，配合职能部门及时了解关区范围疫情防控进展，抓好内部防控，及时向居家办公人员传达总关最新工作要求。

【检验检疫】2022年，赤峰海关开展国门生物安全监测，严防动植物疫情疫病传入传出，分析研判疫情防控形势，修订关区范围重大动植物疫情应急处置预案，健全进出境动植物疫病疫情应急处置流程，密切关注国内外重大动植物疫情，强化境外动植物疫病疫情信息收集和风险预警，摸清关区范围外来有害生物情况，细化落实监测方案，提升植物疫情监测能力，对监测发现的入侵的外来检疫性有害生物及时处置，上报监测结果。2022年，设立监测点21处，开展国门生物监测18次，鉴别杂草40余种。加强进境皮张和进境粮食检疫监管，按照目的地查验指令开展现场动植物检疫，检查病媒/有害生物，防治境外疫情传入，保证进境皮张、进境粮食按照规定调入指定生产、加工和存放企业，严格核对进境数量。开通出口食品、农产品绿色通道，及时办理出口食品生产企业备案、出口食品原料种植场备案，优先办理出口申报和查检出证放行，充分利用海关系统人员、技术、信息优势收集国外技术安全标准和预警信息，及时推送国外技术要求、限量标准和风险信息，帮助企业应对国外技术措施。开展核查作业，检查指导企业落实主体责任，加强种养殖和生产加工环节管理，确保企业卫生管理体系符合要求，保障关区范围出口食品质量安全。推进国家肉类及其制品重

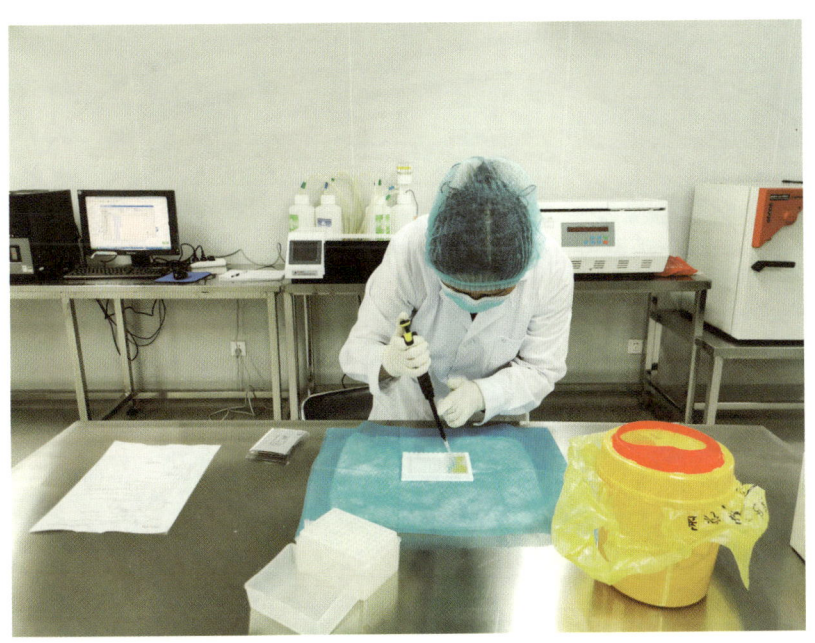
▲2022年6月8日,赤峰海关开展供港活牛监测实验 (赵敏 摄)

点实验室建设,拓展检测项目13项,通过CNAS(中国合格评定国家认可委员会)认证7项,实验室检测样品931个,铜精矿鉴重12批次,取样103个,累计鉴重5.14万吨。强化出口食品、农产品安全验放,监管出口保鲜香菇1038吨,货值1931万元,同比分别增长369%和278%;出口禽肉1544.95吨,货值4241万元,同比基本持平。加强出口化肥检验监管,监管出口化肥28批次、31.77万吨,货值19.28亿元。

【服务"一带一路"建设】2022年,赤峰海关支持中欧班列"赤峰号"发展,发挥保税物流中心平台作用,利用"保税+班列"实现物流畅通、地方获益、企业受惠,持续释放政策红利,提升服务效能,在严密监管前提下,货物"随到、随查、随放",及时查找堵点即刻改进,提高通关效率。开辟赤峰至明斯克(白俄罗斯)新通道,提升通达能力,聚焦地方产业发展需求,助力本地特色产品赖氨酸盐等货物搭上班列快车。2022年,中欧班列"赤峰号"开行8列,货值1.38亿元。

2022年11月21日,赤峰海关监管内蒙古自治区首列"铁路快速通关"模式中欧班列顺利发行,装载天然气发动机、洗衣机、烘干机等货物,共50个集装箱,货值2180万元,经满洲里口岸出境,终点至俄罗斯莫斯科。赤峰海关创新业务模式,助力内蒙古首列"铁路快速通关"模式中欧班列顺利发行,经赤峰发运的中

▲2022年4月6日,赤峰海关关员参加中欧班列"赤峰号"首发开行仪式 (王天雨 摄)

欧班列货物可在属地海关完成报关、查验、放行等通关手续，在口岸海关验核运抵及理货等物流信息即可放行出境，将原来的口岸查验环节前移至启运地，省去企业办理转关手续，减轻企业压力，提升班列运行效率，降低运营成本，实现货物启运地查验、口岸直接放行，保障中欧班列快速无阻碍通关，舒缓口岸压力。保障赤峰快件国际监管中心开通运营，对开通快件业务进行调研，对企开展"一对一"政策推送，组织邮政局、管委会和运营企业开展快件业务培训，借鉴兄弟海关先进的监管做法，制定操作流程，创新监管与服务，增配监管设施，完善业务流程，制订详细监管方案，通过同屏对比和智能审图加强对违禁物品的研判，开展"桌面推演＋实地演练"。

【特殊监管区域管理】2022年，赤峰海关加强赤峰保税物流中心安全生产常态化机制建设，制定《赤峰保税物流中心安全生产通报协调合作制度》，同管委会、运营企业、入驻企业签订安全生产责任书，联合管委会、运营企业进行安全生产联合大检查2次，共同查找安全隐患，共促问题隐患整改。

▲2022年8月17日，赤峰海关关员开展出口花卉种子疫情监测 （刘广宇 摄）

每日利用"金关二期"海关监管系统进行监控，时刻掌握企业"金关二期"账册货物的进、出、转、存情况，做到企业货物状态心中有数，定期开展仓储货物实地核查，核对"金关二期"账册企业货物存储状态、期限、名称、数量以及保质期，及时防范风险。建立保税中心巡逻制度，由协管员每日进行巡查，每月或重要节假日安排关员进行安全生产检查，对检查中发现的问题或影响日常监管的安全问题，及时提醒督促管委会和运营企业进行整改。对仓储货物存储状态及运输车辆情况进行时时监控，掌握仓储货物物流及存储情况，做好相关记录。加强办公场所安全生产检查和隐患排查，注意防火防电、节能减排，确保办公场所安全，学习执行查验工作安全防护规定，确保查验人员安全。

【服务关区范围内特色产业】2022年，赤峰海关助力关区范围以万寿菊种子为主的花卉种子扩大出口，促进农业产业结构调整优化，制定科学监管措施，将花卉种子疫情监测工作列入国门生物安全监控计划，开展虫害、病毒、真菌、线虫等相关项目检测，全面了解掌握花卉种子病虫害发生规律，积累大量疫情监测数据，提高产地检疫、防疫水平，指导帮助企业采取有针对性的防控措施，防止植物疫情疫病发生，提高出口的花卉种子质量，带动广大基地农民实现致富增收，监管万寿菊等花卉种子出口3.97吨，货值1678万元。

促进关区范围酵母稳定出口，加强出口申报前监管，严格按照监督抽检指令开展查检，保障出口酵母质量安全，发挥技术优势，及时向企业推送国外标准信息和限制措施信息，帮助企业规避贸易风险。帮扶企业开拓出口市场，开展"一带一路"共建国家（地区）贸易政策的宣讲解读，加强监管优化服务，针对出口酵母产品订单多、出口国家（地区）多、批量小、发货急、签证量大等情况，缩短工作流程，加快出证速度，提高验放效率，及时出具证书，加快通关速度。助力关区范围液氩出口，多次深入企业开展专题调研，精准把握企业需求，针对液氩生产、灌装、运输等环节进行风险分析，提供"管家式"服务，发挥技术优势，设置专岗，向企业提供危险化学品政策和相关技术法规标准等咨询服务，收集国内外相关政策和技术法规变化，及时告知并指导企业采取应对措施。优化监管措施，鼓励企业提前报备出口计划，预约查检，组织专人线上审核随附材料，快速受理报检，关员在确保安全、规范的前提下，做到查验、送检等环节无缝对接。支持关区范围银铅加工企业转型为加工贸易企业，从合同签订、原料成品存放、出口许可证件、行业标准、工艺流程、主产品成本核算折料件、副产品内销等各环节开展政策帮扶，指导企业使用"单一窗口"申报电子手册、办理电子支付及后期核销手续，督促企业按要求执行海关监管规定，针对产品库存积压、资金周转紧张等困难，指导企业用好保税系列优惠政策。

【危险化学品监管】2022年，赤峰海关关注关区范围危险品检验监管领域，常态化、全覆盖开展综合治理工作，加强进出口危险化学品及危包检验监管，落实持证上岗和安全防护要求，强化制度措施执行，制定赤峰海关查检科出口危险品查检作业指引，紧跟海关总署危险品检验监管改革试点工作进程，结合业务实际，动态调整关键点，规范危险品检验监管，针对出口液氩散装特点，实行"边检验、边装运"模式。建立内控自查机制，定期全流程检查危险品检验监管作业，有针对性地开展"回头看"，排查风险隐患，巩固并提升危险品综合治理工作成效。加强专业队伍建设，开展危险品检验监管专题培训和实操演练，提升一线涉危岗位关员安全规范作业水平和应急处置能力。开展调查研究，密切专注进口危险化学品检验模式改革情况，及时总结出口危险品属地检验监管经验，强化专题培训，定期组织危险品检验监管业务培训，普及涉危单证审核、安全防护、规范执法等相关业务知识技能，提升岗位人员资格认证通过率和执法作业水平。设置专岗受理企业业务咨询，宣传贯彻危险品出口政策法规，帮助解读申报要求、监管流程、检验要素等填报细节，指导企业规范申报出口，帮助企业研究制订专门计划，鼓励企业提前报备出口计划，科学合理统筹查验时间，研究制订监管方案，合理规划检验路线，高效集约利用监管资源。走访企业开展专题调研，聚焦和回应企业关切，结合海关职能职责，帮助梳理业务难点堵点并建言献策提出优化措施，推出专属定制服务，推行提前申报、预约查检、优先派单、"5+2"工作制、加急检测等优化服务措施，压缩出口危险品检验监管流程。与地方部门沟通交流合作，与赤峰市应急管理局签订安全生产合作备忘录，推进安全生产跨部门协同监管。2022年，检验监管出口危险化学品7172.1吨，同比增长48.4%，出口危包使用鉴定170批次37576件，同比分别增加11.1%和26%；监管出口危险品及其包装219批、4.6万件；监管出口液氩25批、4487.4吨。

【优化营商环境】2022年，赤峰海关助企纾困，发挥统筹协调优势，进企业开展专题调研，帮助企业解决难题，对企业问题做到"事事有回音、件件有落实"，聚焦营商环境"需求侧"持续发力，就知识产权、技术性贸易措施、地方保护、RCEP政策、中外双边标准差异等企业急需问题及时送教上门，挖掘企业经济发展潜能，指导企业用足用好各类优惠政策措施。拓展跨境电商业务，打通海关信息端和政府综合服务平台数据交换堵点，全年监管B2B出口货值2.82亿元，同比增长221.5%。支持优异种质资源安全引进，12次前往内蒙古自治区首家"万头"进境种牛隔离场建设现场进行实地指导。精准助力乡村振兴，为结对帮扶村开展小米有机认证及产品推广，认证小米每斤增值1元，年增收300余万元。服务羊绒制品数字化工厂示范项目，精准帮扶企业找准用好政策，开展集中政策宣讲和"一对一、点对点"政策辅导，逐一解读。支持企业引进先进技术设备，推进数字化智能化升级，培育企业发展新动能，现场解答企业疑问，开展远程申报，依托"互联网+海关"安排专人处理企业在申报过程中遇到的问题，快速审批企业减免税材料。助推加工贸易转型升级，分析研判市场走向，发挥加工贸易便利化叠加效应，支持企业从农畜产品加工向冶金化工转型升级。简化审批手续，优化监管模式，实行"电子底账+企业自核""内销集中纳税""网上申报、电子审批"等管理方式。实施"一企一策"，提供个性化服务，指导企业使用"单一窗口"，规范企业执行行业标准，核定工艺流程和单耗计算方式。加强窗口内务规范管理，开展自查自纠，设立应急预约通关机制，公布预约通关电话，提供急事急办、特事特办服务，提高窗口关员办事效率，强化考核和监督机制，在窗口设置"好差评"系统，张贴监督投诉电话，定期和企业沟通，进行服务情况调查监督。

【企业管理和稽查】2022年，赤峰海关强化企业信用培育，畅通与企业沟通渠道，通过走访调研、集中宣讲、微信推送、发放调查问卷等方式做好企业信用宣讲，掌握企业认证需求，选取优质的、有鲜明行业特色的企业进入"高级认证企业重点培育库"。在"高级认证企业重点培育库"企业中选取基础条件好、认证意愿强烈的企业进入"高级认证企业认证库"，对认证库内企业进行一对一针对性培育，指导企业对标《海关高级认证企业标准》，从规范申报、贸易安全、进出口制度规范等方面对企业进行培育。设立企业信用培育专家队伍，到企业现场进行实地指导，通过完善问题收集反馈机制，建立企业"问题清零"台账，压缩认证时长，提升认证效率。2022年，梳理筛选10家企业入选"高级认证企业重点培育库"，梳理筛选2家企业入选"高级认证企业认证库"，完成1家企业AEO高级认证。

落实稽查业务改革各项工作部署，以海关稽查改革为契机，开展专项稽查，发挥专项稽查特点，提升稽查查发率与稽查入库税款额。2022年，开展贸易调查11起，贸易调查作业转稽查作业7起，稽查作业7起，其中有效稽查作业6起，转缉私部门作业2起，稽查部门直接追补税作业3起，稽查部门自主办理简快案件1起，是满洲里关区首个稽查部门自主办理的快速办理案件。以海关稽查改革为契机，开展专项稽查，创新探索"后续核查""贸易调查""精准稽查""三查"联动机制，发挥后续核查在监督监管的广度和时效上的优势，在监管中注重发现企业在合法合规和安全体系管理方面存在的问题，实现有效初筛后续监管环节各风险点；在贸易调查中通过印证核查发现后续监管环节的风险点，摸清贸易底数，精准分析风险和监管漏洞，筛查出查发重点，将贸易调查作为稽查前期经营分析的精准制导手段；利用丰富的稽查查发手段和较长追溯期限等优势突出"查"，对发现的问题查深查透，通过"三查"联动机制，发挥稽核查三种执法手段的优势互补和监管合力，利用后续核查和贸易调查作用，拓宽稽查查发视野，定位稽查打击目标。运用"线上+线下"多种工作手段创新核查方式，开展非现场和现场核查，加大线上取证与现场核实相结合的工作力度，采取视频沟通、线上取证、对发现的问题实地核实、对能现场整改的项目监督企业现场整改完善，对无法现场整改的项目下达《核查整改通知书》督促企业限期整改，防范现场核查安全风险，提高核查工作质量和效能。2022年完成核查作业21起，其中管理类作业10起、风险类作业11起。

【查缉走私】2022年，赤峰海关推进打击走私综合治理各项工作，开展打击走私"国门利剑2022"专项行动、治枪治毒工作、反走私形势分析研判工作，关注关区走私活动出现的新趋势、新特点、重点区域等突出走私问题，系统分析相关走私手法、特点、变化趋势及潜在的走私风险，形成赤峰关区范围相关报告。提升多部门联合打私整体效能，依托国家税务总局、公安部、最高人民检察院、海关总署、中国人民银行、国家外汇管理局六部门打私工作平台，与赤峰市相关单位建立执法配合机制，联合打击留抵骗税工作和出口骗税等工作，增强打私效能，维护公平公正的市场环境和国际贸易秩序。

【安全生产】2022年，赤峰海关学习贯彻落实习近平总书记关于安全生产的重要指示批示精神，观看《生命重于泰山》电视专题片，严格落实安全生产责任，明确分工，细化任务，全力抓好各领域安全生产工作，定期对关区范围出口危险货物包装生产企业、出口危险品生产企业开展排查，及时总结风险点和关键点，动态调整查验要点和作业指引，开展岗前安全教育和业务培训。有针对性地开展"回头看"，排查风险隐患，持续巩固"两个百日行动"工作成效并常态保持。组织开展"安全生产月"活动，开展消防安全知识培训和《安全生产法》学习测试，以集体讨论学、线上统一学、线下自学等方式反复领会安全生产十五条硬措施和安全生产工作的重要性，提高安全生产责任意识。开展关区范围安全生产大检查，对危险品检验、动植物检疫、食品安全监管、执法作业、实验室和办公场所等重点领域的安全风险隐患进行全面深入的排查，确保不留死角，防范化解存在安全隐患的各项问题，强化安全生产实地检查，对于重点工作部署是否立即执行，风险隐患是否及时整改，整改措施是否有针对性、可操作性等问题开展督察，推动安全生产工作落地见效。增强"时时放心不下"的责任感，将精细化管理融入日常工作，每月开展安全生产检查，在重要节假日及重大活动时间节点前开展巡查检查，针对发现的安全隐患建立整改工作台账，明确整改要求和完成时限，实行销号管理，对安全生产工作开展"滚动式"监督检查、经常性"回头看"，补齐安全生产短板弱项，防范安全事故发生。

【队伍建设】2022年，赤峰海关加强队伍纪律建设，开展"内务规范强化月"活动，组织全体干部职工学习海关内务规范、观看相关示范片，明确海关内务规范要求，制订赤峰海关2022年队列训练方案，开展为期2天、共计8学时的队列训练，每月开展内务督察，强化内部管理监督，结合政治机关专项教育活动和"学查改"专项工作，引导全体干部职工规范日常行为，严守工作纪律，提高工作质量。开展"三实"文化建设学习研讨，学习"三实"文化的深刻内涵、现实意义和实践要求，转变工作作风，梳理查摆存在的问题，建立自查整改清单，制定整改措施。修订完善赤峰海关管理制度汇编等规章制度，以制度建设推动管理能力提升，加强财务管理，落实"过紧日子"要求，推进节约型机关建设。挖掘关员潜力，优化岗位职责分工，严管与厚爱相结合，开展经常性谈心谈话，有针对性地做好思想工作，营造凝心聚力、干事创业、团结和谐、风清气正的机关氛围，保障各项工作高效运转。

撰稿人

王亚涛　王天雨　刘涌泉

第八篇

直属事业单位

满洲里海关后勤管理中心

【概况】满洲里海关后勤管理中心是满洲里海关所属事业单位，负责机关安全保卫、环境卫生、固定资产、房产的日常管理和办公、生活基础设施设备的使用维护及服务管理、机关内部生活服务管理，承担满洲里海关在满洲里地区会议及公务活动的服务保障工作。2022年，内设6个部门：办公室，经营部，财务部，生活服务部，物业管理部，车辆管理部。

2022年，满洲里海关后勤管理中心坚持以习近平新时代中国特色社会主义思想为指引，把学习宣传贯彻党的二十大精神作为坚定捍卫"两个确立"、坚决做到"两个维护"的实际行动。深入贯彻上级党委决策部署和工作要求，在关党委的坚强领导下，落实"铸忠诚、担使命、守国门、促发展、齐奋斗"的工作方针，坚持稳中求进工作总基调，完整、准确、全面贯彻新发展理念，主动服务和融入新发展格局，紧紧围绕关区重点工作任务分工，强化履职尽责，应对多轮疫情冲击，提升各项服务保障工作水平，推动中心事业高质量发展。

【党的建设】2022年，满洲里海关后勤管理中心坚持"旗帜鲜明讲政治，党建引领促发展"的工作思路，以党的先进性建设和党员干部队伍建设为主线，以高质量党建引领中心各项工作。明确责任分工，党委书记带头履行党建工作主体责任，班子成员按照分工落实好分管业务领域的党建工作责任，履行"一岗双责"。深入学习宣传贯彻党的二十大精神，以党委理论学习中心组和青年理论学习小组政治理论学习"领学共进"模式引领后勤管理中心青年学深悟透，组织开展政治例会学习和主题党日活动。开展捍卫"两个确立"、做到"两个维护"、强化政治机关建设专项教育活动和"学习研讨、查摆问题、改进提高"专项工作，注重学习教育和推动支部建设相结合、日常学习与专项教育相结合、理论学习和业务工作相结合。做好巡视巡察整改工作，根据巡视组反馈问题，落实巡视整改要求，填制专项整治问题及廉政风险清单，制定整改措施，明确整改目标，确保整改"不贰过"。召开专题民主生活会，针对中心班子和领导干部个人查摆问题制定整改措施，及时完成整改落实。推进"海关重点项目和财物管理以权谋私"专项整治工作，召开专项整治专题会议、工作推进会议，梳理排查单位重点项目，整理近三年采购及工作档案，建立目录清单完善档案分类。梳理各部门廉政风险点，推进全面从严治党和廉政警示教育常态化、长效化，发挥反面典型警示教育作用，严明工作纪律和工作作风，引导全体干部职工知敬畏、存戒惧、守底线，提高管理人员和经办人员的职业道德修养和专业能力。

【疫情防控】2022 年，满洲里海关后勤管理中心把新冠疫情防控作为重点工作，强化场所管理，加大对各办公场所的公共区域如会议室、楼道、宿舍通道的消毒频次和力度。科学调整人力资源，在总关及湖北办公区投入人力，实施 24 小时驻点保障，做好就餐、用车、保洁、安保、水电暖维修、宿舍管理、招待所管理等服务保障工作。加强物资保障，联合相关职能部门完成盘库工作，确保库存物资实物数量与账目相符，制作应急物资装备储备库标识牌，确保物资数量、生产日期、失效日期明晰可查，严格把控物资库存状态，建立物资需求台账，保证关区应急物资装备储备库防疫物资库存科学合理。承担小区值守工作，为值守关警员提供物资及值守期间出行保障，加强联防联控，对接地方防控指挥部及社区书记，确保疫情防控政策执行到位。

【安全生产】2022 年，满洲里海关后勤管理中心学习贯彻

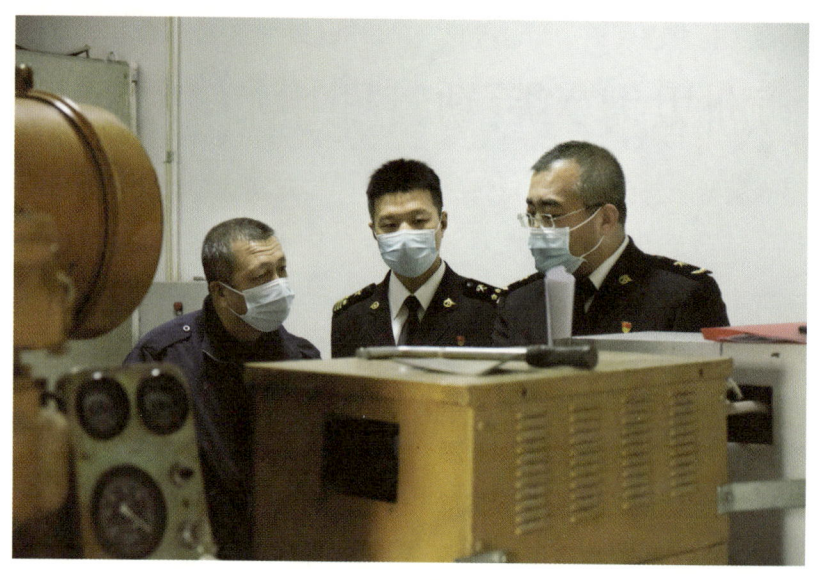

▲2022 年 10 月 14 日，满洲里海关后勤管理中心开展节前安全检查　（施建鑫　摄）

习近平总书记关于安全生产工作重要指示批示精神，强化安全生产风险隐患整治能力，发挥办公场所公共区域安全日巡查、周自查、每月安全生产风险隐患排查、节前安全生产大检查四种检查机制作用，及时整改排查发现安全风险隐患。2022 年，关区未发生安全生产事故。对住宿职工进行安全教育提醒，加强职工安全意识。强化缉私罚没仓库、办公区公共区域监控智能设备管理，升级办公区安全生产防护系统，利用监控系统、消防系统全天候关注办公区公共区域安全状态，及时向关区安全生产工作领导小组办公室报送工作动态信息，反映活动进展，巩固提升中心安全生产工作成效。组织开展消防安全知识培训和应急演练，提高干部职工应急处置能力，派员参加当地消防部门开展的消防技能竞赛，获得满洲里市消防技能竞赛三等奖。

【财务管理】2022 年，满洲里海关后勤管理中心建立健全财务管理体系，强化内部控制、预算管理、风险管理，保障事业收入，夯实财务管理工作基础，确保财务工作规范运行，加强固定资产的管理工作，及时报废到期固定资产，提高资金和资产使用效率。加强对企业的财务监管，对下属经济实体全年财务核算工作进行检查、指导、监督公司财务管理和资金运营，推进事业单位转让脱钩企业产权工作，成立企业脱钩工作小组，依法依规有序推进产权转让工作，完成新

洲科技服务部注销工作，制订注销方案和资产处置方案，成立清算小组，清查新洲固定资产并出具清查报告，完成房产和车辆的更名过户手续，办理税务注销、开户银行注销、营业执照注销。

【物业管理】2022年，满洲里海关后勤管理中心开展对满洲里海关办公区、湖北办公区、保健技术中心办公楼、总关单身宿舍、交流干部用房等关区所关区范围域内办公楼宇及附属设施维修，保障关区各办公生活区域正常运转。推进"智慧后勤"建设，利用"钉钉"平台及考勤设备实现中心考勤打卡全覆盖，完善"钉钉"平台电子审批单程序，利用电子审批程序对外来人员进入办公区、防护物资申领工作进行监督管理，促进关区节能减排工作，为关区各单位（部门）提供"让数据多跑路、让群众少跑腿"的高质量便捷服务。

【车辆管理】2022年，满洲里海关后勤管理中心严格执行公车管理制度，规范公务用车管理办法，精细化管理公务用车，全年未发生重大交通事故。每月召开安全教育例会，加强交通法规的学习和重大交通事故的警示教育，强化驾驶员安全驾驶意识，规范驾驶行为，组织开展驾驶员岗位练兵，提升驾驶员专业水平，召开驾驶员冬季行车安全专题例会，对冰雪路面等复杂路况稳驾慢行以及非必要不赶夜路进行教育。强化公务用车管理，严格实行电子派车程序，加强用车审核，每月对公务用车燃油消耗量进行登记，分析研判燃油耗用量，找出油耗差距根源，及时更换影响公车耗油量的配件，确保能耗最小化，按时对公务车辆进行年检和缴纳保险，实行双人双岗工作模式，强化车辆费用支出内部监督力度。定期开展车辆总体状况摸底排查和安全检查，及时发现车辆安全隐患并进行维护和检修处置，保证车辆运行状态良好。落实巡视整改要求，将通勤车辆的使用情况纳入公示范围，在重大节日和重要时间节点，做好车辆封存入库和台账登记管理。

【采购管理】2022年，满洲里海关后勤管理中心梳理采购风险环节，强化流程管理，规范采购步骤，完善采购制度，提高采购效率，降低采购成本。科学合理规划所需各项物资的种类和数量，疫情期间寻找安全的食材来源，保证食堂食材供应，满足关警员就餐需求。结合各部门提供的防疫物资实际需求，扩大采购渠道，提高采购效率，购买符合标准的口罩、手套、防护服、酒精、消

▲2022年11月21日，满洲里海关后勤管理中心开展扫雪除冰工作　（刘晓　摄）

毒液等防疫物资，保障物资质量。

【基建管理】2022年，满洲里海关后勤管理中心履行职责职能，建立健全基建管理制度，强化基建项目流程管理和节点控制，实施项目沟通协同验收管理机制和以"招标代理、设计概算、造价控标、结算审计"为主的基建项目全过程监管机制，对项目施工单位进行定期巡检，协同需求部门进行不定期检查，确保项目施工进度和施工质量。2022年，完成满洲里十八里海关出入境大厅医学排查室改造工程竣工验收，完成总关大楼连排车库建设项目竣工验收并投入使用。

【仓储管理】2022年，满洲里海关后勤管理中心加强缉私罚没仓库和精品库的管理，强化日常巡查频次，定期开展安全检查，对涉案财物仓库定期进行紫外线消毒，完善应急预案，确保及时妥善应对突发情况。按照满洲里海关疫情防控工作指挥部后勤保障组制发关于进一步加强防疫物资管理的通知要求，及时联系关区各需求部门，详细了解各项防疫物资的需求情况，建立物资需求台账，精细化开展关区应急物资装备储备库采买、验收、入库、出库、盘库工作，确保应急物资装备储备库库存物资符合防护标准，防疫物资库存数量科学合理。做好应急物资装备储备库防火、防盗、防水等安全保障工作，定期对储备库的消防设施、照明设施、库外监控设施以及冬季取暖设施进行检查，强化应急物资装备储备库的安全管理。

【节能管理】2022年，满洲里海关后勤管理中心以建设资源节约型、环境友好型机关为主线，学习宣传有关节能减排降耗文件精神，控制办公用品消耗，发挥办公自动化优势，减少纸质文件印刷数量，在办公室、卫生间、食堂等明显位置张贴节约标识，每月对电表、水表进行登记，分析研判用电量和用水量，找出能耗差距原因，及时采取合理化节能减耗措施，确保办公场所用电量和用水量得到有效控制。定期对办公区域水、电、暖设施进行检查维修，杜绝跑、冒、滴、漏现象，更换部分耗能高的用电设施，进行制水车间废水资源再利用。梳理2022年基建维修项目，减少不必要的维修项目，维修过程中对维修零部件采取再利用措施。

撰稿人

曹俊培　刘　晓　刘思雨

满洲里海关技术中心

【概况】满洲里海关技术中心是满洲里海关所属事业单位，主要承担进出境动植物检疫、进出口商品质量安全、食品安全的实验室检测和进出口货物属性鉴定工作；开展研究、咨询及风险分析，解决重大技术难题，研究技术贸易措施；应对突发事件，承担各类质量调查及监督检测任务，服务重大任务或活动；承担科研、标准的制修订，提供技术开发服务和技术指导。2022年，内设4个部门：综合部，动植物检疫实验室，食品实验室，化矿检验室。

2022年，满洲里海关技术中心以习近平新时代中国特色社会主义思想为指引，提高政治站位，坚定捍卫"两个确立"，坚决做到"两个维护"，加强领导班子建设，纵深推进全面从严治党，加强队伍建设和制度建设，实施精细化管理，提升检验检疫技术能力，保障实验室生产安全、生物安全和数据安全，持续优化口岸营商环境，弘扬"三实"文化精神，狠抓工作落实，充分发挥技术支撑作用，有效保障口岸快速通关，全力服务"一带一路"建设。

2022年，满洲里海关技术中心共检验各类样品4891批、23979个项目/参数，较2021年分别下降1607批、7839个项目/参数。检出不合格样品153批、181个项目/参数，较2021年分别增加23批、46个项目/参数；在进境木材检疫中检出检疫性有害生物4种14批次；满洲里关区首次检出外来有害生物2种；在进境粮食检疫中检出检疫性有害生物2种共计2批次。

【党的建设】2022年，满洲里海关技术中心坚持"第一议题"制度，利用"三会一课"、主题党日、政治例会以及"钉钉""学习强国"等学习平台，学习习近平总书记重要讲话和重要指示批示精神，把学习贯彻党的二十大精神作为首要政治任务，深刻领悟"两个确立"的决定性意义，全面贯彻习近平新时代中国特色社会主义思想，结合工作实际不断推动落实，先后召开政治例会13次，主题党日活动8次，讲党课3次，组织干部职工撰写心得体会60篇，成立由12人组成的青年理论学习小组，加强青年同志的政治思想教育。结合捍卫"两个确立"、做到"两个维护"、强化政治机关建设专项教育活动和"学习研讨、查摆问题、改进提高"专项工作情况，完成党支部换届选举工作，支部委员5人，截至2022年年底，党支部有正式党员13人，入党积极分子3人，递交入党申请书1人。按照基层党建"双提升"行动要求，参加机关党委组织的党务干部岗位练兵活动，提高党务干部抓党建工作的能力和水平，组织召开党员大会4次、支委会会议12次、组织生活会1次。

加强党风廉政建设，结合"海关重点项目和财物管理以权谋私"专项整治工作，组织开展纪法学习、警示教育学习，组织全体党员干部职工观看警示教育片，集中传达学习全国海关纪检监察工作会议上通报的违反中央八项规定精神典型案例，做好纠治"四风"工作，要求全员以案为戒，严守底线，开展纪法学习9次，纪法考试5次，警示教育6次，讲廉政党课2次，进行廉政风险和意识形态领域风险分析3次，家庭家风家教教育1次，开展违规投资企业及在企业兼（任）职问题自查2次，专项整治工作个人申报16人，23名持有驾照人员全部签订"严守纪律、拒绝酒驾"承诺书，将包含酒驾醉驾在内的"五必谈"纳入常态化提醒，杜绝酒驾醉驾行为。规范工作流程，加强制度保障，防范廉政风险，共建立和修订工作制度7项，召开"三重一大"会议7次。

【安全生产】2022年，满洲里海关技术中心严格落实习近平总书记关于安全生产工作的重要指示批示精神，参加"口岸危险品综合治理"百日专项行动和"迎接党的二十大安全生产百日行动"，学习传达海关总署"口岸危险品综合治理"百日专项行动总结电视电话会议及关区"口岸危险品综合治理"常态化工作部署及安全生产工作会议精神，设立"吹哨人"，建立日常安全检查机制，防范化解安全生产风险，遏制实验室安全事故。召开安全生产工作会议19次、培训3次、演练3次，开展安全事故应急处置演练，针对洗眼器、紧急喷淋器的使用进行讲解，对实验室水银泄露应急处置及化学试剂灼烧的应急处置进行演练，对融合公司转交的1.95吨酒精进行捐赠处理，对地下室库房进行彻底清理和整理，对2.8吨验余粮食样品进行无害化处理，消除安全隐患。

【助力口岸快速通关】2022年，满洲里海关技术中心构建"三应"（响应、呼应、反应）运行机制，对关党委作出的相关工作部署快速响应、与职能部门和隶属关相互呼应、对检验需求快速反应。保障煤炭快速通关，优化检验业务流程，统筹仪器设备使用，整合检验前置环节，调整人力配置保障，进口煤炭检测时间由2021年的平均72小时压缩到2022年

▲2022年6月23日，满洲里海关技术中心开展实验室安全事故应急设施培训及处置演练　（刘浩　摄）

的平均36小时,同比缩短50%。保障危险化学品快验快放,防范化解危险化学品口岸聚集安全风险,引入预判工作机制,扩充检验项目19项,建立危险品检测"绿色通道",对进口液化石油气采取加班、优化检验流程等方式,达到快检快放的目的,做到实验室检验零延迟,制订《液化石油气实验室检验工作指引》,确保口岸危险品的快速放行,液化石油气检验周期由72小时大幅压缩至最短2小时。持续扩项,解决阶段性粮食全项检测问题,节省检测时间10天左右,保障粮食通关顺畅,铜精矿检测由平均58小时以内缩短到48小时以内,平均减少10个小时。

【实验室管理】2022年,满洲里海关技术中心按照质量管理体系开展工作,对质量管理体系中相关文件进行修订完善7次,依据CNAS-CL01:2008《检测和校准实验室认可准则》、《RB/T 214—2017 检验检测机构资质认定能力评价 检验检测机构通用要求》、5个领域应用说明以及技术中心体系文件完成内部质量审核工作,对4个部门各个岗位开展审核,发现不符合项10项,已完成限期整改,整改后管理体系策划充分、运行有效,符合认证认可准则的要求。开展管理评审工作,对管理体系运行情况、适用性进行评价,输出需要重点开展的工作及需要解决的问题,确保技术中心质量方针和目标持续有效。通过采取添加回收、人员比对、留样再测、标准物质检测等方式进行内部质量控制,及时进行标准查新等工作,提高各项检验工作水平,确保实验室质量管理体系有效运行。2022年,参加各领域能力验证/测量审核24个,得到结果反馈并获通过20个,尚未收到反馈结果4个。接受CNAS和CMA复评审+扩项评审,新扩项目113项,其中食品领域79项、化矿领域20项、动植检领域14项。检验检疫能力持续提升,满足关区现阶段大宗进口商品的检验检疫需求,实验室自检率为97.61%,同比增长1.44%。

【科研管理】2022年,满洲里海关技术中心制定技术规范《欧洲樱桃实蝇的检疫鉴定方法》,于当年7月发布,完成署级课题进口油菜籽等油料中真菌毒素及其代谢产物高通量检测技术方法研究并通过海关总署验收,申报并获批署级课题2项,《基于LAMP微流控芯片技术构建欧洲樱桃绕实蝇快速检测方法和试剂盒研究》及参与合作《进出口食品中环氧乙烷及

▲2022年12月8日,满洲里海关技术中心开展农药残留检验 (刘浩 摄)

2-氯乙醇快速检测方法的研究》,获批参与制定海关总署技术规范《进境大中动物隔离检疫场验收规程》1项,参与标法中心非食用动物产品各国法律法规研究报告撰写工作1项,完成海关总署动植物检疫司《马拉维输华花生风险分析报告》1份,发表科研论文8篇,完成关级政研课题2项,获批实用新型专利2项。

【队伍建设】2022年,满洲里海关技术中心落实总关和属地疫情防控要求,树立自己是健康第一责任人的意识,加强个人防护,保障实验室检测时限及口岸通关顺畅。按照内务规范要求,加强考勤管理、内务管理,全年未出现违反工作纪律问题。开展技术岗人员聘任工作2批5人次,充实管理岗人员1名,新入职2名;优化岗位分工,提高工作效率。推荐1名同志申报"强关有我 星耀边关"精研工匠之星,加强关心关爱措施,解决职工困难需求。推动事业单位改革发展,落实《中共满洲里海关委员会关于推动事业单位改革发展的实施意见》要求,制订工作方案。

撰稿人

肖建光　刘振伟

满洲里国际旅行卫生保健中心（满洲里海关口岸门诊部）

【概况】满洲里国际旅行卫生保健中心（满洲里海关口岸门诊部）是满洲里海关所属事业单位，承担出入境人员医学检查、传染病监测、预防接种、国际旅行健康咨询、出入境人员健康评估及《国际旅行健康证明书》《国际旅行预防接种证书》等证书的签发、国际医疗救助等工作，满洲里海关卫生检疫技术服务，重点监测及新发传染病病原体检测，媒介生物鉴定及携带病原体检测，以及卫生检疫技术科研开发和相关工作人员培训等工作。2022年，内设3个部门：综合部，医学保健部，综合实验室。

2022年，满洲里国际旅行卫生保健中心（满洲里海关口岸门诊部）坚持以习近平新时代中国特色社会主义思想为指导，深入学习宣传贯彻党的二十大精神，落实俞建华署长提出的"12个必"工作部署，坚持系统思维和问题导向，提升重大疫情早发现能力和"多病同防"能力，严格执行总关党委工作要求，强化高素质专业化队伍建设，抓紧抓实疫情防控工作，完善联防联控机制，提升应急处置能力，贯彻总体国家安全观，落实《"十四五"海关发展规划》，提升技术支撑能力和科研创新水平，全面提升防范和化解生物安全重大风险能力。

【党的建设】2022年，满洲里国际旅行卫生保健中心（满洲里海关口岸门诊部）持续强化政治机关建设，夯实理想信念，履行党建主体责任，牢牢把握海关政治机关定位，把旗帜鲜明讲政治作为第一位要求，坚定走好"第一方阵"，坚决落实"第一议题"制度，胸怀"国之大者"，涵养家国情怀，增强"四个意识"、坚定"四个自信"、做到"两个维护"，不断提高政治敏锐性和政治鉴别力，坚决把习近平总书记重要指示批示精神、党中央的决策部署贯彻落实到位，坚持用正确的思想理论武装头脑、指导实践。推动党建业务深度融合发展，深化拓展"强基提质工程"，把党建主动融入中心工作的各领域、全过程，推动党建主责与保健中心事业共谋共享、整体联动。严格执行"三重一大"事项集体决策制度，加强重大部署、重要任务、重点工作组织领导，发挥党组织把方向、管大局、保落实的作用。把深入学习宣传贯彻党的二十大精神作为首要政治任务，第一时间组织全体党员集中收听收看党的二十大开幕会盛况直播并开展交流研讨，开启支部书记带头学、全体党员跟进学、线上线下同步学等全覆盖学习模式，利用政治例会、"三会一课"、主题党日活动、专题党课、专家解读等形式全面系统学习党的二十大精神，研读报告全文，对党的二十大报告中提出的一系列新观点、新论断、新思想、新战略、新要求进行解读和研讨，在"学"上用功、在"思"上用心、在"行"上用劲，将学习领会党的二十大精神的成果体现在思想上、落实到行动中。深入推进全面从严治党，加强党风廉政建设和作风建设，开展廉政教育学习，通过观看廉政宣传影片、谈心谈话、撰写心得体会等多种形式，锻造政治坚定、业务精通、令行禁止、担当奉献的队伍。开展"海关重点项目和财物管理以权谋私"专项整治工作，对非执法各业务领域和内部管理情况全面开展自查，形成自查工作报告，查询专项整治纸面和电子资料累计83份，整理重点项目76条，分析汇总专项整治问题，制定廉政风险清单。

【巡视巡察整改】2022年，满洲里国际旅行卫生保健中心（满洲里海关口岸门诊部）制定整改措施，立行立改巡视发现的问题，在后续工作中开展跟踪问效，将问题整改作为监督检查的重点，持续跟踪问效，确保问题整改到位。全面落实巡察整改工作，全盘接受巡察反馈的问题，立即制定整改措施，均整改完毕。把巡视整改和巡察整改作为推动各项工作的抓手，排查关联风险隐患，切实做到从根源上解决问题，达到标本兼治。

【疫情防控】2022年，满洲里国际旅行卫生保健中心（满洲里海关口岸门诊部）坚决贯彻习近平总书记关于疫情防控重要指示批示精神，按照满洲里海关"四个防控"（依法防控、科学精准防控、联防联控、长期防控）工作策略、"五个到位"（口岸履职到位、联防联控到位、关员防护到位、防控物资管理到位、关心激励到位）工作要求，统筹做好"人、物、环境"同防，全年核酸检测26996份，所有检测结果均为阴性，为满洲里海关制定防控措施、部署相关工作提供基础数据。优化调整疫情防控方案预案根据各版防控方案、技术指南等工作要求，结合工作实际，因时因势完善修订应急预案10份，建立"采、送、检、报"工作机制，及时优化调整口岸医学排查、样本采集、交接、实验室检测与结果上报方案流程。完善联防联控机制，与地方疾控部门签订合作协议，建立新冠病毒基因扩增检验联合工作机制，参与地方疫情防控指挥部联防联控工作，通过内蒙古自治

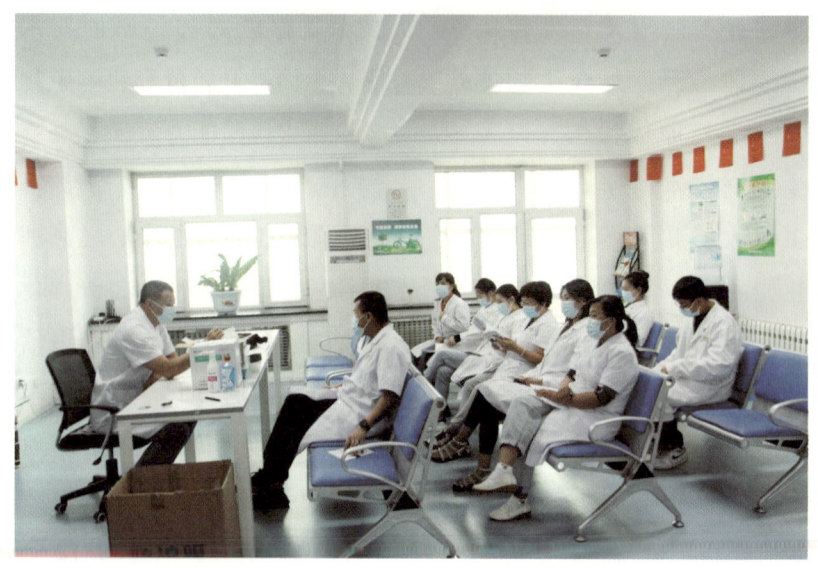

▲2022年8月12日，满洲里海关保健中心开展防护培训　（李忠志　摄）

区、呼伦贝尔市、满洲里市组织安排的生物安全检查，确保疫情防控规定动作落实到位。做好人员内部防护工作，落实人员安全防护管理规定，执行一线高风险岗位人员个人防护顶格配备工作要求，开展自查督查和定期检查，规范个人防护操作。开展业务培训与应急处置实操演练，参与海关系统与地方卫生部门组织的相关业务培训，提升工作人员的业务水平与应急处置能力，杜绝职业暴露风险，确保疫情防控工作安全有序。推进新冠病毒疫苗接种和加强免疫接种，实现一线人员加强免疫接种全覆盖。激励人员发扬特别能吃苦、特别能战斗、特别能忍耐、特别能奉献的"四特"精神，保障各项工作顺利开展。

【国门生物安全】2022年，满洲里国际旅行卫生保健中心（满洲里海关口岸门诊部）坚持"多病同防"，完成病媒生物监测工作，收到各隶属关送检本底调查涉及鼠类样本853只，开展病原体检测7项；收到各隶属关送检蜱类样本210只，开展病原体检测8项；收到各隶属关蚊类样本1729只，开展病原体检测3项，检测结果均为阴性。坚持"多病同防"，密切关注猴痘、埃博拉病毒病、不明原因肝炎等全球重点关注、新发突发传染病疫情形势，及时组织开展检测标准与检测技术相关培训，储备猴痘病毒、埃博拉病毒检测试剂，做到随时开展检测，严防疫情叠加，在做好新冠病毒核酸检测的同时，做好出入境人员健康体检监测。

【能力建设】2022年，满洲里国际旅行卫生保健中心（满洲里海关口岸门诊部）加强制度建设，推进精细化管理，完善保健中心科学规范、运行高效的管理制度体系，新增岗位责任制、岗位作业标准、精细化管理标准等相关管理办法制度10项，修订制度17项。提升应对处置重大疫情和突发公共卫生事件能力，更新完善保健中心突发事件应急处置预案，组织工作人员开展包括消防安全、预防接种应急处置等内容的应急处置演练5次。加强新冠病毒变异监测工作，落实相关要求，与满洲里市疾病控制中心签订新冠病毒基因监测合作协议，实时掌握新冠病毒株变异趋势，及时获取和上报重要变异株和新发现变异株有关情况，提升新冠病毒变异毒株测序能力建设，购置基因测序检测试剂，开展基因测序现场实操培训，筑牢口岸检疫防线。深化改革创新，持续提升科技应用水平，深入开展科研攻关工作，承担2022年国家重点研发计划"病原学与防疫技术体系研究"重点专项子课题2项，参与青岛海关、石家庄海关牵头的海关总署科研课题2项，完成海关总署"一带一路重点口岸媒介生物监测"工作任务。

【实验室建设】2022年，满洲里国际旅行卫生保健中心（满洲里海关口岸门诊部）制定完善BSL-2生物安全管理体系，取得内蒙古自治区病原微生物生物安全二级实验室与临床基因扩增检验实验室资质，实验室工作人员均取得临床基因扩增检验技术人员上岗证与特种设备操作资格证，为实验室顺利开展新冠病毒核酸检测提供法律保障和技术保持。落实《"十四五"海关科技发展规划》要求，法检项目自检率100%，持续提高检测质量，确保检测结果准确高效，全年累计参加国家卫生健康委、海科中心组织的包括新冠病毒核酸检测、媒介生物鉴定在内的16类71项能力验证及室间质评活动，结果均合格。

▲2022年1月9日,满洲里海关保健中心综合实验室通过中国合格评定国家认可委员会专家远程评审 (张明轩 摄)

推进国家人兽共患病检测重点实验室建设,研究拟定国家人兽共患病检测重点实验室建设方案,制订重点实验室建设实施推进计划,防范人兽共患病重大疫情经口岸跨境传播,健全边境地区人兽共患病防治体制机制,提升满洲里海关应对人兽共患病处置能力,力争2025年年底通过国家人兽共患病检测重点实验室(满洲里)资质验收。

【队伍建设】2022年,满洲里国际旅行卫生保健中心(满洲里海关口岸门诊部)提升管理效能和工作人员专业技能水平,加强高素质专业化干部队伍建设,定期开展专业技术培训,全年开展生物安全、应急处置等内部培训7次,70余人次参加,开展仪器设备操作使用技术培训2次,5人次参加,参与地方卫健委组织专业技术线上培训3次,12人次参加。加强内控机制建设,创建推广内控科室"样板间",建设"政治过硬、组织过硬、能力过硬、作风过硬"的内控科室,提升内部控制力度。

撰稿人

辛宏伟 李忠志

中国电子口岸数据中心满洲里分中心

【概况】中国电子口岸数据中心满洲里分中心（简称"数据分中心"）是海关总署委托满洲里海关管理的海关总署所属事业单位，主要工作职责是为满洲里关区进出口企业提供电子口岸信息服务，承担满洲里关区电子口岸信息系统环境建设、项目开发、信息安全、运行维护、技术支持工作以及承担满洲里关区"单一窗口"的技术支持工作。2022年，内设2个部门：综合业务部，技术运维部。

2022年，数据分中心坚持以习近平新时代中国特色社会主义思想为指导，深刻领会"两个确立"的决定性意义，增强"四个意识"、坚定"四个自信"、做到"两个维护"，坚决贯彻海关总署党委工作部署，落实关党委各项工作安排，持续加强政治机关建设，围绕统筹疫情防控和促进外贸稳增长，强化服务意识，优化服务流程，提高业务受理效率，做好运维保障工作，组建专业运维团队，建立有效沟通机制，筑牢网络安全防线，持续优化口岸营商环境，确保电子口岸各系统及应用安全稳定运行。

【党的建设】2022年，数据分中心提高政治站位，深入学习宣传贯彻党的二十大精神，组织党员群众收听收看党的二十大开幕会盛况，第一时间召开会议专题学习，制订学习计划，党员干部带头学，全员及时跟进学，做到学习内容全覆盖、学习人员全覆盖，发挥党员干部领学促学作用，通过支部政治例会、理论学习小组会等形式开展专题学习12次，领会党的二十大报告丰富内涵，在学习方式上突出"创新"，通过"线上＋线下""集中＋居家"相结合等方式，看直播、读原文、学要点，联系实际开展研讨、细化落实措施，围绕学习党的二十大精神开展专题交流研讨4次，提升学习成效，营造浓厚学习氛围。做到学以致用，联系实际，围绕"铸忠诚、担使命、守国门、促发展、齐奋斗"工作方针，立足数据分中心工作实际，思考研究，提出具体工作思路和落实措施。

推进政治机关建设，严格落实"第一议题"制度，坚持第一时间学习贯彻习近平总书记重要讲话和重要指示批示精神共计37次，开展意识形态、铸牢中华民族共同体意识教育，结合实际精准施策、闭环落实，使"第一议题"抓在平常、落在实处。统筹推进捍卫"两个确立"、做到"两个维护"、强化政治机关建设专项教育活动和"学习研讨、查摆问题、改进提高"专项工作，树牢"没有离开政治的业务，也没有离开业务的政治"意识，全面排查数据分中心各岗位存在的问题6个，制定整改措施12条并形成整改方案，把握技术服务保障工作中蕴含的政治原则和政治要求。落实"三会一课"等组织生活制度，制定数据分中心党支部主题党日活动计划清单，每月组织主题党日活动，组织开展理论学习37次、支部书记讲党课5次。召开民主生活会、组织生活会和民主评议党员活动，做好整改落实工作，提升党建工作能力，对照"四强"党支部35项量化参考指标，逐项梳理支部工作内容，结合工作实际研究具体推进措施和年度党建工作计划，确保"四强"党支部创建不落后。培育党建品牌，围绕中心工作，以科技赋能为引领，为关区各单位（部门）提供信息化设备和业务应用系统的技术支撑保障。立足电子口岸建设，面向关区进出口企业，用真心、贴心、诚心、耐心、细心为电子口岸入网企业提供更加方便、快捷、高效、优质的服务，营造"争创一流支部，争当干事先锋，争做为民表率"的工作氛围。发挥党组织战斗堡垒和党员先锋模范作用，深入贯彻落实"科技兴关"战略，深化主动运维工作机制，定期去各隶属海关、事业单位及口岸现场对各类信息化设备进行巡查，发现问题及时维修维护，确保信息化系统、设备安全稳定运行，完成党的二十大期间网络安全保障、监控指挥中心技术保障、网络安全等级保护等工作，累计加班工作超过200小时，彰显党员的政治担当。加强党风廉政建设，统筹警示教育和以案促改工作，组织开展风险排查，聚焦3方面制定18项整改措施，强化纪法学习，组织全员观看警示教育片，通报警示案例，以案为鉴，强化员工纪法意识，抓好节日廉政教育，支部书记讲授廉政教育专题党课，推动廉洁自律意识入脑入心，筑牢员工理想信念和防腐拒变思想防线。

【技术服务与运维】2022年，数据分中心贯彻落实"科技兴关"战略，完善主动运维工作机制，定期到各隶属海关、事业单位及口岸现场对各类信息化设备进行巡查，发现问题及时维修维护，全年累计处理网络故障393次、电话故障151次、台式机及打印机故障796次、机房动环系统报警11次，排除各类安全隐患11次，保障各类会议培训372次，其中署级会议191次，关区会议181次。推进国产化操作系统替代工作，邀请专家开展线上培训，学习国产化操作系统架构和安装要求，制订国产化操作系统替代工作实施方案，全年完成3个品牌7种机型的系统匹配测试，共完成安装调试157台国产化操作系统计算机设备。保障关区二、三级监控指挥中心稳定运行，对二级监控指挥中心进行"7×24小时"技术保障，对关区1128路视频监控摄像头以及各级监控指挥中心设备状态和系统运行情况进行每周检查，发现问题及时上报并处理，全年累计维修调试视频监控点位180路，维护视频监控平台系统20次，确保监控指挥中心安全稳定运行。

【网络安全】2022年，数据分中心压紧压实网络安全主体责任，通过自查评估建立电子口岸专网底数、责任和管理"三个清单"，对互联网暴露面、供应链管理、对外接入互联网、数据安全和个人信息5方面32项要求逐一进行自查，落实具体措施54项，消除隐患、堵塞漏洞。完善网络安全制度体系，建立部门安全联系人制度与信息通报预警机制，推动问题隐患早发现、早报告、早预警、早处置，梳理检查关键设备运行情况，制订工作方案和应急预案，强化教育培训，确保全员熟知处置流程。每日对机房设备、环境、线路进行安全检查，加大对UPS（不间断电源）、服务器和网络设备的巡检力度，组织保障小组开展"7×24小时"值班、值守和巡检工作，落实"七巡七查"要求，确保及时妥善处置安全运行故障，重点做好网络、数据交换二级节点及电子口岸专网等运行监控，圆满完成党的二十大期间网络安全保障任务。推进网络安全等级保护测评工作，召开测评工作会议进行动员学习，加强信息安全管理效能，开展网络设备安全检测、主机安全策略加固，加强信息系统安全防护能力，处置测评过程中发现的安全问题，降低系统漏洞和被攻击的风险，确保电子口岸各系统及应用安全稳定运行。

【优化营商环境】2022年，数据分中心优化电子口岸入网流程，依托"互联网+邮寄""关银一KEY通"等形式，实现企业入网业务全程网上办理，降低企业入网成本和资金成本，全年为新注册的357家企业办理电子口岸入网手续，解决企业IC卡问题255个，接听热线服务咨询电话1620次。指导地方跨境公共服务平台上线"云加签"功能，满足企业申报数据加密需求，提升企业数据传输效率和稳定性。推进电子口岸国产密码算法应用推广工作，明确国产密码算法控件更新要求，指导5家合作制卡代理点、2家跨境地方公共服务平台对客户端控件进行升级，及时准确解答企业问题，全年共制发、变更国产密码算法共享盾826个，解答企业国产密码算法更新问题198次。

▲2022年11月18日，数据分中心收到企业赠送的锦旗　（牛起海　摄）

【"单一窗口"服务】2022年，数据分中心加强与海关总署数据中心"单一窗口"项目组的联系沟通，针对关区企业实际情况制订更新计划，创新企业服务方式，通过电话指导、远程协助等方式解决企业"单一窗口"系统各类技术问题，全年推广"单一窗口"系统更新18次，解决企业各类"单一窗口"技术问题61次，举办线上培训班，78家企业125人参加培训，客服人员对电子口岸IC卡常见问题与国际贸易"单一窗口"系统功能进行讲解，对企业提出的问题进行答疑，提升企业对国际贸易"单一窗口"系统满意度。

【助力新业态发展】2022年，数据分中心为跨境电商企业提供多元化服务，配合跨境公共服务平台做好业务联调测试、及时更新跨境业务报文、海关公告解读、业务咨询等工作，安排点对点专人专项服务，针对跨境业务的海关总署级或关级变更运维通知做到及时传达、及时沟通，确保传达到人、传达到位、协调到点，做好相关信息的同步同源工作，起到窗口桥梁及纽带作用。客服人员做好相关知识储备，通过业务培训、在线问答、交流座谈等形式做好企业解答工作，同时与信息中心及数据中心保持横向沟通，发挥数据分中心"消息中间层"的作用，确保跨境业务对外服务工作落到实处，成功实现与满洲里市跨境电子商务公共服务平台的数据对接，发送跨境业务数据的报送与回执接收。及时了解跨境企业业务需求，针对其业务急、开通快的特点，就受理流程进行反复讨论，制定满洲里数据分中心跨境传输 DXPID 及数字证书申请指南，提高企业办理跨境数据传输申请效率，持续为关区跨境企业提供优质服务，助力企业开拓国际市场，保障跨境电子商务新业态发展。2022 年，关区申请开通跨境业务的企业呈上涨趋势，全年新增企业 23 家。

【数据交换二级节点建设】2022 年，数据分中心推进数据交换二级节点建设，成立技术运维小组，提升运维人员操作系统虚拟化、服务器运行维护、数据库性能优化等方面技术能力，

▲2022 年 12 月 27 日，数据分中心开展机房安全大检查　（郑雍翰　摄）

熟练掌握海关对外接入互联网数据交换的技术规范和接口规范。定期对数据交换二级节点软硬件系统运行状态和性能巡检、升级，完善优云运维管理平台，规划网络拓扑方案，配置调通网络安全设备接口，联系海关总署数据中心，增加报文数据传输专用通道，对跨境报文数据进行测试，确保报文数据安全稳定传输。梳理系统性能瓶颈，优化数据交换二级节点系统性能，提升数据传输效率，由 3600 票/分钟提高到 4000 票/分钟，指导满洲里综合保税区跨境公服平台按照海关的技术规范与接口规范，与数据交换二级节点进行对接，实现跨境公服平台链路实时监控，短信发送软硬件设备告警，保障系统稳定性。

【安全生产】2022 年，数据分中心深入学习习近平总书记关于安全生产重要指示批示精神，强化学习教育，召开专题会议落实安全生产各项要求，细化落实措施 11 条，梳理工作流程 7 项，树牢"时时放心不下"的责任感，从源头上防范化解安全风险。强化应急值班保障，结合工作实际制定数据分中心突发事件应急处置流程，针对 6 类突发事件，制定 20 条应急处置措施，开展"突发事件应急演练"，提升全员突发事件应急处置能力。紧盯重点环节，开展常态化检查，每日进行网络监测、每周进行安全检查，定期开展安全生产大检查，对满洲里海关办公区机房、楼层弱电间进行地毯式排查，对检查发现的 4 项问题立行立改，杜绝安全隐患。

【队伍建设】2022 年，数据分中心加强制度建设，改进工作作风，重新修订 8 项制度，处务会成员以身作则，带头推进优良作风养成，每月定期对各

项工作进展情况进行监督检查，不定期开展内务检查，提升员工精神风貌，全面改进工作作风。加强锻炼培养，提升员工能力，把技术骨干放到重要岗位进行锻炼，充分利用网络培训、跟班培训等方式做好"传帮带"工作，引导员工提升专业技术钻研能力。推进"三实"文化建设，采取集中学、专题学、个人学等方式，开展学习研讨，引导党员干部深刻理解"三实"文化内涵、现实意义与实践要求，制定"三实"文化建设细化落实措施，建立自查整改清单。

撰稿人

毕海波　姜晓龙　牛起海

第九篇

人物荣誉

2022年满洲里海关获评内蒙古自治区荣誉表彰名单

内蒙古自治区"扫黄打非"先进个人　孙　婷
内蒙古自治区民族团结进步模范个人　包小萍

2022年满洲里海关获评全国海关荣誉表彰名单

2021年度考核优秀直属海关单位署管干部	骆江洪
海关系统"党务之星"	郭家骏
"百名优秀执法一线科长"优秀个人	韩健
全国海关系统先进个人	韩健
2021年度工作表现突出个人	鄂立群
海关总署个人通报表扬	杜卓伦、王鑫哲、杜金铭、孙迅、侯重庆、高明诚、訾慧颖、白玉
全国海关党建示范品牌	满洲里海关监察室党支部、满洲里海关所属满洲里十八里海关旅检一科、满洲里海关所属满洲里车站海关查验科
全国海关系统先进集体	满洲里海关所属满洲里车站海关查验科
2021年度工作表现突出集体	额布都格海关

2022年满洲里海关"两优一先"名录

一、满洲里海关优秀共产党员（共43名）

张宝群（办公室党支部）

王凤丽（法规处党支部）

陈　忱（综合业务处党支部）

高志伟（关税处党支部）

张朝富（卫生检疫处党支部）

周　莉（动植物检疫处党支部）

尹　班（进出口食品安全处党支部）

冯睿山（商品检验处党支部）

柳　石（口岸监管处党支部）

李胜楠（统计分析处党支部）

杨　璐（企业管理和稽查处党支部）

刘　潇（财务处党支部）

刘　丹（科技处党支部）

周伟伟（督察内审处党支部）

王　斌（人事教育处党支部）

郭家骏（思想政治工作办公室党支部）

邢　博（监察室党支部）

陈丽菊（离退休干部办公室党支部）

李忠志（满洲里国际旅行卫生保健中心党支部）

刘一鸣（技术中心党支部）

王卫东（满洲里机场海关党总支）

王首明（满洲里车站海关党总支）

李　慧（满洲里车站海关党总支）

马树利（满洲里车站海关党总支）

刘　龙（满洲里车站海关党总支）

刘阳涛（满洲里十八里海关党总支）

原治国（满洲里十八里海关党总支）

薛雯文（满洲里十八里海关党总支）

刘大永（满洲里十八里海关党总支）

赵建革（满洲里十八里海关党总支）

徐连贵（海拉尔海关党总支）

安志平（海拉尔海关党总支）

王海龙（海拉尔海关党总支）

王　飞（额尔古纳海关党总支）

李树民（额尔古纳海关党总支）

胡　浩（额布都格海关党总支）

崔鹏程（额布都格海关党总支）

白　玉（阿日哈沙特海关党总支）

任艳强（阿日哈沙特海关党总支）

王　航（阿尔山海关党总支）

谭娟娟（通辽海关党总支）

闫　琰（赤峰海关党总支）

曲凯涛（风险防控分局党支部）

二、满洲里海关优秀党务工作者（共25名）

张丽萍（办公室党支部）

宋　媛（卫生检疫处党支部）

王明月（商品检验处党支部）

孙　婷（口岸监管处党支部）

甄　珍（统计分析处党支部）

连海平（财务处党支部）

杨　娇（督察内审处党支部）

崔　雪（人事教育处党支部）

于靖宇（思想政治工作办公室党支部）

赵真真（监察室党支部）

冯　哲（满洲里机场海关党总支）
郑雨维（满洲里车站海关党总支）
单　昆（满洲里车站海关党总支）
甘　琳（满洲里十八里海关党总支）
高晋楠（满洲里十八里海关党总支）
董艳超（海拉尔海关党总支）
付中华（海拉尔海关党总支）
赵　亮（额尔古纳海关党总支）
李　明（额布都格海关党总支）
鲁焕新（阿日哈沙特海关党总支）
贾一赫（阿尔山海关党总支）
胡　博（通辽海关党总支）
冯　磊（赤峰海关党总支）
王　鹏（风险防控分局党支部）
高桂香（离退休干部党支部）

三、满洲里海关先进基层党组织（共22个）

办公室党支部
卫生检疫处党支部
商品检验处党支部
口岸监管处党支部
财务处党支部
督察内审处党支部
人事教育处党支部
思想政治工作办公室党支部
监察室党支部
满洲里国际旅行卫生保健中心党支部
风险防控分局党支部
满洲里机场海关综合业务科党支部
满洲里车站海关查验科党支部
满洲里十八里海关综合业务科党支部
满洲里十八里海关旅检二科党支部
海拉尔海关旅检科党支部

额尔古纳海关综合业务科党支部
额布都格海关第一联合党支部
阿日哈沙特海关联合党支部
阿尔山海关监管科党支部
通辽海关稽核查科党支部
赤峰海关综合业务科党支部

2022年满洲里海关荣获"光荣在党50年"纪念章名单（1人）

金尚女

2022年国务院"授衔令"
（二级关务监督及以上）（3人）

郑秋实　李国光　张贵忠

2022年获得扎根艰苦地区边关工作金质奖章人员名录（27人）

万　军　马德才　王卫东　王润铎　田守江　冯　建　朱金国
纪　茵　苏　惠　李春明　李树航　李鹏举　轩辕佐胜
张　义　张　伟　张　华　张爱军　陈　瑜　赵云成　赵秀至
胡艳平　郭小青　黄忠民　惠洪洲　遇海峰　焦　杰　魏怀颖

第十篇

海关统计资料

2022年满洲里关区进出口商品月度统计表

月份	进出口		出口		进口	
	贸易值（亿元）	同比（%）	贸易值（亿元）	同比（%）	贸易值（亿元）	同比（%）
合计	630.2	49.1	274.5	54.0	355.7	45.6
1月	25.6	-16.8	11.7	16.3	13.9	-32.9
2月	34.3	15.8	16.4	57.3	17.9	-6.8
3月	36.4	7.4	14.7	10.2	21.7	5.7
4月	44.0	27.7	14.2	-5.9	29.8	53.8
5月	45.6	13.8	15.1	-2.2	30.5	23.8
6月	51.4	37.8	19.9	22.1	31.5	50.1
7月	54.0	32.5	23.3	18.7	30.7	45.4
8月	62.8	45.5	21.3	4.0	41.6	82.8
9月	64.2	74.3	25.2	43.3	39.0	102.6
10月	62.0	56.1	33.0	84.0	29.0	33.2
11月	68.4	60.7	35.4	100.0	33.0	32.8
12月	81.3	511.0	44.3	950.6	37.0	307.1

2022年满洲里关区各业务现场进出口统计表

业务现场	进出口		出口		进口	
	贸易值（亿元）	同比（%）	贸易值（亿元）	同比（%）	贸易值（亿元）	同比（%）
合计	630.2	49.1	274.5	54.0	355.7	45.6
满洲里车站海关	374.5	34.8	41.4	-11.9	333.2	44.3
满洲里十八里海关	164.1	74.3	164.1	74.3	0.0	-100.0
通辽海关	29.5	39.8	29.5	39.8	0.0	40.6
满洲里综保区	34.2	194.5	26.0	126.9	8.2	5287.0
额布都格海关	16.6	19.3	2.2	269.6	14.4	8.0
赤峰海关	7.7	333.1	7.7	333.0	0.0	—
满洲里机场海关	2.3	23.5	2.3	23.5	0.0	—
赤峰物流	1.3	306.8	1.3	412.9	0.0	-98.3

2022年满洲里关区进出口商品贸易方式统计表

贸易方式	进出口		出口		进口	
	贸易值（亿元）	同比（%）	贸易值（亿元）	同比（%）	贸易值（亿元）	同比（%）
合计	630.2	49.1	274.5	54.0	355.7	45.6
一般贸易	461.5	74.3	211.0	59.7	250.5	88.9
加工贸易	31.2	64.5	22.1	35.9	9.1	233.7
边境小额贸易	110.0	-9.0	14.8	19.7	95.2	-12.2
对外承包工程出口货物	2.2	-40.8	2.2	-40.8	0.0	—
保税物流	22.9	86.4	22.1	86.5	0.8	84.9
海关保税监管场所进出境货物	1.3	190.4	1.3	369.1	0.0	-100.0
海关特殊监管区域物流货物	21.6	82.5	20.8	79.7	0.8	196.0
其他贸易	2.3	23.2	2.3	23.3	0.0	-28.3

2022年满洲里关区进出口企业性质统计表

企业性质	进出口		出口		进口	
	贸易值（亿元）	同比（%）	贸易值（亿元）	同比（%）	贸易值（亿元）	同比（%）
合计	630.2	49.1	274.5	54.0	355.7	45.6
国有企业	165.3	87.1	43.5	72.2	121.8	93.1
外商投资企业	46.4	18.5	26.4	-7.0	20.0	85.0
民营企业	418.5	41.8	204.6	64.2	213.9	25.5

2022年满洲里关区进出口商品运输方式统计表

运输方式	进出口		出口		进口	
	贸易值（亿元）	同比（%）	贸易值（亿元）	同比（%）	贸易值（亿元）	同比（%）
合计	630.2	49.1	274.5	54.0	355.7	45.6
水路运输	39.4	74.9	39.4	74.9	0.0	-39.3
铁路运输	376.2	34.7	43.1	-10.8	333.1	44.2
公路运输	200.9	66.3	186.5	73.7	14.4	7.5
航空运输	13.7	3418881.4	5.5	—	8.2	2046563.4

2022年满洲里关区进出口商品收发货人所在地统计表

省市	进出口		出口		进口	
	贸易值（亿元）	同比（%）	贸易值（亿元）	同比（%）	贸易值（亿元）	同比（%）
合计	630.2	49.1	274.5	54.0	355.7	45.6
内蒙古自治区	210.0	31.4	79.3	57.0	130.7	19.6
北京市	99.1	121.2	14.2	24.4	84.9	154.3
黑龙江省	60.5	5.1	8.1	30.8	52.4	2.0
山东省	34.2	124.2	26.0	88.9	8.2	448.9
江苏省	28.8	71.7	26.7	71.6	2.1	73.5
浙江省	24.8	38.8	14.9	14.0	9.9	106.3
上海市	20.2	22.3	11.6	16.6	8.6	31.0
新疆维吾尔自治区	18.0	747.7	11.0	3169.1	7.0	292.0
广东省	16.6	13.8	11.5	-1.0	5.1	70.6
河南省	14.7	55.4	10.4	102.0	4.3	0.2
辽宁省	13.5	-11.6	8.4	-28.2	5.1	42.1
福建省	12.9	257.0	4.2	30.3	8.7	1966.0
湖南省	10.5	88.0	9.8	172.8	0.7	-62.6
重庆市	9.0	-4.8	0.7	10.4	8.3	-6.0
四川省	7.7	68.1	1.9	-15.0	5.8	146.2
陕西省	7.4	117.1	6.5	91.8	0.9	15884.8
江西省	6.8	285.4	4.0	166.8	2.8	1014.6
河北省	6.1	117.7	3.9	197.7	2.2	46.9
吉林省	6.0	52.3	4.7	36.2	1.3	166.4
天津市	5.9	-41.5	3.7	-2.4	2.2	-64.6
安徽省	3.4	77.2	2.8	50.3	0.6	823.9
海南省	3.1	1409.1	1.1	424.8	2.0	47740.9
湖北省	3.0	180.7	2.5	135.9	0.5	2435.8

续表

省市	进出口		出口		进口	
	贸易值（亿元）	同比（%）	贸易值（亿元）	同比（%）	贸易值（亿元）	同比（%）
广西壮族自治区	2.9	118.4	2.8	144.0	0.1	-50.1
西藏自治区	2.6	739.5	2.6	739.5	0.0	—
宁夏回族自治区	1.0	89.5	0.3	-36.4	0.7	3151.0
山西省	0.7	12.0	0.6	2.6	0.1	226.7
贵州省	0.4	252.4	0.4	252.4	0.0	—
云南省	0.3	-74.9	0.0	-7.7	0.3	-75.4
甘肃省	0.1	124.1	0.0	-2.6	0.1	535.0

2022年满洲里关区进出口商品国别（地区）前20位统计表

国别（地区）	进出口		出口		进口	
	贸易值（亿元）	同比（%）	贸易值（亿元）	同比（%）	贸易值（亿元）	同比（%）
合计	630.2	49.1	274.5	54.0	355.7	45.6
俄罗斯	538.6	50.2	220.1	65.3	318.5	41.2
蒙古国	24.6	25.8	2.6	119.3	22.0	19.7
白俄罗斯	9.8	446.4	3.1	104.6	6.7	2164.5
中国台湾	7.8	6005.4	0.1	-19.3	7.7	—
中国香港	5.7	15099.9	5.3	13927.4	0.4	—
印度	5.1	930.1	5.1	930.7	0.0	-100.0
泰国	4.3	98.2	4.3	98.8	0.0	-100.0
荷兰	3.7	-18.7	3.7	-18.7	0.0	—
印度尼西亚	3.2	70.8	3.2	70.8	0.0	—
韩国	2.2	95.2	2.2	95.1	0.0	475.4
越南	1.8	85.6	1.8	85.6	0.0	—
德国	1.7	-73.7	1.7	-73.8	0.0	-54.2
马来西亚	1.5	71.2	1.5	71.2	0.0	—
阿根廷	1.4	2865.2	1.4	2865.2	0.0	—
巴西	1.2	1.2	1.2	1.2	0.0	—
菲律宾	1.1	30.4	1.1	30.4	0.0	—
日本	1.0	71.7	1.0	73.8	0.0	-91.2
西班牙	0.9	-28.2	0.9	-28.3	0.0	—
尼日利亚	0.8	114.8	0.8	114.8	0.0	—
波兰	0.8	-56.3	0.8	-56.2	0.0	-93.3

续表

国别（地区）	进出口		出口		进口	
	贸易值（亿元）	同比（％）	贸易值（亿元）	同比（％）	贸易值（亿元）	同比（％）
*亚太经济合作组织	570.4	54.3	243.7	69.1	326.7	44.8
*东南亚国家联盟	12.4	73.6	12.4	73.7	0.0	-100.0
*欧洲联盟	11.0	-54.6	10.9	-54.7	0.1	-47.9

注：1. 本表根据进出口总值排序，取前20位国别（地区），带*的不参与排序。
  2. 亚太经济合作组织包括：文莱、中国香港、印度尼西亚、日本、马来西亚、菲律宾、新加坡、韩国、泰国、越南、中国、中国台北、俄罗斯、智利、墨西哥、秘鲁、加拿大、美国、澳大利亚、新西兰、巴布亚新几内亚。
  3. 东南亚国家联盟包括：文莱、缅甸、柬埔寨、印度尼西亚、老挝、马来西亚、菲律宾、新加坡、泰国、越南。
  4. 欧洲联盟包括：比利时、丹麦、德国、法国、爱尔兰、意大利、卢森堡、荷兰、希腊、葡萄牙、西班牙、奥地利、芬兰、瑞典、塞浦路斯、匈牙利、马耳他、波兰、爱沙尼亚、拉脱维亚、立陶宛、斯洛文尼亚、捷克、斯洛伐克、保加利亚、罗马尼亚、克罗地亚27国。

"中国海关史料丛书"编委会

主 任 委 员　胡　伟　许大纯

副 主 任 委 员　黄冠胜　赵增连　杨振庆

编 委 会 委 员　翟小元　张　红　吴瑞祥　刘书臣　龙夫春　李海勇
　　　　　　　　田　壮　詹庆华　陈福升　孙霞云

执 行 主 编　谢　放　詹庆华　郭志华

编　　　　辑　房　季　王　虎　解　飞　范嘉蕾　李　多　刘金玲
　　　　　　　贺　红　邓玉栋